Friedrich Nietzsche

Die Philosophie im tragischen Zeitalter der Griechen

Mit einem Nachwort
herausgegeben von
Manfred Riedel

Philipp Reclam jun. Stuttgart

Universal-Bibliothek Nr. 7133

Satz: Utesch Satztechnik GmbH, Hamburg
Druck und Bindung: Reclam, Ditzingen. Printed in Germany 1994

ISBN 3-15-007133-X

Inhalt

I

[799]

Die Philosophie im tragischen Zeitalter der Griechen.

Fragment (1873)

[Vorrede (1874)]

[801] Bei fern stehenden Menschen genügt es uns ihre Ziele zu wissen, um sie im Ganzen zu billigen oder zu verwerfen. Bei näher stehenden urtheilen wir nach den Mitteln, mit denen sie ihre Ziele fördern: oft mißbilligen wir ihre Ziele, lieben sie aber wegen der Mittel und der Art ihres Wollens. Nun sind philosophische Systeme nur für ihre Gründer ganz wahr: für alle späteren Philosophen gewöhnlich Ein großer Fehler, für die schwächeren Köpfe eine Summe von Fehlern und Wahrheiten. Als höchstes Ziel jedenfalls aber ein Irrthum, insofern verwerflich. Deshalb mißbilligen viele Menschen jeden Philosophen, weil sein Ziel nicht das ihre ist; es sind die ferner stehenden. Wer dagegen an großen Menschen überhaupt seine Freude hat, hat auch seine Freude an solchen Systemen, seien sie auch ganz irrthümlich: sie haben doch einen Punkt an sich, der ganz unwiderleglich ist, eine persönliche Stimmung, Farbe, man kann sie benutzen, um das Bild des Philosophen zu gewinnen: wie man vom Gewächs an einem Orte auf den Boden schliessen kann. *Die* Art zu leben und die menschlichen Dinge anzusehn ist jedenfalls einmal dagewesen und also möglich: das »System« ist das Gewächs dieses Bodens, oder wenigstens ein Theil dieses Systems, – –

Ich erzähle die Geschichte jener Philosophen vereinfacht: ich will nur den Punkt aus jedem System herausheben, der ein Stück *Persönlichkeit* ist und zu jenem Unwiderleglichen

Undiskutirbaren gehört, das die Geschichte aufzubewahren hat: es [802] ist ein Anfang, um jene Naturen durch Vergleichung wieder zu gewinnen und nachzuschaffen und die Polyphonie der griechischen Natur endlich einmal wieder erklingen zu lassen: die Aufgabe ist das an's Licht zu bringen, was wir immer lieben und verehren müssen und was uns durch keine spätere Erkenntniß geraubt werden kann: der große Mensch.

[Neuentwurf zur Vorrede (1879)]

[803] Dieser Versuch, die Geschichte der älteren griechischen Philosophen zu erzählen, unterscheidet sich von ähnlichen Versuchen durch die Kürze. Diese ist dadurch erreicht worden, daß bei jedem Philosophen nur eine ganz geringe Anzahl seiner Lehren erwähnt wurde, also durch Unvollständigkeit. Es sind aber die Lehren ausgewählt worden, in denen das Persönliche eines Philosophen am stärksten nachklingt, während eine vollständige Aufzählung aller möglichen überlieferten Lehrsätze, wie sie in den Handbüchern Sitte ist, jedenfalls Eins zu Wege bringt, das völlige Verstummen des Persönlichen. Dadurch werden jene Berichte so langweilig: denn an Systemen, die widerlegt sind, kann uns eben nur noch das Persönliche interessiren, denn dies ist das ewig Unwiderlegbare. Aus drei Anecdoten ist es möglich, das Bild eines Menschen zu geben; ich versuche es, aus jedem Systeme drei Anecdoten herauszuheben, und gebe das Uebrige preis.

[804] 1.

Es giebt Gegner der Philosophie: und man thut wohl auf sie zu hören, sonderlich wenn sie den erkrankten Köpfen der Deutschen die Metaphysik widerrathen, ihnen aber Reinigung durch die Physis, wie Goethe, oder Heilung durch die Musik, wie Richard Wagner predigen. Die Ärzte des Volkes verwerfen die Philosophie; wer diese also rechtfertigen will, mag zeigen, wozu die gesunden Völker die Philosophie brauchen und gebraucht haben. Vielleicht gewinnen, falls er dies zeigen kann, selbst die Kranken die ersprießliche Einsicht, warum gerade ihnen dieselbe schädlich sei. Es giebt zwar gute Beispiele einer Gesundheit, die ganz ohne Philosophie oder bei einem ganz mäßigen, fast spielerischen Gebrauche derselben bestehen kann; so lebten die Römer in ihrer besten Zeit ohne Philosophie. Aber wo fände sich das Beispiel der Erkrankung eines Volkes, dem die Philosophie die verlorne Gesundheit wiedergegeben hätte? Wenn sie je helfend, rettend, vorschützend sich äußerte, dann war es bei Gesunden, die Kranken machte sie stets noch kränker. War je ein Volk zerfasert und in schlaffer Spannung mit seinen Einzelnen verbunden, nie hat die Philosophie diese Einzelnen enger an das Ganze zurückgeknüpft. War je einer gewillt abseits zu stehen und um sich den Zaun der Selbstgenugsamkeit zu ziehen, immer war die Philosophie bereit, ihn noch mehr zu isoliren und durch Isolation zu [805] zerstören. Sie ist gefährlich, wo sie nicht in ihrem vollen Rechte ist: und nur die Gesundheit eines Volkes, aber auch nicht jedes Volkes, giebt ihr dieses Recht.

Schauen wir uns jetzt nach jener höchsten Auktorität für das um, was an einem Volke gesund zu heißen hat. Die Griechen, als die wahrhaft Gesunden, haben Ein- für -Allemal die Philosophie selbst g e r e c h t f e r t i g t, dadurch daß sie philosophirt haben; und zwar viel mehr als alle anderen Völker. Sie konnten nicht einmal zur rechten Zeit aufhören; denn noch im dürren Alter gebärdeten sie sich als hitzige Verehrer der Philosophie, ob sie schon unter ihr nur die frommen Spitzfindigkeiten und die hochheiligen Haarspaltereien der christlichen Dogmatik verstanden. Dadurch daß sie nicht zur rechten Zeit aufhören konnten, haben sie selbst ihr Verdienst um die barbarische Nachwelt sehr verkürzt, weil diese, in der Unbelehrtheit und dem Ungestüm ihrer Jugend, sich gerade in jenen künstlich gewebten Netzen und Stricken verfangen mußte.

Dagegen haben die Griechen es verstanden, zur rechten Zeit anzufangen, und diese Lehre, wann man zu philosophiren anfangen müsse, geben sie so deutlich, wie kein anderes Volk. Nicht nämlich erst in der Trübsal: was wohl Einige vermeinen, die die Philosophie aus der Verdrießlichkeit ableiten. Sondern im Glück, in einer reifen Mannbarkeit, mitten heraus aus der feurigen Heiterkeit des tapferen und siegreichen Mannesalters. Daß in dieser Zeit die Griechen philosophirt haben, belehrt uns ebenso über das, was die Philosophie ist und was sie soll, als über die Griechen selbst. Wären jene damals solche nüchterne und altkluge Praktiker und Heiterlinge gewesen, wie es sich der gelehrte Philister unserer Tage wohl imaginirt, oder hätten sie nur in einem schwelgerischen Schweben Klingen Athmen und Fühlen gelebt, wie es wohl der ungelehrte Phantast gerne annimmt, so wäre die Quelle der Philosophie gar nicht bei ihnen an's Licht gekommen. Höchstens hätte es einen bald im Sande verrieselnden oder zu Nebeln verdunstenden Bach gegeben, nimmermehr aber [806] jenen breiten, mit stolzem Wellenschlage sich ergießenden Strom, den wir als die griechische Philosophie kennen.

Zwar hat man im Eifer darauf hingezeigt, wie viel die Griechen im orientalischen Auslande finden und lernen konnten, und wie mancherlei sie wohl von dort geholt haben. Freilich gab es ein wunderliches Schauspiel, wenn man die angeblichen Lehrer aus dem Orient und die möglichen Schüler aus Griechenland zusammenbrachte und jetzt Zoroaster neben Heraklit, die Inder neben den Eleaten, die Ägypter neben Empedokles oder gar Anaxagoras unter den Juden und Pythagoras unter den Chinesen zur Schau stellte. Im Einzelnen ist wenig ausgemacht worden; aber den ganzen Gedanken ließen wir uns schon gefallen, wenn man uns nur nicht mit der Folgerung beschwert, daß die Philosophie somit in Griechenland nur importirt und nicht aus natürlichem heimischem Boden gewachsen sei, ja daß sie, als etwas Fremdes, die Griechen wohl eher ruinirt als gefördert habe. Nichts ist thörichter als den Griechen eine autochthone Bildung nachzusagen, sie haben vielmehr alle bei anderen Völkern lebende Bildung in sich eingesogen, sie kamen gerade deshalb so weit, weil sie es verstanden den Speer von dort weiter zu schleudern, wo ihn ein anderes Volk liegen ließ. Sie sind bewunderungswürdig in der Kunst, fruchtbar zu lernen: und so, wie sie, s o l l e n wir von unsern Nachbarn lernen, zum Leben, nicht zum gelehrtenhaften Erkennen, alles Erlernte als Stütze benutzend, auf der man sich hoch und höher als der Nachbar schwingt. Die Fragen nach den Anfängen der Philosophie sind ganz gleichgültig, denn überall ist im Anfang das Rohe, Ungeformte, Leere und Hässliche, und in allen Dingen kommen nur die höheren Stufen in Betracht. Wer an Stelle der griechischen Philosophie sich lieber mit ägyptischer und persischer abgiebt, weil jene vielleicht »originaler« und jedenfalls älter sind, der verfährt eben so unbesonnen, wie diejenigen, welche sich über die griechische so herrliche und tiefsinnige Mythologie nicht eher beruhigen können als bis sie dieselbe auf physikalische Trivialitäten, auf Sonne Blitz Wetter und Nebel als auf [807] ihre Uranfänge zurückgeführt haben und welche zum Beispiel in der beschränkten Anbetung des einen Himmelsgewölbes bei den biederen Indogermanen eine reinere Form der Religion wiedergefunden zu haben wähnen, als die polytheistische der Griechen gewesen sei. Der Weg zu den Anfängen führt überall zu der Barbarei; und wer sich mit den Griechen abgiebt, soll sich immer vorhalten, daß der ungebändigte Wissenstrieb an sich zu allen Zeiten ebenso barbarisirt als der Wissenshaß, und daß die Griechen durch die Rücksicht auf das Leben, durch ein ideales Lebensbedürfniß ihren an sich unersättlichen Wissenstrieb gebändigt haben – weil sie das, was sie lernten, sogleich leben wollten. Die Griechen haben auch als Menschen der Kultur und mit den Zielen der Kultur philosophirt und deshalb ersparten sie sich aus irgend einem autochthonen Dünkel die Elemente der Philosophie und Wissenschaft noch einmal zu erfinden, sondern giengen sofort darauf los, diese übernommenen Elemente so zu erfüllen zu steigern zu erheben und zu reinigen, dass sie jetzt erst in einem höheren Sinne und in einer reineren Sphäre zu Erfindern wurden. Sie erfanden nämlich die typischen Philosophenköpfe, und die ganze Nachwelt hat nichts Wesentliches mehr hinzu erfunden.

Jedes Volk wird beschämt, wenn man auf eine so wunderbar idealisirte Philosophengesellschaft hinweist, wie die der altgriechischen Meister Thales Anaximander Heraklit, Parmenides Anaxagoras Empedokles Demokrit und Sokrates. Alle jene Männer sind ganz und aus einem Stein gehauen. Zwischen ihrem Denken und ihrem Charakter herrscht strenge Nothwendigkeit. Es fehlt für sie jede Convention, weil es damals keinen Philosophen- und Gelehrtenstand gab. Sie alle sind in großartiger Einsamkeit als die einzigen, die damals nur der Erkenntniß lebten. Sie alle besitzen die tugendhafte Energie der Alten, durch die sie alle Späteren übertreffen, ihre eigne Form zu finden und diese bis ins Feinste und Größte durch Metamorphose fortzubilden. Denn keine Mode kam ihnen hülfreich und erleichternd entgegen. [808] So bilden sie zusammen das, was Schopenhauer im Gegensatz zu der Gelehrtenrepublik eine Genialen-Republik genannt hat: ein Riese ruft dem anderen durch die öden Zwischenräume der Zeiten zu und ungestört durch muthwilliges lärmendes Gezwerge, welches unter ihnen wegkriecht, setzt sich das hohe Geistergespräch fort.

Von diesem hohen Geistergespräch habe ich mir vorgesetzt zu erzählen, was unsre moderne Harthörigkeit etwa davon hören und verstehen kann: das heißt gewiß das Allerwenigste. Es scheint mir, daß jene alten Weisen von Thales bis Sokrates, in ihm alles das, wenn auch in allgemeinster Form besprochen haben, was für unsre Betrachtung das Eigenthümlich-Hellenische ausmacht. Sie prägen in ihrem Gespräche wie schon in ihren Persönlichkeiten die großen Züge des griechischen Genius aus, deren schattenhafter Abdruck, deren verschwommene und deshalb undeutlicher redende Kopie die ganze griechische Geschichte ist. Wenn wir das gesammte Leben des griechischen Volkes richtig deuteten, immer würden wir doch nur das Bild wiedergespiegelt finden, das in seinen höchsten Genien mit lichteren Farben strahlt. Gleich das erste Erlebniß der Philosophie auf griechischem Boden, die Sanktion der sieben Weisen, ist eine deutliche und unvergeßliche Linie am Bilde des Hellenischen. Andere Völker haben Heilige, die Griechen haben Weise. Man hat mit Recht gesagt, daß ein Volk nicht so wohl durch seine großen Männer charakterisirt werde, als durch die Art, wie es dieselben erkenne und ehre. In anderen Zeiten ist der Philosoph ein zufälliger einsamer Wanderer in feindseligster Umgebung, entweder sich durchschleichend oder mit geballten Fäusten sich durchdrängend. Allein bei den Griechen ist der Philosoph nicht zufällig: wenn er im sechsten und fünften Jahrhundert unter den ungeheuren Gefahren und Verführungen der Verweltlichung erscheint und gleichsam aus der Höhle des Trophonios mitten in die Üppigkeit, das Entdeckerglück den Reichthum und die Sinnlichkeit der griechischen Kolonien hineinschreitet, so ahnen wir, daß er als ein edler Warner kommt, zu [809] demselben Zwecke, zu dem in jenen Jahrhunderten die Tragödie geboren wurde und den die orphischen Mysterien in den grotesken Hieroglyphen ihrer Gebräuche zu verstehen geben. Das Urtheil jener Philosophen über das Leben und das Dasein überhaupt besagt so sehr viel mehr als ein modernes Urtheil, weil sie das Leben in einer üppigen Vollendung vor sich hatten und weil bei ihnen nicht, wie bei uns, das Gefühl des Denkers sich verwirrt in dem Zwiespalt des Wunsches nach Freiheit Schönheit Größe des Lebens und des Triebes nach Wahrheit, die nur frägt: Was ist das Leben überhaupt werth? Die Aufgabe, die der Philosoph innerhalb einer wirklichen, nach einheitlichem

Stile gearteten Kultur zu erfüllen hat, ist aus unsern Zuständen und Erlebnissen deshalb nicht rein zu errathen, weil wir keine solche Kultur haben. Sondern nur eine Kultur, wie die griechische, kann die Frage nach jener Aufgabe des Philosophen beantworten, nur sie kann, wie ich sagte, die Philosophie überhaupt rechtfertigen, weil sie allein weiß und beweisen kann, warum und wie der Philosoph nicht ein zufälliger beliebiger bald hier- bald dorthin versprengter Wanderer ist. Es giebt eine stählerne Nothwendigkeit, die den Philosophen an eine wahre Kultur fesselt: aber wie, wenn diese Kultur nicht vorhanden ist? Dann ist der Philosoph ein unberechenbarer und darum Schrecken einflößender Komet, während er im guten Falle als ein Hauptgestirn im Sonnensysteme der Kultur leuchtet. Deshalb rechtfertigen die Griechen den Philosophen, weil er allein bei ihnen kein Komet ist.

2.

Nach solchen Betrachtungen wird es ohne Anstoß hingenommen werden, wenn ich von den vorplatonischen Philosophen als von einer zusammengehörigen Gesellschaft rede und ihnen allein diese Schrift zu widmen gedenke. Mit Plato beginnt etwas ganz Neues; oder, wie mit gleichem Rechte gesagt werden kann, seit [810] Plato fehlt den Philosophen etwas Wesentliches, im Vergleich mit jener Genialen-Republik von Thales bis Sokrates. Wer sich mißgünstig über jene älteren Meister ausdrücken will, mag sie die Einseitigen nennen und ihre Epigonen, mit Plato an der Spitze die Vielseitigen. Richtiger und unbefangner würde es sein, die letzteren als philosophische Mischcharaktere, die ersteren als die reinen Typen zu begreifen. Plato selbst ist der erste großartige Mischcharakter und als solcher sowohl in seiner Philosophie als in seiner Persönlichkeit ausgeprägt. Sokratische, pythagoreische und heraklitische Elemente sind in seiner Ideenlehre vereinigt: sie ist deshalb kein typisch-reines Phänomen. Auch als Mensch vermischt Plato die Züge des königlich abgeschlossenen und allgenugsamen Heraklit, des melancholisch mitleidsvollen und legislatorischen Pythagoras und des seelenkundigen Dialektikers Sokrates. Alle späteren Philosophen sind solche Mischcharaktere; wo etwas Einseitiges an ihnen hervortritt, wie bei den Cynikern, ist es nicht Typus, sondern Carikatur. Viel wichtiger aber ist, daß sie Sektenstifter sind und daß die von ihnen gestifteten Sekten insgesammt Oppositionsanstalten gegen die hellenische Kultur und deren bisherige Einheit des Stils waren. Sie suchen in ihrer Art eine Erlösung, aber nur für die Einzelnen oder höchstens für nahestehende Gruppen von Freunden und Jüngern. Die Thätigkeit der älteren Philosophen geht, obschon ihnen unbewußt, auf eine Heilung und Reinigung im Großen; der mächtige Lauf der griechischen Kultur soll nicht aufgehalten, furchtbare Gefahren sollen ihr aus dem Wege geräumt werden, der Philosoph schützt und vertheidigt seine Heimat. Jetzt, seit Plato, ist er im Exil und conspirirt gegen sein Vaterland. – Es ist ein wahres Unglück, daß wir so wenig von jenen älteren philosophischen Meistern übrig haben und daß uns alles Vollständige entzogen ist. Unwillkürlich messen wir sie, jenes Verlustes wegen, nach falschen Maaßen und lassen uns durch die rein zufällige Thatsache, daß es Plato und Aristoteles nie an Schätzern und Abschreibern gefehlt hat, zu Ungunsten der Früheren einnehmen. Manche nehmen eine [811] eigne Vorsehung für die Bücher an, ein fatum libellorum: dies müßte aber jedenfalls sehr boshaft sein, wenn es uns Heraklit, das wunderbare Gedicht des Empedokles, die Schriften des Demokrit, den die Alten dem Plato gleichstellen und der jenen an Ingenuität noch überragt, zu entziehn für gut fand und uns zum Ersatz Stoiker Epikureer und Cicero in die Hand drückt. Wahrscheinlich ist uns der großartigste Theil des griechischen Denkens und seines Ausdrucks in Worten verloren gegangen: ein Schicksal über das sich der nicht wundern wird, der sich der Mißgeschicke des Scotus Erigena oder des Pascal erinnert und erwägt, daß selbst in diesem hellen Jahrhundert die erste Auflage von Schopenhauer's Welt als Wille und Vorstellung zu Makulatur gemacht werden mußte. Will Jemand für solche Dinge eine eigne fatalistische Macht annehmen, so mag er es thun und mit Goethe sprechen »Über's Niederträchtige niemand sich beklage; denn es ist das Mächtige, was man dir auch sage«. Es ist in Sonderheit mächtiger als die Macht der Wahrheit. Die Menschheit bringt so selten ein gutes Buch hervor, in dem mit kühner Freiheit das Schlachtlied der Wahrheit, das Lied des philosophischen Heroismus angestimmt wird: und doch hängt es von den elendesten Zufälligkeiten, von plötzlichen Verfinsterungen der Köpfe, von abergläubischen Zukkungen und Antipathien, zuletzt selbst von schreibefaulen Fingern oder gar von Kerbwürmern und Regenwetter ab, ob es noch ein Jahrhundert länger lebt oder zu Moder und Erde wird. Doch wollen wir nicht klagen, vielmehr uns selbst die Abfertigungs- und Trostworte Hamann's gesagt sein lassen, die er an die Gelehrten richtet, die über verlorne Werke klagen. »Hatte der Künstler, welcher mit einer Linse durch ein Nadelöhr traf, nicht an einem Scheffel Linsen genug zur Übung seiner erworbenen Geschicklichkeit? Diese Frage möchte man an alle Gelehrte thun, welche die Werke der Alten nicht klüger als jener die Linsen zu gebrauchen wissen.« Es wäre in unserem Falle noch hinzuzufügen, daß uns kein Wort, keine Anekdote, keine Jahreszahl mehr überliefert zu sein brauchte als überliefert ist, [812] ja daß selbst viel weniger uns erhalten sein dürfte, um die allgemeine Lehre festzustellen, daß die Griechen die Philosophie rechtfertigen. – Eine Zeit, die an der sogenannten allgemeinen Bildung leidet, aber keine Kultur und in ihrem Leben keine Einheit des Stils hat, wird mit der Philosophie nichts Rechtes anzufangen wissen, und wenn sie von dem Genius der Wahrheit selbst auf Straßen und Märkten proklamirt würde. Sie bleibt vielmehr, in einer solchen Zeit, gelehrter Monolog des einsamen Spaziergängers, zufälliger Raub des Einzelnen, verborgenes Stubengeheimniß oder ungefährliches Geschwätz zwischen akademischen Greisen und Kindern. Niemand darf es wagen, das Gesetz der Philosophie an sich zu erfüllen, niemand lebt philosophisch, mit jener einfachen Mannestreue, die einen Alten zwang, wo er auch war, was er auch trieb, sich als Stoiker zu gebärden, falls er der Stoa einmal Treue zugesagt hatte. Alles moderne Philosophiren ist politisch und polizeilich, durch Regierungen Kirchen Akademien Sitten Moden Feigheiten der Menschen auf den gelehrten Anschein beschränkt: es bleibt beim Seufzer »wenn doch« oder bei der Erkenntniß »es war einmal«. Die Philosophie ist ohne Recht, deshalb müßte sie der moderne Mensch, wenn er überhaupt nur muthig und gewissenhaft wäre, verwerfen und sie etwa mit ähnlichen Worten verbannen, mit denen Platon die Tragödiendichter aus seinem Staate verwies. Freilich bliebe ihr eine Entgegnung übrig, wie sie auch jenen Tragödiendichtern, gegen Plato, übrig blieb. Sie könnte etwa, wenn man sie einmal zum Reden zwänge, sagen: »Armseliges Volk! Ist es meine Schuld, wenn ich unter dir wie eine Wahrsagerin im Lande herumstreiche und mich verstecken und verstellen muß, als ob ich die Sünderin wäre und ihr meine Richter? Seht nur meine Schwester, die Kunst! Es geht ihr wie mir, wir sind unter Barbaren verschlagen und wissen nicht mehr uns zu retten. Hier fehlt uns, es ist wahr, jedes gute Recht: aber die Richter, vor denen wir Recht finden, richten auch über euch und werden euch sagen: Habt erst eine Kultur, dann sollt ihr auch erfahren, was die Philosophie will und kann.« –

[813] 3.

Die griechische Philosophie scheint mit einem ungereimten Einfalle zu beginnen, mit dem Satze, daß das Wasser der Ursprung und der Mutterschooß aller Dinge sei: ist es wirklich nöthig, hierbei stille zu stehen und ernst zu werden? Ja, und aus drei Gründen: erstens weil der Satz etwas vom Ursprung der Dinge aussagt und zweitens, weil er dies ohne Bild und Fabelei thut; und endlich drittens, weil in ihm wenngleich nur im Zustande der Verpuppung der Gedanke enthalten ist: alles ist eins. Der erstgenannte Grund läßt Thales noch in der

Gemeinschaft mit Religiösen und Abergläubischen, der zweite aber nimmt ihn aus dieser Gesellschaft und zeigt uns ihn als Naturforscher, aber vermöge des dritten Grundes gilt Thales als der erste griechische Philosoph. – Hätte er gesagt: aus Wasser wird Erde, so hätten wir nur eine wissenschaftliche Hypothese, eine falsche, aber doch eine schwer widerlegbare. Aber er gieng über das Wissenschaftliche hinaus. Thales hat in der Darstellung dieser Einheits-Vorstellung durch die Hypothese vom Wasser den niedrigen Stand der physikalischen Einsichten seiner Zeit nicht überwunden, sondern höchstens übersprungen. Die dürftigen und ungeordneten Beobachtungen empirischer Art, die Thales über das Vorkommen und die Verwandlungen des Wassers oder, genauer, des Feuchten, gemacht hatte, hätten am wenigsten eine solche ungeheure Verallgemeinerung erlaubt oder gar angerathen; das, was zu dieser trieb, war ein metaphysischer Glaubenssatz, der seinen Ursprung in einer mystischen Intuition hat, und dem wir bei allen Philosophien, sammt den immer erneuten Versuchen, ihn besser auszudrücken, begegnen: der Satz »Alles ist Eins«.

Es ist merkwürdig, wie gewaltherrisch ein solcher Glaube mit aller Empirie verfährt: gerade an Thales kann man lernen, wie es die Philosophie, zu allen Zeiten, gemacht hat, wenn sie zu ihrem magisch anziehenden Ziele, über die Hecken der Erfahrung hinweg, hinüberwollte. Sie springt auf leichten Stützen voraus: die Hoffnung und die Ahnung beflügeln ihren Fuß. Schwer-[814]fällig keucht der rechnende Verstand hinterdrein und sucht bessere Stützen, um auch selbst jenes lockende Ziel zu erreichen, an dem der göttlichere Gefährte schon angelangt ist. Man glaubt, zwei Wanderer an einem wilden, Steine mit sich fortwälzenden Waldbach zu sehen: der Eine springt leichtfüßig hinüber, die Steine benutzend und sich auf ihnen immer weiter schwingend, ob sie auch jäh hinter ihm in die Tiefe sinken. Der Andere steht alle Augenblicke hülflos da, er muß sich erst Fundamente bauen, die seinen schweren, bedächtigen Schritt ertragen, mitunter geht dies nicht, und dann hilft ihm kein Gott über den Bach. Was bringt also das philosophische Denken so schnell an sein Ziel? Unterscheidet es sich von dem rechnenden und abmessenden Denken etwa nur durch das raschere Durchfliegen großer Räume? Nein, denn es hebt seinen Fuß eine fremde, unlogische Macht, die Phantasie. Durch sie gehoben springt es weiter von Möglichkeit zu Möglichkeit, die einstweilen als Sicherheiten genommen werden: hier und da ergreift es selbst Sicherheiten im Fluge. Ein genialisches Vorgefühl zeigt sie ihm, es erräth von ferne, daß an diesem Punkte beweisbare Sicherheiten sind. Besonders aber ist die Kraft der Phantasie mächtig im blitzartigen Erfassen und Beleuchten von Ähnlichkeiten: die Reflexion bringt nachher ihre Maßstäbe und Schablonen heran und sucht die Ähnlichkeiten durch Gleichheiten, das Nebeneinander-Geschaute durch Kausalitäten zu ersetzen. Aber selbst, wenn dies nie möglich sein sollte, selbst im Falle des Thales hat das unbeweisbare Philosophiren noch einen Werth; sind auch alle Stützen gebrochen, wenn die Logik und die Starrheit der Empirie hinüber will zu dem Satze »Alles ist Wasser«, so bleibt immer noch, nach Zertrümmerung des wissenschaftlichen Baues, ein Rest übrig; und gerade in diesem Reste liegt eine treibende Kraft und gleichsam die Hoffnung zukünftiger Fruchtbarkeit.

Ich meine natürlich nicht, daß der Gedanke, in irgend einer Beschränkung oder Abschwächung, oder als Allegorie, vielleicht noch eine Art »Wahrheit« behalte: etwa wenn man sich den bildenden Künstler am Wasserfalle stehend denkt, und er in den [815] ihm entgegenspringenden Formen ein künstlerisch vorbildendes Spiel des Wassers mit Menschen- und Thierleibern, Masken, Pflanzen, Felsen, Nymphen, Greisen, überhaupt mit allen vorhandenen Typen sieht: so daß für ihn der Satz »alles ist Wasser« bestätigt wäre. Der Gedanke des Thales hat vielmehr gerade darin seinen Werth – auch nach der Erkenntniß, daß er unbeweisbar ist – daß er jedenfalls unmythisch und unallegorisch gemeint war. Die Griechen, unter denen Thales plötzlich so bemerkbar wurde, waren darin das Gegenstück aller Realisten, als sie eigentlich nur an die Realität von Menschen und Göttern glaubten und die ganze Natur gleichsam nur als Verkleidung Maskerade und Metamorphose dieser Götter-Menschen betrachteten. Der Mensch war ihnen die Wahrheit und der Kern der Dinge, alles andre nur Erscheinung und täuschendes Spiel. Ebendeshalb machte es ihnen unglaubliche Beschwerde, die Begriffe als Begriffe zu fassen: und umgekehrt wie bei den Neueren auch das Persönlichste sich zu Abstraktionen sublimirt, rann bei ihnen das Abstrakteste immer wieder zu einer Person zusammen. Thales aber sagte: »nicht der Mensch, sondern das Wasser ist die Realität der Dinge«, er fängt an, der Natur zu glauben, sofern er doch wenigstens an das Wasser glaubt. Als Mathematiker und Astronom, hatte er sich gegen alles Mythische und Allegorische erkältet, und wenn es ihm nicht gelang bis zu der reinen Abstraktion »Alles ist Eins« ernüchtert zu werden, und er bei einem physikalischen Ausdrucke stehen blieb, so war er doch, unter den Griechen seiner Zeit, eine befremdliche Seltenheit. Vielleicht besaßen die höchst auffälligen Orphiker die Fähigkeit, Abstraktionen zu fassen und unplastisch zu denken, in einem noch höheren Grade als er: nur daß ihnen der Ausdruck derselben allein in der Form der Allegorie gelang. Auch Pherekydes aus Syros, der Thales in der Zeit und in manchen physikalischen Conceptionen nahe steht, schwebt mit seinem Ausdrucke derselben in jener Mittelregion, in der der Mythus sich mit der Allegorie gattet: so daß er zum Beispiel wagt, die Erde mit einer geflügelten Eiche zu [816] vergleichen, die mit ausgebreiteten Fittigen in der Luft hängt, und der Zeus, nach Überwältigung des Kronos, ein prachtvolles Ehrengewand umlegt, in das er mit eigner Hand die Länder Wasser und Flüsse eingestickt hat. Solchem kaum in's Schaubare zu übersetzenden düster-allegorischen Philosophiren gegenüber ist Thales ein schöpferischer Meister, der ohne phantastische Fabelei der Natur in ihre Tiefen zu sehen begann. Wenn er dabei die Wissenschaft und das Beweisbare zwar benutzte, aber bald übersprang, so ist dies ebenfalls ein typisches Merkmal des philosophischen Kopfes. Das griechische Wort, welches den »Weisen« bezeichnet, gehört etymologisch zu sapio ich schmecke, sapiens der Schmeckende, sisyphos der Mann des schärfsten Geschmacks; ein scharfes Herausmerken und -erkennen, ein bedeutendes Unterscheiden macht also, nach dem Bewußtsein des Volkes, die eigenthümliche Kunst des Philosophen aus. Er ist nicht klug, wenn man klug den nennt, der in seinen eignen Angelegenheiten das Gute herausfindet; Aristoteles sagt mit Recht »das, was Thales und Anaxagoras wissen, wird man ungewöhnlich, erstaunlich, schwierig, göttlich nennen, aber unnütz, weil es ihnen nicht um die menschlichen Güter zu thun war«. Durch dieses Auswählen und Ausscheiden des Ungewöhnlichen Erstaunlichen Schwierigen Göttlichen grenzt sich die Philosophie gegen die Wissenschaft eben so ab, wie sie durch das Hervorheben des Unnützen sich gegen die Klugheit abgrenzt. Die Wissenschaft stürzt sich, ohne solches Auswählen, ohne solchen Feingeschmack, auf alles Wißbare, in der blinden Begierde, alles um jeden Preis erkennen zu wollen; das philosophische Denken dagegen ist immer auf der Fährte der wissenswürdigsten Dinge, der großen und wichtigen Erkenntnisse. Nun ist der Begriff der Größe wandelbar, sowohl im moralischen als ästhetischen Bereiche: so beginnt die Philosophie mit einer Gesetzgebung der Größe, ein Namengeben ist mit ihr verbunden. »Das ist groß« sagt sie und damit erhebt sie den Menschen über das blinde ungebändigte Begehren seines Erkenntnißtriebes. Durch den Begriff der Größe bändigt sie [817] diesen Trieb: und am meisten dadurch, daß sie die größte Erkenntniß, vom Wesen und Kern der Dinge, als erreichbar und als erreicht betrachtet. Wenn Thales sagt »Alles ist Wasser«, so zuckt der Mensch empor aus dem wurmartigen Betasten und Herumkriechen der einzelnen Wissenschaften, er ahnt die letzte Lösung der Dinge und überwindet, durch diese Ahnung, die gemeine Befangenheit der niederen Erkenntnißgrade. Der Philosoph sucht den Gesammtklang der Welt in sich nachtönen zu lassen und ihn aus sich herauszustellen in Begriffen: während er beschaulich ist wie der bildende Künstler, mitleidend, wie der Religiöse, nach Zwecken und Kausalitäten spähend, wie der wissenschaftliche Mensch, während er sich zum Makrokosmos aufschwellen fühlt, behält er dabei die Besonnenheit, sich, als den Wiederschein der Welt, kalt zu betrachten, jene Besonnenheit, die der dramatische Künstler besitzt, wenn er sich in andre Leiber verwandelt, aus ihnen redet und doch diese Verwandlung nach außen hin, in geschriebenen Versen zu projiciren weiß. Was hier der Vers für den Dichter ist, ist für den Philosophen das dialektische Denken: nach ihm greift er, um sich seine Verzauberung festzuhalten, um sie zu petrificiren. Und wie für den Dramatiker Wort und Vers nur das Stammeln in einer fremden Sprache sind, um in ihr zu sagen, was er lebte und schaute, so ist der Ausdruck jeder tiefen philosophischen Intuition durch Dialektik und wissenschaftliches Reflektiren zwar einerseits das einzige Mittel, um das Geschaute mitzutheilen, aber ein kümmerliches Mittel, ja im Grunde eine metaphorische, ganz und gar ungetreue Übertragung in eine verschiedene Sphäre und Sprache. So schaute Thales die Einheit des Seienden: und wie er sich mittheilen wollte, redete er vom Wasser!

4.

Während der allgemeine Typus des Philosophen an dem Bilde des Thales sich nur wie aus Nebeln heraushebt, spricht schon das Bild seines großen Nachfolgers viel deutlicher zu uns. An- [818] aximander aus Milet, der erste philosophische Schriftsteller der Alten, schreibt so, wie der typische Philosoph eben schreiben wird, so lange ihm noch nicht durch befremdende Anforderungen die Unbefangenheit und die Naivetät geraubt sind: in großstilisirter Steinschrift, Satz für Satz Zeuge einer neuen Erleuchtung und Ausdruck des Verweilens in erhabenen Contemplationen. Der Gedanke und seine Form sind Meilensteine auf dem Pfade zu jener höchsten Weisheit. In solcher lapidarischen Eindringlichkeit sagt Anaximander einmal »Woher die Dinge ihre Entstehung haben, dahin müssen sie auch zu Grunde gehen, nach der Nothwendigkeit; denn sie müssen Buße zahlen und für ihre Ungerechtigkeiten gerichtet werden, gemäß der Ordnung der Zeit«. Räthselhafter Ausspruch eines wahren Pessimisten, Orakelaufschrift am Grenzsteine griechischer Philosophie, wie werden wir dich deuten?

Der einzige ernstgesinnte Sittenlehrer unseres Saeculum legt uns in den Parergis Band II S. 327 eine ähnliche Betrachtung an's Herz. »Der rechte Maßstab zur Beurtheilung eines jeden Menschen ist, daß er eigentlich ein Wesen ist, welches gar nicht existiren sollte, sondern sein Dasein abbüßt durch vielgestaltetes Leiden und Tod: was kann man von einem solchen erwarten? Sind wir denn nicht alle zum Tode verurtheilte Sünder? Wir büßen unsre Geburt erstlich durch das Leben und zweitens durch das Sterben ab.« P. II, 22. Wer diese Lehre aus der Physiognomie unseres allgemeinen Menschenlooses herausliest, und die schlechte Grundbeschaffenheit eines jeden Menschenlebens schon darin erkennt, daß keines verträgt aufmerksam und in nächster Nähe betrachtet zu werden, – obschon unsere an die biographische Seuche gewöhnte Zeit anders und stattlicher über die Würde des Menschen zu denken scheint –; wer, wie Schopenhauer, auf den »Höhen der indischen Lüfte« das heilige Wort von dem moralischen Werthe des Daseins gehört hat, der wird schwer davon abzuhalten sein, eine höchst anthropomorphische Metapher zu machen und jene schwermüthige Lehre aus der Beschränkung auf das
[819] Menschenleben herauszuziehen und sie auf den allgemeinen Charakter alles Daseins, durch Übertragung, anzuwenden. Es mag nicht logisch sein, ist aber jedenfalls recht menschlich, und überdieß recht im Stile des früher geschilderten philosophischen Springens, jetzt mit Anaximander alles Werden wie eine strafwürdige Emancipation vom ewigen Sein anzusehn, als ein Unrecht, das mit dem Untergange zu büßen ist. Alles, was einmal geworden ist, vergeht auch wieder, ob wir nun dabei an das Menschenleben oder an das Wasser oder an Warm und Kalt denken: überall, wo bestimmte Eigen-

schaften wahrzunehmen sind, dürfen wir auf den Untergang dieser Eigenschaften, nach einem ungeheuren Erfahrungs-Beweis, prophezeien. Nie kann also ein Wesen, das bestimmte Eigenschaften besitzt und aus ihnen besteht, Ursprung und Princip der Dinge sein; das wahrhaft Seiende, schloß Anaximander, kann keine bestimmten Eigenschaften besitzen, sonst würde es, wie alle andern Dinge, entstanden sein und zu Grunde gehn müssen. Damit das Werden nicht aufhört, muß das Urwesen unbestimmt sein. Die Unsterblichkeit und Ewigkeit des Urwesens liegt nicht in einer Unendlichkeit und Unausschöpfbarkeit – wie gemeinhin die Erklärer des Anaximander annehmen – sondern darin, daß es der bestimmten, zum Untergange führenden Qualitäten bar ist: weshalb es auch seinen Namen, als »das Unbestimmte« trägt. Das so benannte Urwesen ist über das Werden erhaben und verbürgt ebendeshalb die Ewigkeit und den ungehemmten Verlauf des Werdens. Diese letzte Einheit in jenem »Unbestimmten«, der Mutterschooß aller Dinge kann freilich von dem Menschen nur negativ bezeichnet werden, als etwas, dem aus der vorhandenen Welt des Werdens kein Prädikat gegeben werden kann, und dürfte deshalb dem Kantischen »Ding an sich« als ebenbürtig gelten.

Wer sich freilich mit anderen darüber herumstreiten kann, was das nun eigentlich für ein Urstoff gewesen sei, ob er etwa ein Mittelding zwischen Luft und Wasser oder vielleicht zwischen Luft und Feuer sei, hat unsern Philosophen gar nicht verstanden: [820] was ebenfalls von jenen zu sagen ist, die sich ernsthaft fragen, ob Anaximander sich seinen Urstoff als Mischung aller vorhandenen Stoffe gedacht habe. Vielmehr dorthin müssen wir den Blick richten, wo wir lernen können, daß Anaximander die Frage nach der Herkunft dieser Welt bereits nicht mehr rein physikalisch behandelte, hin nach jenem zuerst angeführten lapidarischen Satz. Wenn er vielmehr in der Vielheit der entstandenen Dinge eine Summe von abzubüßenden Ungerechtigkeiten schaute, so hat er das Knäuel des tiefsinnigsten ethischen Problems mit kühnem Griffe, als der erste Grieche, erhascht. Wie kann etwas vergehen, was ein Recht hat zu sein! Woher jenes rastlose Werden und Gebären, woher jener Ausdruck von schmerzhafter Verzerrung auf dem Angesichte der Natur, woher die nie endende Todtenklage in allen Reichen des Daseins? Aus dieser Welt des Unrechtes, des frechen Abfalls von der Ureinheit der Dinge flüchtete Anaximander in eine metaphysische Burg, aus der hinausgelehnt er jetzt den Blick weit umher rollen läßt, um endlich, nach nachdenklichem Schweigen, an alle Wesen die Frage zu richten: Was ist euer Dasein werth? Und wenn es nichts werth ist, wozu seid ihr da? Durch eure Schuld, merke ich, weilt ihr in dieser Existenz. Mit dem Tode werdet ihr sie büßen müssen. Seht hin, wie eure Erde welkt; die Meere nehmen ab und trocknen aus, die Seemuschel auf dem Gebirge zeigt euch, wie weit sie schon vertrocknet sind; das Feuer zerstört eure Welt bereits jetzt, endlich wird sie in Dunst und Rauch aufgehn. Aber immer von Neuem wieder wird eine solche Welt der Vergänglichkeit sich bauen: wer vermöchte euch vom Fluche des Werdens zu erlösen?

Einem Manne, der solche Fragen stellt, dessen aufschwebendes Denken fortwährend die empirischen Stricke zerriß, um sofort den höchsten superlunarischen Aufschwung zu nehmen, mag nicht jede Art des Lebens willkommen gewesen sein. Wir glauben es gerne der Überlieferung, daß er in besonders ehrwürdiger Kleidung einhergieng und einen wahrhaft tragischen Stolz in seinen Gebärden und Lebensgewohnheiten zeigte. Er lebte, wie er [821] schrieb; er sprach so feierlich als er sich kleidete, er erhob die Hand und setzte den Fuß, als ob dieses Dasein eine Tragödie sei, in der er, als Held, mitzuspielen geboren sei. In alle dem war er das große Vorbild des Empedokles. Seine Mitbürger erwählten ihn, eine auswandernde Kolonie anzuführen – vielleicht freuten sie sich ihn zugleich ehren und loswerden zu können. Auch sein Gedanke zog aus und gründete Kolonien: in Ephesus und in Elea wurde man ihn nicht los, und wenn man sich nicht entschließen konnte, an der Stelle zu bleiben, wo er stand, so wußte man doch, daß man dorthin von ihm geführt worden sei, von wo man jetzt, ohne ihn, weiter zu schreiten sich anschickte.

Thales zeigt das Bedürfniß, das Reich der Vielheit zu simplificiren und zu einer bloßen Entfaltung oder Verkleidung der einen allein vorhandenen Qualität, des Wassers herabzusetzen. Über ihn geht Anaximander mit zwei Schritten hinaus. Er fragt sich einmal: wie ist doch, wenn es überhaupt eine ewige Einheit giebt, jene Vielheit möglich? und entnimmt die Antwort aus dem widerspruchsvollen, sich selbst aufzehrenden und verneinenden Charakter dieser Vielheit. Die Existenz derselben wird ihm zu einem moralischen Phänomen, sie ist nicht gerechtfertigt, sondern büßt sich fortwährend durch den Untergang ab. Aber dann fällt ihm die Frage ein: warum ist denn nicht schon längst alles Gewordne zu Grunde gegangen, da doch bereits eine ganze Ewigkeit von Zeit vorüber ist? Woher der immer erneute Strom des Werdens? Er weiß sich nur durch mystische Möglichkeiten vor dieser Frage zu retten: das ewige Werden kann seinen Ursprung nur im ewigen Sein haben, die Bedingungen zu dem Abfall von jenem Sein zu einem Werden in Ungerechtigkeit sind immer die gleichen, die Constellation der Dinge ist nun einmal so beschaffen, daß kein Ende für jenes Heraustreten des Einzelwesens aus dem Schooß des »Unbestimmten« abzusehen ist. Hierbei blieb Anaximander: das heißt er blieb in den tiefen Schatten, die wie riesenhafte Gespenster auf dem Gebirge einer solchen Weltbetrachtung lagen. Je mehr man dem Probleme sich nahen wollte, [822] wie überhaupt aus dem Unbestimmten je das Bestimmte, aus dem Ewigen das Zeitliche, aus dem Gerechten die Ungerechtigkeit, durch Abfall entstehen könne, um so größer wurde die Nacht.

5.

Mitten auf diese mystische Nacht, in die Anaximander's Problem vom Werden gehüllt war, trat Heraklit aus Ephesus zu und erleuchtete sie durch einen göttlichen Blitzschlag.

»Das Werden schaue ich an, ruft er, und niemand hat so aufmerksam diesem ewigen Wellenschlage und Rhythmus der Dinge zugesehen. Und was schaute ich? Gesetzmäßigkeiten, unfehlbare Sicherheiten, immer gleiche Bahnen des Rechtes, hinter allen Überschreitungen der Gesetze richtende Erinnyen, die ganze Welt das Schauspiel einer waltenden Gerechtigkeit und dämonisch allgegenwärtiger, ihrem Dienste untergebener Naturkräfte. Nicht die Bestrafung des Gewordenen schaute ich, sondern die Rechtfertigung des Werdens. Wann hat sich der Frevel, der Abfall in unverbrüchlichen Formen, in heilig geachteten Gesetzen offenbart? Wo die Ungerechtigkeit waltet, da ist Willkür, Unordnung, Regellosigkeit, Widerspruch; wo aber das Gesetz und die Tochter des Zeus, die Dike, allein regiert, wie in dieser Welt, wie sollte da die Sphäre der Schuld, der Buße, der Verurtheilung und gleichsam die Richtstätte aller Verdammten sein?«

Aus dieser Intuition entnahm Heraklit zwei zusammenhängende Verneinungen, die erst durch die Vergleichung mit den Lehrsätzen seines Vorgängers in das helle Licht gerückt werden. Einmal leugnete er die Zweiheit ganz diverser Welten, zu deren Annahme Anaximander gedrängt worden war; er schied nicht mehr eine physische Welt von einer metaphysischen, ein Reich der bestimmten Qualitäten von einem Reich der undefinirbaren Unbestimmtheit von einander ab. Jetzt, nach diesem ersten Schritte, konnte er auch nicht mehr von einer weit größeren Kühnheit des Verneinens zurückgehalten werden: er leugnete überhaupt das [823] Sein. Denn diese eine Welt, die er übrig behielt – umschirmt von ewigen ungeschriebenen Gesetzen, auf- und niederfluthend im ehernen Schlage des Rhythmus – zeigt nirgends ein Verharren, eine Unzerstörbarkeit, ein Bollwerk im Strome. Lauter als Anaximander rief Heraklit es aus: »Ich sehe nichts als Werden. Laßt euch nicht täuschen! In eurem kurzen Blick liegt es, nicht im Wesen der Dinge, wenn ihr irgendwo festes Land im Meere des Werdens und Vergehens zu sehen glaubt. Ihr gebraucht Namen der Dinge als ob sie eine starre Dauer hätten: aber selbst der Strom, in den ihr zum zweiten Male steigt, ist nicht derselbe als bei dem ersten Male.«

Heraklit hat als sein königliches Besitzthum die höchste Kraft der intuitiven Vorstellung; während er gegen die andre Vorstellungsart, die in Begriffen und logischen Combinationen vollzogen wird, also gegen die Vernunft sich kühl, unempfindlich, ja feindlich zeigt und ein Vergnügen zu empfinden scheint, wenn er ihr mit einer intuitiv gewonnenen Wahrheit widersprechen kann: und dies thut er in Sätzen, wie »Alles hat jederzeit das Entgegengesetzte an sich« so ungescheut, daß Aristoteles ihn des höchsten Verbrechens vor dem Tribunale der Vernunft zeiht, gegen den Satz vom Widerspruch gesündigt zu haben. Die intuitive Vorstellung aber umfaßt zweierlei: einmal die gegenwärtige, in allen Erfahrungen an uns heran sich drängende bunte und wechselnde Welt, sodann die Bedingungen, durch die jede Erfahrung von dieser Welt erst möglich wird, Zeit und Raum. Denn diese können, wenn sie auch ohne bestimmten Inhalt sind, unabhängig von jeder Erfahrung und rein an sich intuitiv percipirt, also angeschaut werden. Wenn nun Heraklit in dieser Weise die Zeit, losgelöst von allen Erfahrungen betrachtet, so hatte er an ihr das belehrendste Monogramm alles dessen, was überhaupt unter das Bereich der intuitiven Vorstellung fällt. So wie er die Zeit erkannte, erkannte sie zum Beispiel auch Schopenhauer, als welcher von ihr wiederholt aussagt: daß in ihr jeder Augenblick nur ist, sofern er den vorhergehenden, seinen Vater, vertilgt hat, um [824] selbst ebenso schnell wieder vertilgt zu werden, daß Vergangenheit und Zukunft so nichtig als irgend ein Traum sind, Gegenwart aber nur die ausdehnungs- und bestandlose Grenze zwischen beiden sei, daß aber, wie die Zeit, so der Raum und wie dieser, so auch alles, was in ihm und der Zeit zugleich ist, nur ein relatives Dasein hat, nur durch und für ein Anderes, ihm Gleichartiges d. h. wieder nur ebenso Bestehendes sei. Dies ist eine Wahrheit von der höchsten unmittelbaren, jedermann zugänglichen Anschaulichkeit und eben darum begrifflich und vernünftig sehr schwer zu erreichen. Wer sie vor Augen hat, muß aber auch sofort zu der Heraklitischen Consequenz weitergehen und sagen, daß das ganze Wesen der Wirklichkeit eben nur Wirken ist und daß es für sie keine andre Art Sein giebt; wie dies ebenfalls Schopenhauer dargestellt hat (Welt als Wille und Vorstellung I S. 10): »nur als wirkend füllt sie den Raum, füllt sie die Zeit: ihre Einwirkung auf das unmittelbare Objekt bedingt die Anschauung, in der sie allein existirt: die Folge der Einwirkung jedes anderen materiellen Objekts auf ein anderes wird nur erkannt, sofern das letztere jetzt anders als jenes auf das unmittelbare Objekt einwirkt, und besteht nur darin. Ursache und Wirkung ist also das ganze Wesen der Materie: ihr Sein ist ihr Wirken. Höchst treffend ist deshalb im Deutschen der Inbegriff alles Materiellen Wirklichkeit genannt, welches Wort viel bezeichnender ist als Realität. Das, worauf sie wirkt, ist allemal wieder Materie: ihr ganzes Sein und Wesen besteht also nur in der gesetzmäßigen Veränderung, die ein Theil derselben im anderen hervorbringt, ist folglich gänzlich relativ, nach einer nur innerhalb ihrer Grenzen geltenden Relation, also eben wie die Zeit, eben wie der Raum.«

Das ewige und alleinige Werden, die gänzliche Unbeständigkeit alles Wirklichen, das fortwährend nur wirkt und wird und nicht ist, wie dies Heraklit lehrt, ist eine furchtbare und betäubende Vorstellung und in ihrem Einflusse am nächsten der Empfindung verwandt, mit der Jemand, bei einem Erdbeben, das Zutrauen zu der festgegründeten Erde verliert. Es gehörte eine er-[825]staunliche Kraft dazu, diese Wirkung in das Entgegengesetzte, in das Erhabne und das beglückte Erstaunen zu übertragen. Dies erreichte Heraklit durch eine Beobachtung über den eigentlichen Hergang jedes Werdens und Vergehens, welchen er unter der Form der Polarität begriff, als das Auseinandertreten einer Kraft in zwei qualitativ verschiedne, entgegengesetzte und zur Wiedervereinigung strebende Thätigkeiten. Fortwährend entzweit sich eine Qualität mit sich selbst und scheidet sich in ihre Gegensätze: fortwährend streben diese Gegensätze wieder zu einander hin. Das

Volk meint zwar, etwas Starres, Fertiges, Beharrendes zu erkennen; in Wahrheit ist in jedem Augenblick Licht und Dunkel, Bitter und Süß bei einander und an einander geheftet, wie zwei Ringende, von denen bald der Eine bald der Andre die Obmacht bekommt. Der Honig ist, nach Heraklit, zugleich bitter und süß, und die Welt selbst ist ein Mischkrug, der beständig umgerührt werden muß. Aus dem Krieg des Entgegengesetzten entsteht alles Werden: die bestimmten, als andauernd uns erscheinenden Qualitäten drücken nur das momentane Übergewicht des einen Kämpfers aus, aber der Krieg ist damit nicht zu Ende, das Ringen dauert in Ewigkeit fort. Alles geschieht gemäß diesem Streite, und gerade dieser Streit offenbart die ewige Gerechtigkeit. Es ist eine wundervolle, aus dem reinsten Borne des Hellenischen geschöpfte Vorstellung, welche den Streit als das fortwährende Walten einer einheitlichen, strengen, an ewige Gesetze gebundenen Gerechtigkeit betrachtet. Nur ein Grieche war im Stande, diese Vorstellung als Fundament einer Kosmodicee zu finden; es ist die gute Eris Hesiods, zum Weltprincip verklärt, es ist der Wettkampfgedanke des einzelnen Griechen und des griechischen Staates, aus den Gymnasien und Palästren, aus den künstlerischen Agonen, aus dem Ringen der politischen Parteien und der Städte mit einander, in's Allgemeinste übertragen, so daß jetzt das Räderwerk des Kosmos in ihm sich dreht. Wie jeder Grieche kämpft als ob er allein im Recht sei, und ein unendlich sicheres Maaß des richterlichen Urtheils in jedem Augenblick bestimmt, [826] wohin der Sieg sich neigt, so ringen die Qualitäten mit einander, nach unverbrüchlichen, dem Kampfe immanenten Gesetzen und Maaßen. Die Dinge selbst, an deren Feststehen und Standhalten der enge Menschen- und Thierkopf glaubt, haben gar keine eigentliche Existenz, sie sind das Erblitzen und der Funkenschlag gezückter Schwerter, sie sind das Aufglänzen des Siegs, im Kampfe der entgegengesetzten Qualitäten.

Jenen Kampf, der allem Werden eigenthümlich ist, jenen ewigen Wechsel des Sieges schildert wiederum Schopenhauer

(Welt als Wille und Vorstellung I S. 175): »Beständig muß die beharrende Materie die Form wechseln, indem am Leitfaden der Kausalität, mechanische physische chemische organische Erscheinungen, sich gierig zum Hervortreten drängen, einander die Materie entreißend, da jede ihre Idee offenbaren will. Durch die gesammte Natur läßt sich dieser Streit verfolgen, ja sie besteht eben wieder nur durch ihn.« Die folgenden Seiten geben die merkwürdigsten Illustrationen dieses Streites: nur daß der Grundton dieser Schilderungen immer ein andrer bleibt als bei Heraklit, sofern der Kampf für Schopenhauer ein Beweis von der Selbst-Entzweiung des Willens zum Leben, ein An-sich-selber-Zehren dieses finstren dumpfen Triebes ist, als ein durchweg entsetzliches, keineswegs beglückendes Phänomen. Der Tummelplatz und der Gegenstand dieses Kampfes ist die Materie, welche die Naturkräfte wechselseitig einander zu entreißen suchen, wie auch Raum und Zeit, deren Vereinigung durch die Kausalität eben die Materie ist.

6.

Während die Imagination Heraklit's das rastlos bewegte Weltall, die »Wirklichkeit« mit dem Auge des beglückten Zuschauers maß, der zahllose Paare, im freudigen Kampfspiele, unter der Obhut strenger Kampfrichter ringen sieht, überkam ihn eine noch höhere Ahnung; er konnte die ringenden Paare und die Richter nicht mehr getrennt von einander betrachten, die Richter [827] selbst schienen zu kämpfen, die Kämpfer selbst schienen sich zu richten – ja, da er im Grunde nur die ewig waltende eine Gerechtigkeit wahrnahm, so wagte er auszurufen: der Streit des Vielen selbst ist die eine Gerechtigkeit! Und überhaupt: das Eine ist das Viele. Denn was sind alle jene Qualitäten dem Wesen nach? Sind sie unsterbliche Götter? Sind sie getrennte, von Anfang und ohne Ende für sich wirkende Wesen? Und wenn die Welt, die wir sehen, nur Werden und Vergehn, aber kein Beharren kennt, sollten vielleicht gar jene Qualitäten eine anders geartete metaphysische Welt constituiren, zwar keine Welt der Einheit, wie sie Anaximander hinter dem flatternden Schleier der Vielheit suchte, aber eine Welt ewiger und wesenhafter Vielheiten? Ist Heraklit, auf einem Umwege, vielleicht doch wieder in die doppelte Weltordnung, so heftig er sie verneinte, hineingerathen, mit einem Olymp zahlreicher unsterblicher Götter und Dämonen – nämlich vieler Realitäten – und mit einer Menschenwelt, die nur das Staubgewölk des olympischen Kampfes und das Aufglänzen göttlicher Speere – das heißt nur ein Werden – sieht? Anaximander hatte sich gerade vor den bestimmten Qualitäten in den Schooß des metaphysischen »Unbestimmten« geflüchtet; weil diese wurden und vergiengen, hatte er ihnen das wahre und kernhafte Dasein abgesprochen; sollte es jetzt aber nicht scheinen, als ob das Werden nur das Sichtbarwerden eines Kampfes ewiger Qualitäten ist? Sollte es nicht auf die eigenthümliche Schwäche der menschlichen Erkenntniß zurückgehn, wenn wir vom Werden reden – während es im Wesen der Dinge vielleicht gar kein Werden giebt, sondern nur ein Nebeneinander vieler wahrer ungewordner unzerstörbarer Realitäten?

Dies sind unheraklitische Auswege und Irrpfade: er ruft noch einmal: »das Eine ist das Viele.« Die vielen wahrnehmbaren Qualitäten sind weder ewige Wesenheiten, noch Phantasmata unsrer Sinne (als jene denkt sie sich später Anaxagoras, als diese Parmenides), sie sind weder starres selbstherrliches Sein, noch flüchtiger in Menschenköpfen wandelnder Schein. Die [828] dritte, für Heraklit allein zurückbleibende Möglichkeit wird niemand mit dialektischem Spürsinn und gleichsam rechnend errathen können: denn was er hier erfand, ist eine Seltenheit selbst im Bereiche mystischer Unglaublichkeiten und unerwarteter kosmischer Metaphern. – Die Welt ist das Spiel des Zeus, oder physikalischer ausgedrückt, des Feuers mit sich selbst, das Eine ist nur in diesem Sinne zugleich das Viele. –

Um zunächst die Einführung des Feuers als einer weltbildenden Kraft zu erläutern, erinnere ich daran, in welcher Weise Anaximander die Theorie vom Wasser als dem Ursprung der Dinge weitergebildet hatte. Im Wesentlichen darin Thales Vertrauen schenkend und seine Beobachtungen stärkend und vermehrend war Anaximander doch nicht zu überzeugen, daß es vor dem Wasser und gleichsam hinter dem Wasser keine weitere Qualitätsstufe gäbe: sondern aus Warm und Kalt schien ihm das Feuchte selbst sich zu bilden, und Warm und Kalt sollten daher die Vorstufen des Wassers, die noch ursprünglicheren Qualitäten sein. Mit ihrer Ausscheidung aus dem Ursein des »Unbestimmten« beginnt das Werden. Heraklit, der als Physiker sich der Bedeutung Anaximander's unterordnete, deutet sich dieses Anaximandrische Warme um als den Hauch, den warmen Athem, die trocknen Dünste, kurz als das Feurige: von diesem Feuer sagt er nun dasselbe aus, was Thales und Anaximander vom Wasser ausgesagt hatten, es durchlaufe nun in zahllosen Verwandlungen die Bahn des Werdens, vor allem in den drei Hauptzuständen, als Warmes, Feuchtes, Festes. Denn das Wasser geht theils im Niedersteigen zur Erde, im Aufsteigen zum Feuer über: oder wie sich Heraklit genauer ausgedrückt zu haben scheint: aus dem Meere steigen nur die reinen Dünste auf, welche dem himmlischen Feuer der Gestirne zur Nahrung dienen, aus der Erde nur die dunklen, nebeligen, aus denen das Feuchte seine Nahrung zieht. Die reinen Dünste sind der Übergang des Meeres zum Feuer, die unreinen der Übergang der Erde zu Wasser. So laufen fortwährend die beiden Verwandlungs-Bahnen des Feuers, aufwärts und abwärts, [829] hin und zurück, nebeneinander her, vom Feuer zum Wasser, von da zur Erde, von der Erde wieder zurück zum Wasser, vom Wasser zum Feuer. Während Heraklit in den wichtigsten dieser Vorstellungen z. B. darin, daß das Feuer durch die Ausdünstungen unterhalten wird, oder darin daß aus dem Wasser theils Erde theils Feuer sich absondert, Anhänger des Anaximander ist, so ist er darin selbständig und im Widerspruch mit jenem, daß er das Kalte aus dem physikalischen Prozeß ausschließt, während Anaximander es als gleichberechtigt neben das Warme gestellt hatte, um aus Beiden das Feuchte entstehen zu lassen. Dies zu thun war freilich für Heraklit eine Nothwendigkeit: denn wenn alles Feuer sein soll, so kann, bei allen Möglichkeiten seiner Umwandlung, es doch nichts geben, was sein absoluter Gegensatz wäre; er wird also das, was man das Kalte nennt, nur als Grad des Warmen gedeutet haben und konnte diese Deutung ohne Schwierigkeiten rechtfertigen. Viel wichtiger aber als diese Abweichung von der Lehre Anaximander's ist eine weitere Übereinstimmung: er glaubt wie jener an einen periodisch sich wiederholenden Weltuntergang und an ein immer erneutes Hervorsteigen einer anderen Welt aus dem alles vernichtenden Weltbrande. Die Periode, in der die Welt jenem Weltbrande und der Auflösung in das reine Feuer entgegeneilt, wird von ihm in höchst auffallender Weise als ein Begehren und Bedürfen charakterisirt, das volle Verschlungensein im Feuer als die Sattheit; und es bleibt uns die Frage übrig, wie er den neuen erwachenden Trieb der Weltbildung, das Sichausgießen in die Formen der Vielheit verstanden und benannt hat. Das griechische Sprüchwort scheint uns mit dem Gedanken zu Hülfe zu kommen, daß »Sattheit den Frevel (die Hybris) gebiert«; und in der That kann man sich einen Augenblick fragen, ob Heraklit vielleicht jene Rückkehr zur Vielheit aus der Hybris hergeleitet hat. Man nehme diesen Gedanken einmal ernst: in seiner Beleuchtung verwandelt sich, vor unseren Blicken, das Gesicht Heraklits, das stolze Leuchten seiner Augen erlischt, ein faltiger Zug schmerzlicher Entsagung, der Ohnmacht prägt [830] sich aus, es scheint daß wir wissen, warum das spätere Alterthum ihn den »weinenden Philosophen« nannte. Ist jetzt nicht der ganze Weltprozeß ein Bestrafungsakt der Hybris? Die Vielheit das Resultat eines Frevels? Die Verwandlung des Reinen in das Unreine Folge der Ungerechtigkeit? Wird jetzt nicht die Schuld in den Kern der Dinge verlegt, und somit zwar die Welt des Werdens und der Individuen von ihr entlastet, aber zugleich ihre Folgen zu tragen immer von Neuem wieder verurtheilt?

7.

Jenes gefährliche Wort, Hybris, ist in der That der Prüfstein für jeden Herakliteer; hier mag er zeigen, ob er seinen Meister verstanden oder verkannt hat. Giebt es Schuld Ungerechtigkeit Widerspruch Leid in dieser Welt?

Ja, ruft Heraklit, aber nur für den beschränkten Menschen, der auseinander und nicht zusammen schaut, nicht für den contuitiven Gott; für ihn läuft alles Widerstrebende in eine Harmonie zusammen, unsichtbar zwar für das gewöhnliche Menschenauge, doch dem verständlich, der, wie Heraklit, dem beschaulichen Gotte ähnlich ist. Vor seinem Feuerblick bleibt kein Tropfen von Ungerechtigkeit in der um ihn ausgegossenen Welt zurück; und selbst jener cardinale Anstoß, wie das reine Feuer in so unreine Formen einziehen könne, wird von ihm durch ein erhabnes Gleichniß überwunden. Ein Werden und Vergehen, ein Bauen und Zerstören, ohne jede moralische Zurechnung, in ewig gleicher Unschuld, hat in dieser Welt allein das Spiel des Künstlers und des Kindes. Und so, wie das Kind und der Künstler spielt, spielt das ewig lebendige Feuer, baut auf und zerstört, in Unschuld – und dieses Spiel spielt der Aeon mit sich. Sich verwandelnd in Wasser und Erde thürmt er, wie ein Kind Sandhaufen am Meere, thürmt auf und zertrümmert; von Zeit zu Zeit fängt er das Spiel von Neuem an. Ein Augenblick der Sättigung: dann ergreift ihn von Neuem das Bedürfniß, wie den Künstler zum [831] Schaffen das Bedürfniß zwingt. Nicht Frevelmuth, sondern der immer neu erwachende Spieltrieb ruft andre Welten ins Leben. Das Kind wirft einmal das Spielzeug weg: bald aber fängt es wieder an, in unschuldiger Laune. Sobald es aber baut, knüpft und fügt und formt es gesetzmäßig und nach inneren Ordnungen.

So schaut nur der ästhetische Mensch die Welt an, der an dem Künstler und an dem Entstehen des Kunstwerks erfahren hat, wie der Streit der Vielheit doch in sich Gesetz und Recht tragen kann, wie der Künstler beschaulich über und wirkend in dem Kunstwerk steht, wie Nothwendigkeit und Spiel, Widerstreit und Harmonie sich zur Zeugung des Kunstwerkes paaren müssen.

Wer wird nun von einer solchen Philosophie noch eine Ethik, mit den nöthigen Imperativen »Du sollst« verlangen oder gar einen solchen Mangel dem Heraklit zum Vorwurf machen! Der Mensch ist bis in seine letzte Faser hinein Nothwendigkeit und ganz und gar »unfrei« – wenn man unter Freiheit den närrischen Anspruch, seine essentia nach Willkür wie ein Kleid wechseln zu können, versteht, einen Anspruch, den jede ernste Philosophie bisher mit dem gebührenden Hohne zurückgewiesen hat. Daß so wenig Menschen mit Bewußtsein in dem Logos und in Gemäßheit des alles überschauenden Künstlerauges leben, das rührt daher daß ihre Seelen naß sind und daß des Menschen Augen und Ohren, überhaupt ihr Intellekt ein schlechter Zeuge ist, wenn »feuchter Schlamm ihre Seelen einnimmt«. Warum das so ist, wird nicht gefragt, ebenso wenig, warum Feuer zu Wasser und Erde wird. Heraklit hat ja keinen Grund nachweisen zu müssen (wie ihn Leibniz hatte) daß diese Welt sogar die allerbeste sei, es genügt ihm daß sie das schöne unschuldige Spiel des Aeon ist. Der Mensch gilt ihm sogar im Allgemeinen als ein unvernünftiges Wesen: womit nicht streitet, daß sich in allem seinem Wesen das Gesetz der allwaltenden Vernunft erfüllt. Er nimmt gar nicht eine besonders bevorzugte Stellung in der Natur ein, deren höchste Erscheinung das Feuer, z.B. als Gestirn, ist, aber nicht der einfältige Mensch. Hat dieser am Feuer einen Antheil durch die [832] Nothwendigkeit erhalten, so ist er etwas vernünftiger; soweit er aus Wasser und Erde besteht, steht es schlimm mit seiner Vernunft. Eine Verpflichtung daß er den Logos erkennen müsse, weil er Mensch sei, existirt nicht. Warum giebt es aber Wasser, warum giebt es Erde? Dies ist für Heraklit ein viel ernsteres Problem, als zu fragen, warum die Menschen so dumm und schlecht seien. In dem höchsten und in dem verkehrtesten Menschen offenbart sich die gleiche immanente Gesetzmäßigkeit und Gerechtigkeit.

Wenn man aber Heraklit die Frage vorrücken wollte: warum ist das Feuer nicht immer Feuer, warum ist es jetzt Wasser, jetzt Erde?, so würde er eben nur antworten »es ist ein Spiel, nehmt's nicht zu pathetisch, und vor Allem nicht moralisch!« Heraklit beschreibt nur die vorhandne Welt und hat an ihr das beschauliche Wohlgefallen, mit dem der Künstler auf sein werdendes Werk schaut. Düster, schwermüthig, thränenreich finster schwarzgallig, pessimistisch und überhaupt hassenswürdig finden ihn nur die, welche mit seiner Naturbeschreibung des Menschen nicht zufrieden zu sein Ursache haben. Diese aber würde er, sammt ihren Antipathien und Sympathien, ihrem Haß und ihrer Liebe, für gleichgültig halten und ihnen etwa mit solchen Belehrungen dienen »die Hunde bellen jeden an, den sie nicht kennen« oder »dem Esel ist Spreu lieber als Gold«.

Von solchen Unzufriednen rühren auch die zahlreichen Klagen über die Dunkelheit des Heraklitischen Stils her: wahrscheinlich hat nie ein Mensch heller und leuchtender geschrieben. Freilich sehr kurz, und deshalb allerdings für die lesenden Schnelläufer dunkel. Wie aber ein Philosoph undeutlich, mit Absicht schreiben sollte – was man Heraklit nachzusagen pflegt – ist völlig unerklärlich: falls er nicht Grund hat, Gedanken zu verbergen oder Schelm genug ist, seine Gedankenlosigkeit unter Worten zu verstecken. Muß man doch sogar, wie Schopenhauer sagt, in Angelegenheiten des gewöhnlichen praktischen Lebens, sorgfältig, durch Deutlichkeit, möglichen Mißverständnissen vorbeugen; wie denn sollte man im schwierigsten, abstrusesten, kaum [833]
erreichbaren Gegenstande des Denkens, den Aufgaben der Philosophie, sich unbestimmt, ja räthselhaft ausdrücken dürfen? Was aber die Kürze anbetrifft, so giebt Jean Paul eine gute Lehre. »Im Ganzen ist es recht, wenn alles Große – von vielem Sinn für einen seltnen Sinn – nur kurz und (daher) dunkel ausgesprochen wird, damit der kahle Geist es lieber für Unsinn erkläre als in seinen Leersinn übersetze. Denn die gemeinen Geister haben eine häßliche Geschicklichkeit,

im tiefsten und reichsten Spruch nichts zu sehen als ihre eigne alltägliche Meinung.« Übrigens und trotzdem ist Heraklit den »kahlen Geistern« nicht entgangen; bereits die Stoiker haben ihn ins Flache umgedeutet und seine aesthetische Grundperception vom Spiel der Welt zu der gemeinen Rücksicht auf Zweckmäßigkeiten der Welt und zwar für die Vortheile des Menschen herabgezogen: so daß aus seiner Physik, in jenen Köpfen, ein kruder Optimismus, mit der fortwährenden Aufforderung an Hinz und Kunz zum plaudite amici, geworden ist.

8.

Heraklit war stolz: und wenn es bei einem Philosophen zum Stolz kommt, so giebt es einen großen Stolz. Sein Wirken weist ihn nie auf ein »Publikum«, auf den Beifall der Massen und den zujauchzenden Chorus der Zeitgenossen hin. Einsam die Straße zu ziehn gehört zum Wesen des Philosophen. Seine Begabung ist die seltenste, in einem gewissen Sinne unnatürlichste, dabei selbst gegen die gleichartigen Begabungen ausschließend und feindselig. Die Mauer seiner Selbstgenugsamkeit muß von Diamant sein, wenn sie nicht zerstört und zerbrochen werden soll, denn alles ist gegen ihn in Bewegung. Seine Reise zur Unsterblichkeit ist beschwerlicher und behinderter als jede andre; und doch kann Niemand sicherer glauben als gerade der Philosoph, auf ihr zum Ziele zu kommen – weil er gar nicht weiß, wo er stehen soll, wenn nicht auf den weit ausgebreiteten Fittigen aller Zeiten; denn die Nichtachtung des Gegenwärtigen und Augenblicklichen liegt [834] im Wesen der großen philosophischen Natur. Er hat die Wahrheit: mag das Rad der Zeit rollen, wohin es will, nie wird es der Wahrheit entfliehn können. Es ist wichtig von solchen Menschen zu erfahren, daß sie einmal gelebt haben. Nie würde man sich zum Beispiel den Stolz des Heraklit, als eine müssige Möglichkeit, imaginiren können. An sich scheint jedes Streben nach Erkenntniß, seinem Wesen nach, ewig unbefriedigt und unbefriedigend. Deshalb wird Niemand, wenn er nicht durch die Historie belehrt ist, an eine so königliche Selbstachtung und Überzeugtheit, der einzige beglückte Freier der Wahrheit zu sein, glauben mögen. Solche Menschen leben in ihrem eignen Sonnensystem; darin muß man sie aufsuchen. Auch ein Pythagoras, ein Empedokles behandelten sich selbst mit einer übermenschlichen Schätzung, ja mit fast religiöser Scheu; aber das Band des Mitleidens, an die große Überzeugung von der Seelenwanderung und der Einheit alles Lebendigen geknüpft, führte sie wieder zu den anderen Menschen, zu deren Heil und Errettung, hin. Von dem Gefühl der Einsamkeit aber, das den ephesischen Einsiedler des Artemistempels durchdrang, kann man nur in der wildesten Gebirgsöde erstarrend etwas ahnen. Kein übermächtiges Gefühl mitleidiger Erregungen, kein Begehren, helfen heilen und retten zu wollen, strömt von ihm aus. Er ist ein Gestirn ohne Atmosphäre. Sein Auge, lodernd nach innen gerichtet, blickt erstorben und eisig, wie zum Scheine nur, nach außen. Rings um ihn, unmittelbar an die Feste seines Stolzes, schlagen die Wellen des Wahns und der Verkehrtheit: mit Ekel wendet er sich davon ab. Aber auch die Menschen mit fühlender Brust weichen einer solchen wie aus Erz gegossenen Larve aus; in einem abgelegnen Heiligthum, unter Götterbildern, neben kalter ruhig-erhabener Architektur mag so ein Wesen begreiflicher erscheinen. Unter Menschen war Heraklit, als Mensch, unglaublich; und wenn er wohl gesehen wurde, wie er auf das Spiel lärmender Kinder Acht gab, so hat er jedenfalls dabei bedacht, was nie ein Mensch, bei solcher Gelegenheit bedacht hat: das Spiel des großen Weltenkindes Zeus. Er brauchte die Men-[835]schen nicht, auch nicht für seine Erkenntnisse; an allem, was man etwa von ihnen erfragen konnte und was die anderen Weisen vor ihm zu erfragen bemüht gewesen waren, lag ihm nicht. Er sprach mit Geringschätzung von solchen fragenden sammelnden, kurz »historischen« Menschen. »Mich selbst suchte und erforschte ich« sagte er von sich, mit einem Worte, durch das man das Erforschen eines Orakels bezeichnet: als ob er der wahre Erfüller und Vollender der delphischen Satzung »Erkenne dich selbst« sei, und Niemand sonst.

Was er aber aus diesem Orakel heraushörte, das hielt er für unsterbliche und ewig deutenswerthe Weisheit, von unbegrenzter Wirkung in die Ferne, nach dem Vorbild der prophetischen Reden der Sibylle. Es ist genug für die späteste Menschheit: mag sie es nur wie Orakelsprüche sich deuten lassen, was er wie der delphische Gott »weder aussagt noch verbirgt«. Ob es gleich von ihm »ohne Lächeln Putz und Salbenduft«, vielmehr wie mit »schäumendem Munde« verkündet wird, es muß zu den tausenden Jahren der Zukunft dringen. Denn die Welt braucht ewig die Wahrheit, also braucht sie ewig Heraklit: obschon er ihrer nicht bedarf. Was geht ihn sein Ruhm an? Der Ruhm bei »immer fort fließenden Sterblichen«!, wie er höhnisch ausruft. Sein Ruhm geht die Menschen etwas an, nicht ihn, die Unsterblichkeit der Menschheit braucht ihn, nicht er die Unsterblichkeit des Menschen Heraklit. Das, was er schaute, die Lehre vom Gesetz im Werden und vom Spiel in der Nothwendigkeit, muß von jetzt ab ewig geschaut werden: er hat von diesem größten Schauspiel den Vorhang aufgezogen.

9.

Während in jedem Worte Heraklit's der Stolz und die Majestät der Wahrheit, aber der in Intuitionen erfaßten, nicht der an der Strickleiter der Logik erkletterten Wahrheit, sich ausspricht, während er, in sibyllenhafter Verzückung schaut, aber nicht späht, [836] erkennt, aber nicht rechnet: ist ihm in seinem Zeitgenossen Parmenides ein Gegenbild an die Seite gestellt, ebenfalls mit dem Typus eines Propheten der Wahrheit, aber gleichsam aus Eis und nicht aus Feuer geformt und kaltes, stechendes Licht um sich ausgießend. Parmenides hat, wahrscheinlich erst in seinem höheren Alter, einmal einen Moment der allerreinsten, durch jede Wirklichkeit ungetrübten und völlig blutlosen Abstraktion gehabt; dieser Moment – ungriechisch wie kein andrer in den zwei Jahrhunderten des tragischen Zeitalters – dessen Erzeugniß die Lehre vom Sein ist, wurde für sein eignes Leben zum Grenzstein, der es in zwei Perioden trennte: zugleich aber zertheilt derselbe Moment das vorsokratische Denken in zwei Hälften, deren erste die Anaximandrische, deren zweite geradezu die Parmenideische genannt werden mag. Die erste ältere Periode im eignen Philosophiren des Parmenides trägt ebenfalls noch das Gesicht Anaximander's; sie brachte ein durchgeführtes philosophisch-physikalisches System, als Antwort auf die Fragen Anaximander's, hervor. Als ihn später jener eisige Abstraktions-Schauder erfaßte, und der einfachste vom Sein und Nichtsein redende Satz von ihm hingestellt wurde, da war unter den vielen, durch ihn der Vernichtung zugeworfnen älteren Lehren auch sein eignes System. Doch scheint er nicht alle väterliche Pietät gegen das kräftige und wohlgestaltete Kind seiner Jugend verloren zu haben, und er half sich deshalb zu sagen: »Zwar giebt es nur einen richtigen Weg; wenn man aber einmal auf einen andern sich begeben will, so ist meine ältere Ansicht, ihrer Güte und Consequenz nach, allein im Recht.« Mit dieser Wendung sich schützend hat er seinem früheren physikalischen Systeme einen würdigen und ausgedehnten Raum selbst in jenem großen Gedicht über die Natur gegönnt, das eigentlich die neue Einsicht, als den einzigen Wegweiser zur Wahrheit proklamiren sollte. Es ist diese väterliche Rücksicht, selbst wenn durch sie ein Irrthum eingeschlichen sein sollte, ein Rest von menschlicher Empfindung, bei einer durch logische Starrheit ganz petrificirten und fast in eine Denkmaschine verwandelten Natur.

[837] Parmenides, dessen persönlicher Umgang mit Anaximander mir nicht unglaublich scheint, dessen Ausgehen von Anaximander's Lehre nicht nur glaublich, sondern evident ist, hatte dasselbe Mißtrauen gegen die vollkommne Trennung einer Welt, die nur ist und einer Welt, die nur wird, welches auch Heraklit erfaßt und zur Leugnung des Seins überhaupt

geführt hatte. Beide suchten einen Ausweg aus jenem Gegenüber und Auseinander einer doppelten Weltordnung. Jener Sprung in's Unbestimmte, Unbestimmbare, durch den Anaximander ein- für alle Mal dem Reiche des Werdens und seinen empirisch gegebenen Qualitäten entflohen war, wurde so selbständig gearteten Köpfen, wie denen Heraklit's und Parmenides', nicht leicht; sie suchten erst zu gehen, soweit sie konnten und behielten sich den Sprung für jene Stelle vor, wo der Fuß nicht mehr Halt findet, und man springen muß, um nicht zu fallen. Beide schauten wiederholt eben jene Welt an, die Anaximander so melancholisch verurtheilt und als Ort des Frevels und zugleich als Bußstätte für die Ungerechtigkeit des Werdens erklärt hatte. In ihrem Anschauen entdeckte Heraklit, wie wir bereits wissen, welche wunderbare Ordnung Regelmäßigkeit und Sicherheit in jedem Werden sich offenbart: daraus schloß er daß das Werden selbst nichts Frevelhaftes und Ungerechtes sein könne. Einen ganz verschiednen Blick that Parmenides; er verglich die Qualitäten mit einander und glaubte zu finden, daß sie nicht alle gleichartig seien, sondern in zwei Rubriken eingeordnet werden müßten. Verglich er zum Beispiel Licht und Dunkel, so war die zweite Qualität ersichtlich nur die *Negation* der ersten; und so unterschied er positive und negative Qualitäten, ernsthaft bemüht, jenen Grundgegensatz im ganzen Reiche der Natur wiederzufinden und zu verzeichnen. Seine Methode hierbei war folgende: er nahm ein paar Gegensätze, zum Beispiel leicht und schwer, dünn und dicht, thätig und leidend und hielt sie an jenen vorbildlichen Gegensatz von Licht und Dunkel: was dem Lichten entsprach, war die positive, was dem Dunklen die negative Eigenschaft. Nahm er etwa das Schwere und das Leichte, so
[838] fiel das Leichte auf die Seite des Lichten, das Schwere auf die Seite des Dunklen: und so galt ihm das Schwere nur als die Negation des Leichten, das Leichte aber als eine positive Eigenschaft. Schon aus dieser Methode ergiebt sich eine trotzende, gegen die Einflüsterungen der Sinne verschlossene Befähigung zur abstrakt-logischen Prozedur. Das Schwere

scheint sich ja recht eindringlich den Sinnen als positive Qualität darzubieten; das hielt Parmenides nicht ab, es zu einer Negation zu stempeln. Ebenso bezeichnete er die Erde, im Gegensatz zum Feuer, das Kalte im Gegensatz zum Warmen, das Dichte im Gegensatz zum Dünnen, das Weibliche im Gegensatz zum Männlichen, das Leidende im Gegensatz zum Thätigen, nur als Negationen: so daß vor seinem Blicke sich unsre empirische Welt in zwei getrennte Sphären schied, in die der positiven Eigenschaften – mit einem lichten feurigen warmen leichten dünnen thätig-männlichen Charakter – und in die der negativen Eigenschaften. Letztere drücken eigentlich nur den Mangel, die Abwesenheit der anderen, positiven aus; er beschrieb also die Sphäre, in der die positiven Eigenschaften fehlen, als dunkel, erdig, kalt, schwer, dicht und überhaupt als weiblich-passiven Charakters. Statt der Ausdrücke »positiv« und »negativ« gebrauchte er den festen Terminus »seiend« und »nicht seiend« und war damit zu dem Lehrsatz gekommen, daß, im Widerspruch mit Anaximander, diese unsre Welt selbst etwas Seiendes enthalte: freilich auch etwas Nichtseiendes. Das Seiende soll man nicht außerhalb der Welt und gleichsam über unserem Horizonte suchen; sondern vor uns, und überall, in jedem Werden, ist etwas Seiendes enthalten und in Thätigkeit.

Dabei blieb für ihn aber die Aufgabe übrig, die genauere Antwort auf die Frage zu geben: was ist das Werden? – und hier war der Moment, wo er springen mußte, um nicht zu fallen, obwohl vielleicht für solche Naturen, wie die des Parmenides, selbst jedes Springen als Fallen gilt. Genug, wir gerathen in den Nebel, in die Mystik von qualitates occultae und sogar etwas in die Mythologie. Parmenides schaut, wie Heraklit, das allgemeine [839] Werden und Nichtverharren an und kann sich ein Vergehen nur so deuten, daß das Nichtseiende an ihm schuld sein muß. Denn wie sollte das Seiende die Schuld des Vergehens tragen! Ebenso aber muß das Entstehen durch Mithülfe des Nichtseienden zu Stande kommen: denn das Seiende ist immer da und könnte, von sich aus, nicht erst entstehen und kein Entstehen erklären. Also ist sowohl das Entstehen als das Vergehen durch die negativen Eigenschaften herbeigeführt. Daß aber das Entstehende einen Inhalt hat, und daß das Vergehende einen Inhalt verliert, setzt voraus daß die positiven Eigenschaften – das heißt doch eben, jener Inhalt – ebenfalls bei beiden Prozessen betheiligt sind. Kurz, es ergiebt sich der Lehrsatz »zum Werden ist sowohl das Seiende als das Nichtseiende nöthig; wenn sie zusammen wirken, so ergiebt sich ein Werden.« Aber wie kommt das Positive und das Negative an einander? Sollten sie sich nicht, im Gegentheil, ewig fliehen, als Gegensätze, und dadurch jedes Werden unmöglich machen? Hier appellirt Parmenides an eine qualitas occulta, an einen mystischen Hang des Entgegengesetzten, sich zu nähern und sich anzuziehen, und er versinnlicht jenen Gegensatz durch den Namen der Aphrodite und durch das empirisch bekannte Verhältniß des Männlichen und des Weiblichen zu einander. Die Macht der Aphrodite ist es, die das Entgegengesetzte, das Seiende mit dem Nichtseienden, zusammenkuppelt. Eine Begierde führt die sich widerstreitenden und sich hassenden Elemente zusammen: das Resultat ist ein Werden. Wenn die Begierde gesättigt ist, treibt der Haß und der innere Widerstreit das Seiende und das Nichtseiende wieder auseinander – und dann sagt der Mensch »das Ding vergeht«. –

10.

Aber Niemand vergreift sich ungestraft an so furchtbaren Abstraktionen, wie das »Seiende« und das »Nichtseiende« sind; das Blut erstarrt allmählich, wenn man sie berührt. Es gab einen Tag, an dem Parmenides einen seltsamen Einfall hatte, der allen [840] seinen früheren Combinationen den Werth zu nehmen schien, so daß er Lust hatte sie wie einen Beutel mit alten abgenutzten Münzen bei Seite zu werfen. Gewöhnlich nimmt man an, daß auch ein äußerer Eindruck und nicht nur die von innen her treibende Consequenz solcher Begriffe wie »seiend« und »nichtseiend«, bei der Erfindung jenes Tages mit thätig gewesen sei, die Bekanntschaft mit der Theologie des alten, viel umher getriebenen Rhapsoden, des Sängers einer mystischen Naturvergötterung, des Kolophoniers Xenophanes. Ein außerordentliches Leben hindurch lebte Xenophanes als wandernder Dichter und wurde durch seine Reisen ein viel belehrter und viel belehrender Mann, der zu fragen und zu erzählen wußte; weshalb Heraklit ihn unter die Polyhistoren und überhaupt unter die »historischen« Naturen, in dem erwähnten Sinne rechnete. Woher und wann ihm der mystische Zug in's Eine und ewig Ruhende gekommen ist, wird niemand nachrechnen können; vielleicht ist es erst die Conception des endlich seßhaft gewordnen greisen Mannes, dem, nach der Bewegtheit seiner Irrfahrten und nach dem rastlosen Lernen und Erforschen, das Höchste und Größte in der Vision einer göttlichen Ruhe, in dem Beharren aller Dinge innerhalb eines pantheistischen Urfriedens, vor die Seele tritt. Im Übrigen scheint es mir rein zufällig, daß gerade am gleichen Orte, in Elea, zwei Männer eine Zeitlang zusammen lebten, von denen jeder eine Einheitsconception im Kopfe trug: sie bilden keine Schule und haben nichts gemeinsam, was etwa der Eine von dem Anderen hätte lernen und dann weiter lehren können. Denn der Ursprung jener Einheitsconception ist bei dem Einen ein ganz andrer, ja entgegengesetzter als bei dem Anderen; und wenn Einer die Lehre des Andern überhaupt kennen gelernt hat, so mußte er sie sich, um sie nur zu verstehen, erst in seine eigne Sprache übertragen. Bei dieser Übertragung gieng aber jedenfalls gerade das Spezifische der andern Lehre verloren. Wenn Parmenides zur Einheit des Seienden rein durch eine vermeintliche logische Consequenz kam, und sie aus dem Begriff Sein und Nichtsein herausspann, ist Xeno-[841]phanes ein religiöser Mystiker und gehört mit jener mystischen Einheit recht eigentlich in das sechste Jahrhundert. War er auch keine so umwälzende Persönlichkeit wie Pythagoras, so hat er doch, auf seinen Wanderungen, den gleichen Zug und Trieb, die Menschen zu bessern, zu reinigen, zu heilen. Er ist der ethische Lehrer, aber noch auf der Stufe des Rhapsoden; in späterer Zeit wäre er ein Sophist gewesen. In der kühnen Mißbilligung der bestehenden Sitten und Schätzungen hat er in Griechenland nicht seines Gleichen; dazu zog er sich keineswegs, wie Heraklit und Plato, in die Einsamkeit zurück, sondern stellte sich eben vor jenes Publikum hin, dessen jauchzende Bewunderung für Homer, dessen leidenschaftlichen Hang nach den Ehren der gymnastischen Festspiele, dessen Anbetung menschlich geformter Steine er mit Zorn und Hohn, und doch nicht als zankender Thersites, geißelte. Die Freiheit des Individuums ist mit ihm auf der Höhe; und in diesem fast grenzenlosen Heraustreten aus allen Conventionen ist er näher mit Parmenides verwandt als durch jene letzte göttliche Einheit, die er einmal, in einem jenes Jahrhunderts würdigen Zustande der Vision, geschaut hat, und die mit dem einen Sein des Parmenides kaum den Ausdruck und das Wort, aber gewiß nicht den Ursprung gemein hat.

Ein entgegengesetzter Zustand war es vielmehr, in dem Parmenides die Lehre vom Sein fand. An jenem Tage und in diesem Zustande prüfte er seine beiden zusammenwirkenden Gegensätze, deren Begierde und Haß die Welt und das Werden constituirt, das Seiende und das Nichtseiende, die positiven und die negativen Eigenschaften – und er blieb plötzlich bei dem Begriffe der negativen Eigenschaft, des Nichtseienden mißtrauisch hängen. Kann denn etwas, was nicht ist, eine Eigenschaft sein? Oder principieller gefragt: kann denn etwas, was nicht ist, sein? Die einzige Form der Erkenntniß aber, der wir sofort ein unbedingtes Vertrauen schenken und deren Leugnung dem Wahnsinne gleichkommt, ist die Tautologie A = A. Aber eben diese tautologische Erkenntniß rief unerbittlich ihm zu: was nicht ist, ist nicht! Was ist, ist! Plötz-[842]lich fühlte er eine ungeheure logische Sünde auf seinem Leben lasten; hatte er doch ohne Bedenken immer angenommen, daß es negative Eigenschaften, überhaupt Nichtseiendes gäbe, daß also, formelhaft ausgedrückt A = nicht A sei: was doch nur die volle Perversität des Denkens aufstellen könne. Zwar urtheilt, wie er sich besann, die ganze große Menge der Menschen mit der gleichen Perversität: er selbst hat nur am allgemeinen Verbrechen gegen die Logik theilgenommen. Aber derselbe Augenblick, der ihn dieses Verbrechens zeiht, umleuchtet ihn mit der Glorie einer Entdeckung, er hat ein Princip, den Schlüssel zum Weltgeheimniß, abseits von allem Menschenwahne, gefunden, er steigt jetzt, an der festen und furchtbaren Hand der tautologischen Wahrheit über das Sein, hinab in den Abgrund der Dinge.

Auf dem Wege dahin begegnet er Heraklit – ein unglückliches Zusammentreffen! Ihm, dem an der strengsten Scheidung von Sein und Nichtsein alles gelegen war, mußte gerade jetzt das Antinomien-Spiel Heraklits tief verhaßt sein; ein Satz wie der »wir sind und sind zugleich nicht« »Sein und Nichtsein ist zugleich dasselbe und wieder nicht dasselbe«, ein Satz, durch den alles das wieder trübe und unentwirrbar wurde, was er eben aufgehellt und entwirrt hatte, reizte ihn zur Wuth: weg mit den Menschen, schrie er, die zwei Köpfe zu haben scheinen, und doch nichts wissen! Ist doch bei ihnen alles im Fluß, auch ihr Denken! Sie staunen dumpf die Dinge an, müssen aber sowohl taub als blind sein, um so die Gegensätze durch einander zu mischen! Der Unverstand der Masse, durch spielerische Antinomien glorificirt und als Spitze aller Erkenntniß gepriesen, war ihm ein schmerzliches und unbegreifliches Erlebniß.

Nun tauchte er in das kalte Bad seiner furchtbaren Abstraktionen. Das, was wahrhaft ist, muß in ewiger Gegenwart sein, von ihm kann nicht gesagt werden »es war« »es wird sein«. Das Seiende kann nicht geworden sein: denn woraus hätte es werden können? Aus dem Nichtseienden? Aber das ist nicht und kann nichts hervorbringen. Aus dem Seienden? Dies würde nichts An-[843]deres als sich selbst erzeugen. Ebenso steht es mit dem Vergehn; es ist ebenso unmöglich, wie das Werden, wie jede Veränderung, wie jeder Zuwachs, jede Abnahme. Überhaupt gilt der Satz: alles, von dem gesagt werden kann »es ist gewesen« oder »es wird sein«, ist nicht, vom Seienden aber kann nie gesagt werden »es ist nicht«. Das Seiende ist untheilbar, denn wo ist die zweite Macht, die es theilen sollte? Es ist unbeweglich, denn wohin sollte es sich bewegen? Es kann weder unendlich groß, noch unendlich klein sein, denn es ist vollendet und eine vollendet gegebene Unendlichkeit ist ein Widerspruch. So schwebt es, begrenzt, vollendet, unbeweglich, überall im Gleichgewicht, in jedem Punkte gleich vollkommen, wie eine Kugel, aber nicht in einem Raume: denn sonst wäre dieser Raum ein zweites Seiendes. Es kann aber nicht mehrere Seiende geben, denn um sie zu trennen müßte etwas da sein, das nicht seiend wäre: eine Annahme, die sich selbst aufhebt. So giebt es nur die ewige Einheit.

Wenn jetzt aber Parmenides seinen Blick zurückwandte zur Welt des Werdens, deren Existenz er früher durch so sinnreiche Combinationen zu begreifen gesucht hatte, so zürnte er seinem Auge, daß es das Werden überhaupt sehe, seinem Ohre, daß es dasselbe höre. »Folgt nur nicht dem blöden Auge, so lautet jetzt sein Imperativ, nicht dem schallenden Gehöre oder der Zunge, sondern prüft allein mit des Gedankens Kraft!« Damit vollzog er die überaus wichtige, wenn auch noch so unzulängliche und in ihren Folgen verhängnißvolle erste Kritik des Erkenntnißapparats: dadurch daß er die Sinne und die Befähigung Abstraktionen zu denken, also die Vernunft jäh auseinander riß, als ob es zwei durchaus getrennte Vermögen seien, hat er den Intellekt selbst zertrümmert und zu jener gänzlich irrthümlichen Scheidung von »Geist« und »Körper« aufgemuntert, die, besonders seit Plato, wie ein Fluch auf der Philosophie liegt. Alle Sinneswahrnehmungen, urtheilt Parmenides, geben nur Täuschungen; und ihr Haupttäuschung ist eben, daß sie vorspiegeln, auch das Nichtseiende sei, auch das Werden habe ein Sein. Alle jene Vielheit und [844] Buntheit der erfahrungsmäßig bekannten Welt, der Wechsel ihrer Qualitäten, die Ordnung in ihrem Auf und Nieder wird erbarmungslos als ein bloßer Schein und Wahn bei Seite geworfen; von dorther ist nichts zu lernen, also ist jede Mühe verschwendet, die man sich mit dieser erlogenen, durch und durch nichtigen und durch die Sinne gleichsam erschwindelten Welt giebt. Wer so im Ganzen urtheilt, wie dies Parmenides that, hört damit auf, ein Naturforscher im Einzelnen zu sein; seine Theilnahme für die Phänomene dorrt ab, es bildet sich selbst ein Haß, diesen ewigen Trug der Sinne nicht loswerden zu können. Nur in den verblaßtesten, abgezogensten Allgemeinheiten, in den leeren Hülsen der unbestimmtesten Worte soll jetzt die Wahrheit wie in einem Gehäuse aus Spinnefäden, wohnen: und neben einer solchen »Wahrheit« sitzt nun der Philosoph, ebenfalls blutlos wie eine Abstraktion und rings in Formeln eingesponnen. Die Spinne will doch das Blut ihrer Opfer; aber der parmenideische Philosoph haßt gerade das Blut seiner Opfer, das Blut der von ihm geopferten Empirie.

11.

Und das war ein Grieche, dessen Blüthe ungefähr dem Ausbruche der ionischen Revolution gleichzeitig ist. Einem Griechen war es damals möglich, aus der überreichen Wirklichkeit, wie aus einem bloßen gauklerischen Schematismus der Einbildungskräfte zu flüchten – nicht etwa, wie Plato, in das Land der ewigen Ideen, in die Werkstätte des Weltenbildners, um unter den makellosen unzerbrechlichen Urformen der Dinge das Auge zu weiden – sondern in die starre Todesruhe des kältesten, Nichts sagenden Begriffs, des Seins. Wir wollen uns ja davor hüten, eine solche merkwürdige Thatsache nach falschen Analogien zu deuten. Jene Flucht war nicht eine Weltflucht im Sinne indischer Philosophen, zu ihr forderte nicht die tiefe religiöse Überzeugung von der Verderbtheit Vergänglichkeit und Unseligkeit des Daseins auf, jenes letzte Ziel, die Ruhe im Sein, wurde nicht erstrebt, als [845] das mystische Versenktsein in *eine* allgenügende entzückende Vorstellung, die dem gemeinen Menschen ein Räthsel und ein

Ärgerniß ist. Das Denken des Parmenides trägt gar nichts von dem berauschenden dunklen Duft des Indischen an sich, der vielleicht an Pythagoras und Empedokles nicht gänzlich unwahrnehmbar ist: das Wunderliche an jener Thatsache, um diese Zeit, ist vielmehr gerade das Duftlose Farblose Seelenlose Ungeformte, der gänzliche Mangel an Blut, Religiosität, und ethischer Wärme, das Abstrakt-Schematische – bei einem Griechen! – vor Allem aber die furchtbare Energie des Strebens nach Gewißheit, in einem mythisch denkenden und höchst beweglich-phantastischen Zeitalter. Nur eine Gewißheit gewährt mir, ihr Götter, ist das Gebet des Parmenides, und sei sie auf dem Meere des Ungewissen nur ein Brett, breit genug, um darauf zu liegen! Alles Werdende Üppige Bunte Blühende Täuschende Reizende Lebendige, alles dies nehmt nur für euch: und gebt mir nur die einzige arme leere Gewißheit!

In der Philosophie des Parmenides präludirt das Thema der Ontologie. Die Erfahrung bot ihm nirgends ein Sein, wie er es sich dachte, aber daraus, daß er es denken konnte, erschloß er, daß es existiren müsse: ein Schluß, der auf der Voraussetzung beruht, daß wir ein Organ der Erkenntniß haben, das in's Wesen der Dinge reicht und unabhängig von der Erfahrung ist. Der Stoff unseres Denkens ist nach Parmenides gar nicht in der Anschauung vorhanden, sondern wird anderswoher hinzugebracht, aus einer außersinnlichen Welt, zu der wir durch das Denken einen direkten Zugang haben. Nun hat Aristoteles gegen alle ähnlichen Schlußverfahren bereits geltend gemacht, daß die Existenz nie zur Essenz, das Dasein nie zum Wesen des Dinges gehöre. Gerade deshalb ist aus dem Begriffe »Sein« – dessen essentia eben nur das Sein ist – gar nicht auf eine existentia des Seins zu schließen. Die logische Wahrheit jenes Gegensatzes »Sein« und »Nichtsein« ist vollkommen leer, wenn nicht der zu Grunde liegende Gegenstand, wenn nicht die Anschauung gegeben werden kann, aus der [846] dieser Gegensatz, durch Abstraktion, abgeleitet ist, sie ist, ohne dies Zurückgehn auf die Anschauung, nur ein Spiel mit Vorstellungen, durch das in der That gar nichts erkannt wird. Denn das bloß logische Kriterium der Wahrheit, wie Kant lehrt, nämlich die Übereinstimmung einer Erkenntniß mit den allgemeinen und formalen Gesetzen des Verstandes und der Vernunft, ist zwar die conditio sine qua non, mithin die negative Bedingung aller Wahrheit: weiter aber kann die Logik nicht gehen, und den Irrthum, der nicht die Form, sondern den Inhalt betrifft, kann die Logik durch keinen Probirstein entdecken. Sobald man aber den Inhalt für die logische Wahrheit des Gegensatzes »das was ist, ist; das, was nicht ist, ist nicht«, sucht, so findet man in der That keine einzige Wirklichkeit, die nach jenem Gegensatze streng geartet wäre; ich kann von einem Baume sowohl sagen: »er ist«, im Vergleiche mit allen übrigen Dingen, als »er wird« im Vergleich zu ihm selbst in einem anderen Zeitmomente, als endlich auch »er ist nicht« z.B. »er ist noch nicht Baum«, so lange ich etwa den Strauch betrachte. Die Worte sind nur Symbole für die Relationen der Dinge unter einander und zu uns und berühren nirgends die absolute Wahrheit: und gar das Wort »Sein« bezeichnet nur die allgemeinste Relation, die alle Dinge verknüpft, ebenso wie das Wort »Nichtsein«. Ist aber die Existenz der Dinge selbst nicht nachzuweisen, so wird die Relation der Dinge unter einander, das sogenannte »Sein« und »Nichtsein« uns auch keinen Schritt dem Lande der Wahrheit näher bringen können. Durch Worte und Begriffe werden wir nie hinter die Wand der Relationen, etwa in irgend einen fabelhaften Urgrund der Dinge, gelangen und selbst in den reinen Formen der Sinnlichkeit und des Verstandes, in Raum Zeit und Kausalität gewinnen wir nichts, was einer veritas aeterna ähnlich sähe. Es ist unbedingt für das Subjekt unmöglich, über sich selbst hinaus etwas sehen und erkennen zu wollen, so unmöglich daß Erkennen und Sein die sich widersprechendsten aller Sphären sind. Und wenn Parmenides, in der unbelehrten Naivetät der damaligen Kritik des Intellekts, wähnen durfte, aus [847] dem ewig subjektiven Begriff zu einem An-sich-sein zu kommen, so ist es heute, nach Kant, eine kecke Ignoranz, wenn es hier und da, besonders auch unter schlecht unterrichteten Theologen, die den Philosophen spielen wollen, als Aufgabe der Philosophie hingestellt wird, das »Absolute mit dem Bewußtsein zu erfassen«, etwa gar in der Form »das Absolute ist schon vorhanden, wie könnte es sonst gesucht werden?«, wie Hegel sich ausgedrückt hat, oder mit der Wendung des Beneke, »daß das Sein irgendwie gegeben, irgendwie für uns erreichbar sein müsse, da wir sonst nicht einmal den Begriff des Seins haben könnten«. Den Begriff des Seins! Als ob der nicht den ärmlichsten empirischen Ursprung bereits in der Etymologie des Wortes aufzeigte! Denn esse heißt ja im Grunde nur »athmen«: wenn es der Mensch von allen anderen Dingen gebraucht, so überträgt er die Überzeugung, daß er selbst athmet und lebt, durch eine Metapher, das heißt durch etwas Unlogisches, auf die anderen Dinge und begreift ihre Existenz als ein Athmen nach menschlicher Analogie. Nun verwischt sich bald die originale Bedeutung des Wortes: es bleibt aber immer so viel übrig, daß der Mensch sich das Dasein andrer Dinge nach Analogie des eignen Daseins, also anthropomorphisch, und jedenfalls durch eine unlogische Übertragung, vorstellt. Selbst für den Menschen, also abgesehn von jener Übertragung, ist aber der Satz »ich athme, also giebt es ein Sein« gänzlich unzureichend: als gegen welchen derselbe Einwand, wie gegen das ambulo, ergo sum oder ergo est, gemacht werden muß.

12.

Der andre Begriff, von größerem Gehalte, als der des Seienden, und gleichfalls bereits von Parmenides erfunden, wenngleich noch nicht so geschickt verwendet, wie von seinem Schüler Zeno, ist der des Unendlichen. Es kann nichts Unendliches existiren: denn bei einer solchen Annahme würde sich der widerspruchsvolle Begriff einer vollendeten Unendlichkeit ergeben. Da nun unsre [848] Wirklichkeit, unsre vorhandene Welt überall den Charakter jener vollendeten

Unendlichkeit trägt, so bedeutet sie ihrem Wesen nach einen Widerspruch gegen das Logische und somit auch gegen das Reale und ist Täuschung, Lüge, Phantasma. Zeno bediente sich besonders der indirekten Beweismethode: er sagte zum Beispiel »es kann keine Bewegung von einem Orte zum andern geben: denn wenn es eine solche gäbe, so wäre eine Unendlichkeit vollendet gegeben: dies ist aber eine Unmöglichkeit«. Achill kann die Schildkröte, die einen kleinen Vorsprung hat, im Wettlaufe nicht einholen: denn um nur den Punkt, von dem die Schildkröte aus läuft zu erreichen, müßte er bereits zahllose, unendlich viele Räume durchlaufen haben, nämlich zuerst die Hälfte jenes Raumes, dann das Viertel, dann das Achtel, dann das Sechszehntel und so weiter in infinitum. Wenn er thatsächlich die Schildkröte einholt, so ist dies ein unlogisches Phänomen, also jedenfalls keine Wahrheit, keine Realität, kein wahres Sein, sondern nur eine Täuschung. Denn nie ist es möglich das Unendliche zu beendigen. Ein andres populäres Ausdrucksmittel dieser Lehre ist der fliegende und doch ruhende Pfeil. In jedem Augenblicke seines Flugs hat er eine Lage: in dieser Lage ruht er. Wäre jetzt die Summe der unendlichen Lagen der Ruhe identisch mit Bewegung? Wäre jetzt das Ruhen, unendlich wiederholt, Bewegung, also sein eigner Gegensatz? Das Unendliche wird hier als Scheidewasser der Wirklichkeit benutzt, an ihm löst sie sich auf. Wenn aber die Begriffe fest, ewig und seiend sind – und Sein und Denken fällt für Parmenides zusammen – wenn also das Unendliche nie vollendet sein kann, wenn Ruhe nie Bewegung werden kann, so ist der Pfeil in Wahrheit gar nicht geflogen: er kam gar nicht von der Stelle und aus der Ruhe, kein Zeitmoment ist vergangen. Oder anders ausgedrückt: es giebt, in dieser sogenannten, doch nur angeblichen Wirklichkeit, weder Zeit, noch Raum, noch Bewegung. Zuletzt ist der Pfeil selbst eine Täuschung: denn er stammt aus der Vielheit, aus der durch die Sinne erzeugten Phantasmagorie des Nicht-Einen. Angenommen, der Pfeil hätte ein Sein, dann [849] wäre er unbeweglich, zeitlos, ungeworden, starr und ewig – eine unmögliche Vorstellung! Angenommen, die Bewegung wäre wahrhaft real, so gäbe es keine Ruhe, also keine Lage für den Pfeil, also keinen Raum – eine unmögliche Vorstellung! Angenommen, daß die Zeit real sei, so könnte sie nicht unendlich theilbar sein; die Zeit, die der Pfeil brauchte, müßte aus einer begrenzten Anzahl von Zeitmomenten bestehen, jeder dieser Momente müßte ein Atomon sein – eine unmögliche Vorstellung! Alle unsre Vorstellungen, sobald ihr empirisch gegebner, aus dieser anschaulichen Welt geschöpfter Inhalt als veritas aeterna genommen wird, führen auf Widersprüche. Giebt es absolute Bewegung, so giebt es keinen Raum: giebt es absoluten Raum, so giebt es keine Bewegung; giebt es ein absolutes Sein, so giebt es keine Vielheit. Giebt es eine absolute Vielheit, so giebt es keine Einheit. Da sollte Einem doch klar werden, wie wenig wir mit solchen Begriffen das Herz der Dinge berühren oder den Knoten der Realität aufknüpfen: während Parmenides und Zeno umgekehrt an der Wahrheit und Allgültigkeit der Begriffe festhalten und die anschauliche Welt als das Gegenstück der wahren und allgültigen Begriffe, als eine Objektivation des Unlogischen und Widerspruchsvollen verwerfen. Sie gehen bei allen ihren Beweisen von der gänzlich unbeweisbaren, ja unwahrscheinlichen Voraussetzung aus, daß wir, in jenem Begriffsvermögen das entscheidende höchste Kriterium über Sein und Nichtsein, das heißt über die objektive Realität und ihr Gegentheil, besitzen: jene Begriffe sollen sich nicht an der Wirklichkeit bewähren und corrigiren, wie sie doch aus ihr thatsächlich abgeleitet sind, sondern sollen im Gegentheil die Wirklichkeit messen und richten und, im Falle eines Widerspruchs mit dem Logischen, sogar verdammen. Um ihnen diese richterlichen Befugnisse einräumen zu können, mußte Parmenides ihnen dasselbe Sein zuschreiben, das er überhaupt allein als Sein gelten ließ: Denken und jener eine ungewordne vollkommne Ball des Seienden waren jetzt nicht mehr als zwei verschiedne Arten des Seins zu fassen, da es keine Zweiheit des [850] Seins geben durfte. So war der überverwegne Einfall nothwendig geworden, Denken und Sein für identisch zu erklären; keine Form der Anschaulichkeit, kein Symbol, kein Gleichniß konnte hier zu Hülfe kommen; der Einfall war völlig unvorstellbar, aber er war nothwendig, ja er feierte in dem Mangel an jeder Versinnlichungs-Möglichkeit den höchsten Triumph über die Welt und die Forderungen der Sinne. Das Denken und jenes knollig-kugelrunde, durch und durch todt-massive und starr-unbewegliche Sein müssen, nach dem Parmenideischen Imperativ, zum Schrecken aller Phantasie, in Eins zusammenfallen und ganz und gar dasselbe sein. Mag diese Identität den Sinnen widersprechen! Gerade dies ist die Bürgschaft, daß sie nicht von den Sinnen entlehnt ist.

13.

Übrigens ließ sich gegen Parmenides auch ein kräftiges Paar von argumenta ad hominem oder ex concessis vorführen, durch welche zwar nicht die Wahrheit selbst an's Licht gebracht werden konnte, aber doch die Unwahrheit jener absoluten Trennung von Sinnenwelt und Begriffswelt und der Identität von Sein und Denken. Einmal: wenn das Denken der Vernunft in Begriffen real ist, so muß auch die Vielheit und die Bewegung Realität haben, denn das vernünftige Denken ist bewegt, und zwar ist dies eine Bewegung von Begriff zu Begriff, also innerhalb einer Mehrheit von Realitäten. Dagegen giebt es keine Ausflucht, es ist ganz unmöglich, das Denken als ein starres Verharren, als ein ewig unbewegtes Sich-selbst-Denken der Einheit zu bezeichnen. Zweitens: wenn von den Sinnen nur Trug und Schein kommt, und es in Wahrheit nur die reale Identität von Sein und Denken giebt, was sind dann die Sinne selbst? Jedenfalls doch auch nur Schein: da sie mit dem Denken und ihr Produkt, die Sinnenwelt, mit dem Sein nicht zusammenfällt. Wenn aber die Sinne selbst Schein sind, wem sind sie dann Schein? Wie können sie, als unreal, doch noch [851] täuschen? Das Nichtseiende kann nicht einmal betrügen. Es bleibt also das Woher? der Täuschung und des

Scheins ein Räthsel, ja ein Widerspruch. Wir nennen diese argumenta ad hominem den Einwand von der bewegten Vernunft und den von dem Ursprung des Scheins. Aus dem ersten würde die Realität der Bewegung und der Vielheit, aus dem zweiten die Unmöglichkeit des Parmenideischen Scheines folgen; vorausgesetzt daß die Hauptlehre des Parmenides, über das Sein, als begründet angenommen ist.

Diese Hauptlehre aber heißt nur: das Seiende allein hat ein Sein, das Nichtseiende ist nicht. Ist die Bewegung aber ein solches Sein, so gilt von ihr, was von dem Seienden überhaupt und in jedem Falle gilt: sie ist ungeworden, ewig, unzerstörbar, ohne Zunahme und Abnahme. Wird aber der Schein aus dieser Welt weggeleugnet, mit Hülfe jener Frage nach dem Woher? des Scheins, wird die Bühne des sogenannten Werdens, der Veränderung, unser vielgestaltetes rastloses buntes und reiches Dasein, vor der Parmenideischen Verwerfung geschützt, so ist es nöthig, diese Welt des Wechsels und der Veränderung als eine Summe von solchen wahrhaft seienden, in alle Ewigkeit zugleich existirenden Wesenheiten zu charakterisiren. Von einer Veränderung in strengem Sinne, von einem Werden ist natürlich auch bei dieser Annahme durchaus nicht zu reden. Aber jetzt hat die Vielheit ein wahres Sein, alle Qualitäten haben ein wahres Sein, die Bewegung nicht minder: und von jedem Moment dieser Welt, ob auch diese beliebig gewählten Momente um Jahrtausende auseinander liegen, müßte gesagt werden können: alle in ihr vorhandenen wahren Wesenheiten sind sammt und sonders zugleich da, unverändert, unvermindert, ohne Zuwachs, ohne Abnahme. Ein Jahrtausend später ist sie eben dieselbe, nichts hat sich verwandelt. Sieht trotzdem die Welt das eine Mal ganz anders aus, als das andre Mal, so ist dies keine Täuschung, nichts nur Scheinbares, sondern Folge der ewigen Bewegung. Das wahrhaft Seiende ist bald so, bald so bewegt, aneinander auseinander, nach oben nach unten, in einander, durch einander.

[852] 14.

Mit dieser Vorstellung haben wir bereits einen Schritt in den Bezirk der Lehre des Anaxagoras gethan. Von ihm werden beide Einwände, der vom bewegten Denken und der von dem Woher? des Scheins, in voller Kraft gegen Parmenides erhoben: aber in dem Hauptsatze hat Parmenides ihn sowie alle jüngeren Philosophen und Naturforscher unterjocht. Sie alle leugnen die Möglichkeit des Werdens und Vergehens, wie es sich der Sinn des Volks denkt und wie es Anaximander und Heraklit, mit tieferer Besonnenheit, und doch noch unbesonnen, angenommen hatten. Ein solches mythologisches Entstehen aus dem Nichts, Verschwinden in das Nichts, eine solche willkürliche Veränderung des Nichts in das Etwas, ein solches beliebiges Vertauschen Ausziehen und Anziehen der Qualitäten galt von nun an als sinnlos: aber ebenfalls und aus den gleichen Gründen ein Entstehen des Vielen aus dem Einen, der mannichfachen Qualitäten aus der einen Urqualität, kurz die Ableitung der Welt aus einem Urstoffe, in der Manier des Thales, oder des Heraklit. Jetzt war vielmehr das eigentliche Problem aufgestellt, die Lehre vom ungewordnen und unvergänglichen Sein auf diese vorhandene Welt zu übertragen, ohne zur Theorie des Scheins und der Täuschung durch die Sinne seine Zuflucht zu nehmen. Wenn die empirische Welt aber nicht Schein sein soll, wenn die Dinge nicht aus dem Nichts, und ebensowenig aus dem einen Etwas abzuleiten sind, so müssen diese Dinge selbst ein wahrhaftes Sein enthalten, ihr Stoff und Inhalt muß unbedingt real sein, und alle Veränderung kann sich nur auf die Form, das heißt auf die Stellung Ordnung Gruppirung Mischung Entmischung dieser ewigen zugleich existirenden Wesenheiten beziehn. Es ist dann wie beim Würfelspiel: immer sind es dieselben Würfel, aber bald so bald so fallend bedeuten sie für uns etwas anderes. Alle älteren Theorien waren auf ein Urelement, als Schooß und Ursache des Werdens, zurückgegangen, sei dies nun Wasser, Luft, Feuer oder das Unbestimmte des Anaxi-

[853]mander. Dagegen behauptet nun Anaxagoras daß aus dem Gleichen nie das Ungleiche hervorgehen könne und daß aus dem einen Seienden die Veränderung nie zu erklären sei. Ob man sich jenen einen angenommenen Stoff nun verdünnt oder verdichtet denke, niemals erreiche man, durch eine solche Verdichtung oder Verdünnung, das, was man zu erklären wünsche: die Vielheit der Qualitäten. Wenn aber die Welt thatsächlich voll der verschiedensten Qualitäten ist, so müssen diese, falls sie nicht Schein sind, ein Sein haben, das heißt ewig ungeworden unvergänglich und immer zugleich existirend sein. Schein aber können sie nicht sein, da die Frage nach dem Woher? des Scheins unbeantwortet bleibt, ja sich selbst mit Nein! beantwortet. Die älteren Forscher hatten das Problem des Werdens dadurch vereinfachen wollen, daß sie nur eine Substanz aufstellten, die die Möglichkeiten alles Werdens im Schooße trage; jetzt wird im Gegentheil gesagt: es giebt zahllose Substanzen, aber nie mehr, nie weniger, nie neue. Nur die Bewegung würfelt sie immer neu durcheinander: daß aber die Bewegung eine Wahrheit und nicht ein Schein sei, bewies Anaxagoras aus der unbestreitbaren Succession unserer Vorstellungen im Denken, gegen Parmenides. Wir haben also auf die unmittelbarste Weise die Einsicht in die Wahrheit der Bewegung und der Succession, darin, daß wir denken und Vorstellungen haben. Also ist jedenfalls das starre ruhende todte eine Sein des Parmenides aus dem Wege geschafft, es giebt viele Seiende, ebenso sicher als alle diese vielen Seienden (Existenzen, Substanzen) in Bewegung sind. Veränderung ist Bewegung – aber woher stammt die Bewegung? Läßt vielleicht diese Bewegung das eigentliche Wesen jener vielen unabhängigen isolirten Substanzen gänzlich unberührt und muß sie nicht, nach dem strengsten Begriff des Seienden, ihnen an sich fremd sein? Oder gehört sie trotzdem den Dingen selbst an? Wir stehen an einer wichtigen Entscheidung: je nachdem wir uns wenden, werden wir auf das Gebiet des Anaxagoras oder des Empedokles oder des Demokrit treten. Die bedenkliche Frage muß aufgestellt werden: [854] wenn es

viele Substanzen giebt und diese vielen sich bewegen, was bewegt sie? Bewegen sie sich gegenseitig? Bewegt sie etwa nur die Schwerkraft? Oder giebt es magische Kräfte der Anziehung oder der Abstoßung in den Dingen selbst? Oder liegt der Anlaß der Bewegung außerhalb dieser vielen realen Substanzen? Oder strenger gefragt: wenn zwei Dinge eine Succession, eine gegenseitige Veränderung der Lage zeigen, kommt dies von ihnen selbst her? Und ist dies mechanisch oder magisch zu erklären? Oder wenn dies nicht der Fall wäre, ist es etwas Drittes, was sie bewegt? Es ist ein schlimmes Problem: denn Parmenides hätte auch, selbst zugegeben daß es viele Substanzen gäbe, doch immer noch die Unmöglichkeit der Bewegung, gegen Anaxagoras, beweisen können. Er konnte nämlich sagen: nehmt zwei an sich seiende Wesen, jedes mit durchaus verschiedenartigem selbständig unbedingtem Sein – und solcher Art sind die Anaxagorischen Substanzen – nie können sie demnach auf einander stoßen, nie sich bewegen, nie sich anziehn, es giebt zwischen ihnen keine Kausalität, keine Brücke, sie berühren sich nicht, sie stören sich nicht, sie gehen sich nichts an. Der Stoß ist dann ganz ebenso unerklärlich wie die magische Anziehung; was sich unbedingt fremd ist, kann keine Art von Wirkung auf einander ausüben, also sich auch nicht bewegen, noch bewegen lassen. Parmenides würde sogar hinzugefügt haben: der einzige Ausweg, der euch bleibt, ist den Dingen selbst Bewegung zuzuschreiben; dann ist aber doch alles das, was ihr als Bewegung kennt und seht, nur eine Täuschung und nicht die wahre Bewegung, denn die einzige Art Bewegung, die jenen unbedingt eigenartigen Substanzen zukommen könnte, wäre nur eine selbsteigne Bewegung ohne jede Wirkung. Nun nehmt ihr aber gerade Bewegung an, um jene Wirkungen des Wechsels, der Verschiebung im Raume, der Veränderung, kurz die Kausalitäten und Relationen der Dinge unter einander zu erklären. Gerade diese Wirkungen wären aber nicht erklärt und blieben so problematisch, wie vorher; weshalb gar nicht abzusehn ist, wozu es nöthig wäre eine Bewegung anzunehmen, da sie gar nicht das [855] leistet, was ihr von ihr begehrt. Die Bewegung kommt dem Wesen der Dinge nicht zu und ist ihnen ewig fremd.

Um sich über eine solche Argumentation hinwegzusetzen, wurden jene Gegner der eleatischen unbewegten Einheit durch ein aus der Sinnlichkeit stammendes Vorurtheil verführt. Es scheint so unwiderleglich, daß jedes wahrhaft Seiende ein raumfüllender Körper sei, ein Klumpen Materie, groß oder klein, aber jedenfalls räumlich ausgedehnt: so daß zwei und mehrere solcher Klumpen nicht in einem Raume sein können. Unter dieser Voraussetzung nahm Anaxagoras wie später Demokrit an, daß sie sich stoßen müßten, wenn sie in ihren Bewegungen auf einander geriethen, daß sie sich den gleichen Raum streitig machen würden, und daß dieser Kampf eben alle Veränderung verursache. Mit anderen Worten: jene ganz isolirten, durch und durch verschiedenartigen und ewig unveränderlichen Substanzen waren doch nicht absolut verschiedenartig gedacht, sondern hatten sämmtlich, außer einer spezifischen, ganz besonderen Qualität, doch ein ganz und gar gleichartiges Substrat, ein Stück raumfüllender Materie. In der Theilnahme an der Materie standen sie alle gleich und konnten deshalb auf einander wirken, das heißt sich stoßen. Überhaupt hieng alle Veränderung ganz und gar nicht ab von der Verschiedenartigkeit jener Substanzen, sondern von ihrer Gleichartigkeit, als Materie. Es liegt hier in den Annahmen des Anaxagoras ein logisches Versehen zu Grunde: denn das wahrhaft an sich Seiende muß gänzlich unbedingt und einheitlich sein, darf somit nichts als seine Ursache voraussetzen – während alle jene anaxagorischen Substanzen, doch noch ein Bedingendes, die Materie haben und deren Existenz bereits voraussetzen: die Substanz »roth« zum Beispiel war für Anaxagoras eben nicht nur roth an sich, sondern außerdem, verschwiegenerweise, ein Stück qualitätenloser Materie. Nur mit dieser wirkte das »Roth an sich« auf andre Substanzen, nicht mit dem Rothen, sondern mit dem, was nicht roth, nicht gefärbt, überhaupt nicht qualitativ bestimmt ist.

Wäre das Roth als Roth streng genommen worden, [856] als die eigentliche Substanz selbst, also ohne jenes Substrat, so würde Anaxagoras gewiß nicht gewagt haben, von einer Wirkung des Roth auf andre Substanzen zu reden, etwa gar mit der Wendung, daß das »Roth an sich« die vom »Fleischigen an sich« empfangene Bewegung durch Stoß weiterpflanze. Dann würde es klar sein, daß ein solches wahrhaft Seiendes nie bewegt werden könnte.

15.

Man muß auf die Gegner der Eleaten blicken, um die außerordentlichen Vorzüge in der Annahme des Parmenides zu würdigen. Welche Verlegenheiten – denen Parmenides entgangen war – erwarteten Anaxagoras und alle, welche an eine Vielheit der Substanzen glaubten, bei der Frage: wie viel Substanzen? Anaxagoras machte den Sprung, schloß die Augen und sagte: unendlich viele: so war er wenigstens über den unglaublich mühseligen Nachweis einer bestimmten Anzahl von Elementarstoffen hinausgeflogen. Da diese unendlich vielen ohne Zuwachs und unverändert, seit Ewigkeiten existiren müßten, so war in jener Annahme der Widerspruch einer abgeschlossen und vollendet zu denkenden Unendlichkeit gegeben. Kurz, die Vielheit, die Bewegung, die Unendlichkeit, von Parmenides durch den staunenswürdigen Satz vom einen Sein in die Flucht geschlagen, kehrten aus der Verbannung zurück und warfen auf die Gegner des Parmenides ihre Geschosse, um mit ihnen Wunden zu verursachen, für die es keine Heilung giebt. Offenbar haben jene Gegner kein sicheres Bewußtsein von der furchtbaren Kraft jener eleatischen Gedanken »es kann keine Zeit, keine Bewegung, keinen Raum geben, denn diese alle können wir uns nur unendlich denken, und zwar einmal unendlich groß, sodann unendlich theilbar; alles Unendliche aber hat kein Sein, existirt nicht«, was Niemand bezweifelt, der den Sinn des Wortes Sein streng faßt, und der die Existenz von etwas Widerspruchsvollem, z.B.

von einer absolvirten Unendlichkeit für unmöglich hält. Wenn aber [857] gerade die Wirklichkeit uns Alles nur unter der Form der vollendeten Unendlichkeit zeigt, so fällt es in die Augen, daß sie sich selbst widerspricht, also keine wahre Realität hat. Wenn jene Gegner aber einwenden wollten »aber in eurem Denken selbst giebt es doch Succession, also könnte auch euer Denken nicht real sein und somit auch nichts beweisen können«, so würde Parmenides vielleicht ähnlich wie Kant in einem ähnlichen Falle, bei einem gleichen Vorwurfe, geantwortet haben »ich kann zwar sagen, meine Vorstellungen folgen einander: aber das heißt nur: wir sind uns ihrer als in einer Zeitfolge, das heißt nach der Form des inneren Sinnes bewußt. Die Zeit ist deshalb nicht etwas an sich, auch keine den Dingen objektiv anhängende Bestimmung.« Es wäre also zwischen dem reinen Denken, das zeitlos wäre wie das eine parmenideische Sein, und dem Bewußtsein von diesem Denken zu unterscheiden, und letzteres übersetzte bereits das Denken in die Form des Scheins, also der Succession, der Vielheit und der Bewegung. Es ist wahrscheinlich, daß sich Parmenides dieses Auswegs bedient haben würde: übrigens müßte dann gegen ihn dasselbe eingewendet werden, was A. Spir (Denken und Wirklichkeit S. 264) gegen Kant einwendet. »Nun ist aber erstens klar, daß ich von einer Succession als solcher nichts wissen kann, wenn ich die aufeinanderfolgenden Glieder derselben nicht zugleich in meinem Bewußtsein habe. Die Vorstellung einer Succession ist also selbst gar nicht successiv, folglich auch von der Succession unserer Vorstellungen durchaus verschieden. Zweitens implicirt die Annahme Kant's so offenbare Absurditäten, daß es Einen Wunder nimmt, wie er sie unbeachtet lassen konnte. Cäsar und Sokrates sind nach dieser Annahme nicht wirklich todt, sie leben noch eben so gut wie vor zweitausend Jahren und scheinen bloß todt zu sein infolge einer Einrichtung meines »inneren Sinnes«. Künftige Menschen leben jetzt schon, und wenn sie jetzt noch nicht als lebend hervortreten, so ist daran ebenfalls jene Einrichtung des »inneren Sinnes« schuld. Hier fragt es sich vor allen Dingen: Wie kann der Anfang und das Ende des bewußten [858] Lebens selbst, mitsammt allen seinen inneren und äußeren Sinnen bloß in der Auffassung des inneren Sinnes existiren? Thatsache ist eben, daß man die Realität der Veränderung durchaus nicht ableugnen kann. Wird sie zum Fenster hinausgewiesen, so schlüpft sie durch das Schlüsselloch wieder herein. Man sage »es scheint mir bloß, daß Zustände und Vorstellungen wechseln« – so ist doch dieser Schein selbst etwas objektiv Vorhandenes und in ihm hat die Succession unzweifelhaft objektive Realität, es folgt darin etwas wirklich aufeinander. – Außerdem muß man bemerken, daß die ganze Kritik der Vernunft ja nur unter der Voraussetzung Grund und Recht haben kann, daß uns unsre Vorstellungen selbst so erscheinen, wie sie sind. Denn wenn auch die Vorstellungen uns anders erschienen als sie wirklich sind, so würde man auch über diese keine gültige Behauptung aufstellen, also keine Erkenntnißtheorie und keine »transscendentale« Untersuchung von objektiver Gültigkeit zu Stande bringen können. Nun steht es aber außer Zweifel, daß uns unsre Vorstellungen selbst als successiv erscheinen.«

Die Betrachtung dieser zweifellos sicheren Succession und Bewegtheit hat nun Anaxagoras zu einer denkwürdigen Hypothese gedrängt. Ersichtlich bewegten die Vorstellungen sich selbst, wurden nicht geschoben und hatten keine Ursache der Bewegung außer sich. Also giebt es etwas, sagte er sich, was den Ursprung und den Anfang der Bewegung in sich selbst trägt; zweitens aber beachtet er daß diese Vorstellung nicht nur sich selbst, sondern auch noch etwas ganz Verschiednes bewege, den Leib. Er entdeckt also, in der unmittelbarsten Erfahrung, eine Wirkung von Vorstellungen auf ausgedehnte Materie, die sich als Bewegung der letzteren zu erkennen giebt. Das galt ihm als Thatsache; erst nebenbei reizte es ihn, auch diese Thatsache zu klären. Genug, er hatte ein regulatives Schema für die Bewegung in der Welt, die er jetzt entweder als eine Bewegung der wahren isolirten Wesenheiten durch das Vorstellende, den Nous, oder als Bewegung durch bereits Bewegtes dachte. Daß die letztere Art, die mecha-[859]nische Übertragung von Bewegungen und Stößen bei seiner Grundannahme ebenfalls ein Problem in sich enthalte, ist ihm wahrscheinlich entgangen: die Gemeinheit und Alltäglichkeit der Wirkung durch Stoß stumpfte wohl seinen Blick gegen die Räthselhaftigkeit desselben ab. Dagegen empfand er recht wohl die problematische, ja widerspruchsvolle Natur einer Wirkung von Vorstellungen auf an sich seiende Substanzen und suchte deshalb auch diese Wirkung auf ein mechanisches, ihm als erklärlich geltendes Schieben und Stoßen zurückzuführen. Der Nous war ja jedenfalls auch eine solche an sich seiende Substanz und wurde von ihm als ganz zarte und feine Materie, mit der spezifischen Qualität Denken, charakterisirt. Bei einem solchermaßen angenommenen Charakter mußte freilich die Wirkung dieser Materie auf die andre Materie ganz derselben Art sein, wie die, welche eine andre Substanz auf eine dritte ausübt, das heißt eine mechanische, durch Druck und Stoß bewegende. Immerhin hatte er jetzt eine Substanz, welche sich selbst bewegt und anderes bewegt, deren Bewegung nicht von außen kommt und von Niemandem sonst abhängt: während es fast gleichgültig schien, wie nun diese Selbstbewegung zu denken sei, etwa ähnlich wie das Sich-hin- und -herschieben von ganz zarten und kleinen runden Quecksilber-Kügelchen. Unter allen Fragen, die die Bewegung betreffen, giebt es keine lästigere als die Frage nach dem Anfang der Bewegung; wenn man sich nämlich alle übrigen Bewegungen als Folgen und Wirkungen denken darf, so müßte doch immer die erste uranfängliche erklärt werden; für die mechanischen Bewegungen kann aber jedenfalls das erste Glied der Kette nicht in einer mechanischen Bewegung liegen, da dies so viel heißen würde als auf den widersinnigen Begriff der causa sui rekurriren. Den ewigen unbedingten Dingen aber eigene Bewegung, gleichsam von Anfang, als Mitgift ihres Daseins, beizulegen, geht ebenfalls nicht an. Denn Bewegung ist nicht ohne eine Richtung wohin und worauf, also nur als Beziehung und Bedingung vorzustellen; ein Ding ist aber nicht mehr an sich seiend und unbedingt, wenn es sich seiner [860] Natur nach nothwendig auf etwas außer ihm Existirendes bezieht. In dieser Verlegenheit vermeinte Anaxagoras eine außerordentliche Hülfe und Rettung in jenem sich selbst bewegenden und sonst unabhängigen Nous zu finden: als dessen Wesen gerade dunkel und verschleiert genug ist, um darüber täuschen zu können, daß auch seine Annahme im Grunde jene verbotene causa sui involvirt. Für die empirische Betrachtung ist es sogar ausgemacht, daß das Vorstellen nicht eine causa sui, sondern die Wirkung des Gehirnes ist, ja ihr muß es als eine wunderliche Ausschweifung gelten, den »Geist«, das Gehirnerzeugniß, von seiner causa zu trennen und nach dieser Loslösung noch als existirend zu wähnen. Dies that Anaxagoras; er vergaß das Gehirn, seine erstaunliche Künstlichkeit, die Zartheit und Verschlungenheit seiner Windungen und Gänge und dekretirte den »Geist an sich«. Dieser »Geist an sich« hatte Willkür, allein von allen Substanzen Willkür – eine herrliche Erkenntniß! Er konnte irgendwann einmal mit der Bewegung der Dinge außer ihm anfangen, ungeheure Zeiten dagegen sich mit sich selbst beschäftigen – kurz, Anaxagoras durfte einen e r s t e n Bewegungsmoment in einer Urzeit annehmen, als den Keimpunkt alles sogenannten Werdens, das heißt aller Veränderung, nämlich aller Verschiebung und Umstellung der ewigen Substanzen und ihrer Theilchen. Wenn auch der Geist selbst ewig ist, so ist er doch keineswegs gezwungen, sich seit Ewigkeiten mit dem Herumschieben der Materien-Körner zu quälen: und jedenfalls gab es eine Zeit und einen Zustand jener Materien – gleichgültig ob von kurzer oder langer Dauer, in dem der Nous noch nicht auf sie eingewirkt hatte, in dem sie noch unbewegt waren. Dies ist die Periode des Anaxagorischen Chaos.

16.

Das Anaxagorische Chaos ist keine sofort einleuchtende Conception: um sie zu fassen, muß man die Vorstellung verstanden haben, die unser Philosoph von dem sogenannten

Werden sich [861] gebildet hat. Denn an sich ergäbe der Zustand aller verschiedenartigen Elementar-Existenzen vor aller Bewegung noch keinesfalls nothwendig eine absolute Mischung aller »Samen der Dinge«, wie der Ausdruck des Anaxagoras lautet, eine Mischung, die er sich als ein selbst bis zu den kleinsten Theilen vollständiges Durcheinander imaginirte, nachdem alle jene Elementar-Existenzen wie in einem Mörser zerstoßen und zu Staubatomen aufgelöst waren, so daß sie nun in jenem Chaos wie in einem Mischkrug durch einander gerührt werden konnten. Man könnte sagen, daß diese Chaos-Conception nichts Notwendiges habe; man brauche vielmehr nur eine beliebige zufällige Lage aller jener Existenzen, aber nicht ein unendliches Zertheiltsein derselben anzunehmen; ein regelloses Nebeneinander genüge bereits, es bedürfe keines Durcheinanders, geschweige denn eines so totalen Durcheinanders. Wie kam also Anaxagoras auf diese schwere und complicirte Vorstellung? Wie gesagt, durch seine Auffassung des empirisch gegebenen Werdens. Aus seiner Erfahrung schöpfte er zuerst einen höchst auffallenden Satz über das Werden, und dieser Satz erzwang sich, als seine Consequenz, jene Lehre vom Chaos.

Die Beobachtung der Vorgänge der Entstehung in der Natur, nicht eine Rücksicht auf ein früheres System gab Anaxagoras die Lehre ein, daß a l l e s a u s a l l e m e n t s t e h e: dies war die Überzeugung des Naturforschers, gegründet auf eine mannichfache, im Grunde natürlich grenzenlos dürftige Induktion. Er bewies dies so: wenn selbst das Gegentheil aus dem Gegentheil, das Schwarze z. B. aus dem Weißen, entstehen könne, so sei alles möglich: jenes geschehe aber bei der Auflösung des weißen Schnee's in schwarzes Wasser. Die Ernährung des Körpers erklärte er sich dadurch, daß in den Nahrungsmitteln unsichtbar kleine Bestandtheile von Fleisch oder Blut oder Knochen sein müßten, die sich, bei der Ernährung, ausschieden und mit dem Gleichartigen im Körper vereinigten. Wenn aber alles aus allem werden kann, Festes aus dem Flüssigen, Hartes aus dem Weichen, Schwarzes aus dem

Weißen, Fleischiges aus Brod, so muß auch alles in [862] allem enthalten sein. Die Namen der Dinge drücken dann nur das Übergewicht der einen Substanz über die anderen, in kleineren, oft nicht wahrnehmbaren Massen vorkommenden Substanzen aus. Im Gold, das heißt in dem, was man a potiore mit dem Namen Gold bezeichnet, muß auch Silber Schnee Brod und Fleisch enthalten sein, aber in ganz geringen Bestandtheilen, nach dem Überwiegenden, nach der Goldsubstanz ist das Ganze genannt.

Wie ist es aber möglich, daß eine Substanz überwiegt und in größerer Masse als die anderen besitzen ein Ding erfüllt? Die Erfahrung zeigt daß nur durch die Bewegung dieses Übergewicht allmählich erzeugt wird, daß das Übergewicht das Resultat eines Prozesses ist, den wir gemeinhin Werden nennen; daß alles in allem ist, ist dagegen nicht das Resultat eines Prozesses, sondern im Gegentheil die Voraussetzung alles Werdens und alles Bewegtseins und somit vor allem Werden. Mit anderen Worten: die Empirie lehrt, daß fortwährend das Gleiche zum Gleichen, z.B. durch Ernährung, hinzugeführt wird, also war es ursprünglich nicht bei einander und zusammengeballt, sondern getrennt. Vielmehr wird, in den vor den Augen liegenden empirischen Vorgängen, das Gleiche immer aus dem Ungleichen herausgezogen und fortbewegt (z.B. bei der Ernährung die Fleischtheilchen aus dem Brode usw.), somit ist das Durcheinander der verschiedenen Substanzen die ältere Form der Constitution der Dinge und der Zeit nach vor allem Werden und Bewegen. Wenn also alles sogenannte Werden ein Ausscheiden ist und eine Mischung voraussetzt, so fragt es sich nun, welchen Grad diese Mischung, dieses Durcheinander ursprünglich gehabt haben muß. Obgleich der Prozeß eine Bewegung des Gleichartigen zum Gleichartigen, das Werden schon eine ungeheure Zeit andauernd, erkennt man trotzdem, wie auch jetzt noch in allen Dingen Reste und Samenkörner aller anderen Dinge eingeschlossen sind, die auf ihre Ausscheidung warten und wie nur hier und da ein Übergewicht zu Stande gebracht ist; die

Urmischung muß eine voll-[863]ständige, das heißt bis ins Unendlich-Kleine gehende gewesen sein, da die Entmischung einen unendlichen Zeitraum verbraucht. Dabei wird streng an dem Gedanken festgehalten, daß alles, was ein wesenhaftes Sein besitzt, ins Unendliche theilbar ist, ohne sein Spezifikum einzubüßen.

Nach diesen Voraussetzungen stellt sich Anaxagoras die Urexistenz der Welt vor, etwa gleich einer staubartigen Masse von unendlich kleinen erfüllten Punkten, von denen jeder spezifisch einfach ist und nur eine Qualität besitzt, doch so, daß jede spezifische Qualität in unendlich vielen einzelnen Punkten repräsentirt wird. Solche Punkte hat Aristoteles Homoiomerien genannt, in Rücksicht darauf, daß sie die unter sich gleichartigen Theile eines mit seinen Theilen gleichartigen Ganzen sind. Man würde aber sehr irren, jenes ursprüngliche Durcheinander aller solcher Punkte, solcher »Samenkörner der Dinge« dem einen Urstoffe des Anaximander gleichzusetzen; denn letzterer, das »Unbestimmte« genannt, ist eine durchaus einheitliche und einartige Masse, ersteres ein Aggregat von Stoffen. Zwar kann man von diesem Aggregat von Stoffen dasselbe aussagen, wie von dem »Unbestimmten« des Anaximander: wie dies Aristoteles thut; es konnte weder weiß noch grau, noch schwarz, noch sonstwie gefärbt sein, es war geschmacklos, geruchlos und als Ganzes überhaupt weder quantitativ noch qualitativ bestimmt: soweit reicht die Gleichheit des Anaximandrischen Unbestimmten und der Anaxagorischen Urmischung. Abgesehn aber von dieser negativen Gleichheit unterscheiden sie sich positiv dadurch, daß die Letztere zusammengesetzt, das Erstere eine Einheit ist. Anaxagoras hatte wenigstens durch die Annahme seines Chaos so viel vor Anaximander voraus, daß er nicht nöthig hatte, das Viele aus dem Einen, das Werdende aus dem Seienden abzuleiten.

Freilich mußte er bei seiner Allmischung der Samen eine Ausnahme zulassen: der Nous war damals nicht und ist überhaupt auch jetzt keinem Dinge beigemischt. Denn wenn er nur einem Seienden beigemischt wäre, so müßte er dann, in unend-[864]lichen Zertheilungen, in allen Dingen wohnen. Diese Ausnahme ist logisch höchst bedenklich, zumal bei der früher geschilderten materiellen Natur des Nous, sie hat etwas Mythologisches und scheint willkürlich, war aber, nach den Anaxagorischen Prämissen, eine strenge Nothwendigkeit. Der Geist, übrigens theilbar in's Unendliche, wie jeder andre Stoff, nur nicht durch andre Stoffe, sondern durch sich selbst, wenn er sich theilt, sich theilend und bald groß bald klein sich zusammenballend, hat seine gleiche Masse und Qualität seit aller Ewigkeit: und das, was in diesem Augenblick, in der gesammten Welt, bei Thieren Pflanzen Menschen, Geist ist, war es auch, ohne ein Mehr oder Weniger, wenn auch anders vertheilt, vor einem Jahrtausend. Aber wo er je ein Verhältniß zu einer anderen Substanz hatte, da war er nie ihr beigemischt, sondern ergriff sie freiwillig, bewegte und schob sie nach Willkür, kurz herrschte über sie. Er, der allein in sich Bewegung hat, besitzt auch allein die Herrschaft in der Welt und zeigt diese durch das Bewegen der Substanzen-Körner. Wohin aber bewegt er sie? Oder ist eine Bewegung denkbar ohne Richtung, ohne Bahn? Ist der Geist in seinen Stößen eben so willkürlich, wie es willkürlich ist, wann er stößt, und wann er nicht stößt? Kurz, herrscht innerhalb der Bewegung der Zufall, das heißt die blindeste Beliebigkeit? An dieser Grenze betreten wir das Allerheiligste in dem Vorstellungsbezirk des Anaxagoras.

17.

Was mußte mit jenem chaotischen Durcheinander des Urzustandes vor aller Bewegung gemacht werden, damit aus ihm, ohne jeden Zuwachs neuer Substanzen und Kräfte, die vorhandene Welt mit den regelmäßigen Bahnen der Gestirne, mit den gesetzmäßigen Formen der Jahres- und Tageszeiten, mit der mannichfachen Schönheit und Ordnung, kurz damit aus dem Chaos ein Kosmos werde? Es kann dies nur Folge der Bewegung sein, aber einer bestimmten und klug eingerichteten Be-[865]wegung. Diese Bewegung selbst ist das Mittel des Nous, sein Ziel würde die vollendete Ausscheidung des Gleichen sein, ein bisher noch unerreichtes Ziel, weil die Unordnung und Mischung Anfangs eine unendliche war. Dieses Ziel ist nur durch einen ungeheuren Prozeß zu erstreben, nicht durch einen mythologischen Zauberschlag auf einmal herbeizuschaffen: wenn einmal, in einem unendlich fernen Zeitpunkt, es erreicht ist, daß alles Gleichartige zusammengeführt ist und jetzt die Urexistenzen, ungetheilt, neben einander in schöner Ordnung lagern, wenn jedes Theilchen seine Genossen und seine Heimat gefunden, wenn der große Friede nach der großen Zertheilung und Zerspaltung der Substanzen eintritt, und es gar nichts Zerspaltenes und Zertheiltes mehr giebt, dann wird der Nous wieder in seine Selbstbewegung zurückkehren und nicht mehr selbst, zertheilt, bald in größeren, bald in kleineren Massen, als Pflanzengeist oder Thiergeist, die Welt durchschweifen und sich in andre Materie einwohnen. Inzwischen ist die Aufgabe noch nicht zu Ende geführt: aber die Art der Bewegung, welche der Nous ausgedacht hat, um sie zu lösen, erweist eine wunderbare Zweckmäßigkeit, denn durch sie wird die Aufgabe in jedem neuen Augenblicke mehr gelöst. Sie hat nämlich den Charakter einer concentrisch fortgesetzten Kreisbewegung: an irgend einem Punkte der chaotischen Mischung hat sie begonnen, in der Form einer kleinen Drehung und in immer größeren Bahnen durchmißt diese Kreisbewegung alles vorhandene Sein, überall das Gleiche zum Gleichen herausschnellend. Zuerst bringt dieser rollende Umschwung alles Dichte an das Dichte, alles Dünne an das Dünne und ebenso alles Dunkle, Helle, Feuchte, Trockne zu ihres Gleichen: über diesen allgemeinen Rubriken giebt es wieder zwei noch umfassendere, nämlich Aether, das heißt Alles, was warm licht dünn ist und Aër, alles Dunkle Kalte Schwere Feste bezeichnend. Durch Scheidung der aetherischen Massen von den aërischen bildet sich, als nächste Wirkung jenes in immer größeren Kreisen rollenden Rades etwas ähnliches, wie bei einem Wirbel, den jemand in einem stehenden [866] Gewässer macht: die schweren Bestandtheile werden in die Mitte geführt und zusammengedrückt. Ebenso formt sich jene fortschreitende Wasserhose im Chaos nach außen aus den aetherischen dünnen lichten, nach innen aus den wolkigen schweren feuchten Bestandtheilen. Dann scheidet sich, im Fortgange dieses Prozesses, aus jener im Inneren sich zusammenballenden aërischen Masse das Wasser und aus dem Wasser wieder das Erdige aus, aus dem Erdigen aber, unter der Wirkung der furchtbaren Kälte, die Gesteine. Wiederum werden einige Steinmassen bei der Wucht der Drehung einmal seitwärts von der Erde fortgerissen und hinein in das Bereich des heißen lichten Aethers geworfen; dort, in dessen feurigem Elemente zum Glühen gebracht und in der aetherischen Kreisbewegung mit fortgeschwungen, strahlen sie Licht aus und beleuchten und erwärmen die an sich dunkle und kalte Erde, als Sonne und Gestirne. Die ganze Conception ist von einer wunderbaren Kühnheit und Einfachheit und hat gar nichts von jener täppischen und menschenähnlichen Teleologie an sich, die man häufig an den Namen des Anaxagoras geknüpft hat. Jene Conception hat gerade ihre Größe und ihren Stolz darin, daß sie aus dem bewegten Kreis den ganzen Kosmos des Werdens ableitet, während Parmenides das wahrhaft Seiende wie eine ruhende todte Kugel anschaute. Ist jener Kreis erst bewegt und durch den Nous in's Rollen gebracht, so ist alle Ordnung Gesetzmäßigkeit und Schönheit der Welt die natürliche Folge jenes ersten Anstoßes. Welches Unrecht thut man Anaxagoras an, wenn man ihm seine in dieser Conception sich bezeigende weise Enthaltung von der Teleologie zum Vorwurf macht und von seinem Nous verächtlich wie von einem deus ex machina redet. Vielmehr hätte Anaxagoras, gerade wegen der Beseitigung mythologischer und theistischer Wundereingriffe und anthropomorphischer Zwecke und Utilitäten, sich ähnlicher stolzer Worte bedienen können, wie sie Kant in seiner Naturgeschichte des Himmels gebraucht hat. Ist es doch ein erhabener Gedanke, jene Herrlichkeit des Kosmos und die staunenswürdige Einrichtung [867] der Sternenbahnen durchaus auf eine einfache rein mechanische Bewegung und gleichsam auf eine bewegte mathematische Figur zurückzuführen, also nicht auf Absichten und eingreifende Hände eines Maschinengottes, sondern nur auf eine Art der Schwingung, die, wenn sie nur einmal angefangen hat, in ihrem Verlaufe nothwendig und bestimmt ist und Wirkungen erzielt, die der weisesten Berechnung des Scharfsinns und der durchdachtesten Zweckmäßigkeit gleichen, ohne sie zu sein. »Ich genieße das Vergnügen, sagt Kant, ohne Beihülfe willkürlicher Erdichtungen, unter der Veranlassung ausgemachter Bewegungsgesetze, sich ein wohlgeordnetes Ganze erzeugen zu sehen, welches demjenigen Weltsysteme, das das unserige ist, so ähnlich sieht, daß ich mich nicht entbrechen kann, es für dasselbe zu halten. Mich dünkt, man könnte hier, in gewissem Verstande, ohne Vermessenheit sagen: gebt mir Materie, ich will eine Welt daraus bauen!«

18.

Selbst nun vorausgesetzt, daß man einmal jene Urmischung als richtig erschlossen gelten läßt, scheinen doch zunächst einige Bedenken aus der Mechanik dem großen Entwurfe des Weltenbaues entgegenzutreten. Wenn nämlich auch der Geist an einer Stelle eine Kreisbewegung erregt, so ist die Fortsetzung derselben, besonders da sie unendlich sein soll und allmählich alle vorhandenen Massen herumschwingen soll, noch sehr schwer vorzustellen. Von vornherein würde man vermuthen, daß der Druck aller übrigen Materie diese kaum entstandene kleine Kreisbewegung erdrücken müßte; daß dies nicht geschieht, setzt von Seiten des erregenden Nous voraus, daß er plötzlich mit furchtbarer Kraft einsetzt, so schnell jedenfalls daß wir die Bewegung einen Wirbel nennen müssen: wie Demokrit sich ebenfalls einen solchen Wirbel imaginirte. Und da dieser Wirbel unendlich stark sein muß, um durch die ganze darauf lastende Welt des Unendlichen nicht gehemmt zu werden, so wird er unendlich schnell sein, denn [868] die Stärke kann sich ursprünglich nur in der Schnelligkeit offenbaren. Je weiter dagegen die concentrischen Ringe sind, um so langsamer wird diese Bewegung sein; wenn einmal die Bewegung das Ende der unendlich ausgespannten Welt erreichen könnte, dann müßte sie bereits unendlich kleine Schnelligkeit des Umschwungs haben. Umgekehrt, wenn wir uns die Bewegung unendlich groß das heißt unendlich schnell denken, nämlich bei dem allerersten Einsetzen der Bewegung, so muß auch der anfängliche Kreis unendlich klein gewesen sein; wir bekommen also als Anfang einen um sich selbst gedrehten Punkt, mit einem unendlich kleinen materiellen Inhalte. Dieser würde aber die weitere Bewegung gar nicht erklären: man könnte sich selbst sämmtliche Punkte der Urmasse um sich selbst wirbelnd denken, und doch bliebe die ganze Masse unbewegt und ungeschieden. Falls dagegen jener vom Nous ergriffene und geschwungene materielle Punkt von unendlicher Kleinheit nicht um sich gedreht wurde, sondern eine Peripherie umschrieb, die beliebig größer war, so genügte dies bereits, um andre materielle Punkte anzustoßen, fortzubewegen, zu schleudern, abprallen zu lassen und so allmählich einen beweglichen und um sich greifenden Tumult zu erregen, in dem, als nächstes Resultat, jene Scheidung der aërischen Massen von den aetherischen vor sich gehen mußte. Wie der Einsatz der Bewegung selbst ein willkürlicher Akt des Nous ist, so ist es auch die Art dieses Einsatzes, insofern die erste Bewegung einen Kreis, dessen Radius beliebig größer gewählt ist als ein Punkt, umschreibt.

19.

Hier könnte man nun freilich fragen, was damals dem Nous so plötzlich eingefallen ist, ein beliebiges materielles Pünktchen, aus jener Unzahl von Punkten, anzustoßen und in wirbelndem Tanze herumzudrehen, und warum ihm das nicht früher einfiel. Darauf würde Anaxagoras antworten: er hat das Privilegium [869] der Willkür, er darf einmal beliebig anfangen, er hängt von sich ab, während alles andere von außen her determinirt ist. Er hat keine Pflicht und also auch keinen Zweck, den zu verfolgen er gezwungen wäre; wenn er einmal mit jener Bewegung anfieng und sich einen Zweck setzte, so war dies doch nur – die Antwort ist schwer, Heraklit würde ergänzen – ein Spiel.

Das scheint immer die den Griechen auf der Lippe schwebende letzte Lösung oder Auskunft gewesen zu sein. Der Anaxagorische Geist ist ein Künstler, und zwar das gewaltigste Genie der Mechanik und Baukunst, mit den einfachsten Mitteln die großartigsten Formen und Bahnen und gleichsam eine bewegliche Architektur schaffend, aber immerhin aus jener irrationalen Willkür, die in der Tiefe des Künstlers liegt. Es ist als ob Anaxagoras auf Phidias deutete und Angesichts des ungeheuren Künstlerwerks, des Kosmos, ebenso wie vor dem Parthenon uns zuriefe: das Werden ist kein moralisches, sondern nur ein künstlerisches Phänomen. Aristoteles erzählt, daß Anaxagoras auf die Frage, weshalb das Dasein überhaupt für ihn werthvoll sei, geantwortet habe »um den Himmel und die gesammte Ordnung des Kosmos anzuschauen«. Er behandelte die physikalischen Dinge so andächtig und mit so geheimnißvoller Scheu, mit der wir vor einem antiken Tempel stehen; seine Lehre wurde zu einer Art von freigeistischer Religionsübung, sich schützend durch das odi profanum vulgus et arceo und ihre Anhänger aus der höchsten und edelsten Gesellschaft Athen's mit Vorsicht wählend. In der abgeschlossnen Gemeinde der athenischen Anaxagoreer war die Mythologie des Volkes nur noch als eine symbolische Sprache erlaubt; alle Mythen, alle Götter, alle Heroen galten hier nur als Hieroglyphen der Naturdeutung, und selbst das homerische Epos sollte der kanonische Gesang vom Walten des Nous und von den Kämpfen und Gesetzen der Physis sein. Hier und da drang ein Ton aus dieser Gesellschaft erhabener Freigeister in das Volk; und besonders der große und jederzeit verwegene, auf Neues sinnende Euripides wagte mancherlei durch die tragische Maske [870] laut werden zu lassen, was der Masse wie ein Pfeil durch die Sinne drang und von dem sie sich nur durch possenhafte Karrikaturen und lächerliche Umdeutungen befreite.

Der allergrößte Anaxagoreer ist aber Perikles, der mächtigste und würdigste Mensch der Welt; und gerade über ihn legt Plato das Zeugniß ab, daß allein die Philosophie des Anaxagoras seinem Genie den erhabnen Flug gegeben habe. Wenn er als öffentlicher Redner vor seinem Volke stand, in der schönen Starrheit und Unbewegtheit eines marmornen Olympiers und jetzt, ruhig, in seinen Mantel gehüllt, bei unverändertem Faltenwurfe, ohne jeden Wechsel des Gesichtsausdrucks, ohne Lächeln, mit dem gleichbleibenden starken Ton der Stimme, also ganz und gar undemosthenisch, aber eben perikleisch redete, donnerte blitzte vernichtete und erlöste – dann war er die Abbreviatur des anaxagorischen Kosmos, das Bild des Nous, der sich das schönste und würdevollste Gehäuse gebaut hat und gleichsam die sichtbare Menschwerdung der bauenden bewegenden ausscheidenden ordnenden überschauenden künstlerisch-undeterminirten Kraft des Geistes. Anaxagoras selbst hat gesagt, der Mensch sei schon deshalb das vernünftigste Wesen oder müsse schon darum den Nous in größerer Fülle als alle anderen Wesen in sich beherbergen, weil er so bewunderungswürdige Organe wie die Hände habe; er schloß also darauf, daß jener Nous je nach der Größe und Masse, in der er sich eines materiellen Körpers bemächtigt, sich immer die seinem Quantitätsgrade entsprechenden Werkzeuge aus dieser Materie baue, die schönsten und zweckmäßigsten somit, wenn er in größter Fülle erscheint. Und wie die wundersamste und zweckmäßigste That des Nous jene kreisförmige Urbewegung sein mußte, da damals der Geist noch ungetheilt in sich zusammen war, so erschien wohl die Wirkung der Perikleischen Rede dem horchenden Anaxagoras oftmals als ein Gleichnißbild jener kreisförmigen Urbewegung; denn auch hier spürte er zuerst einen mit furchtbarer Kraft, aber geordnet sich bewegenden Gedankenwirbel, der in concentrischen [871] Kreisen die Nächsten und die Fernsten allmählich erfaßte und fortriß und der, wenn er sein Ende erreichte, das gesammte Volk ordnend und scheidend umgestaltet hatte.

Den späteren Philosophen des Alterthums war die Art, wie Anaxagoras von seinem Nous zur Erklärung der Welt Gebrauch machte, wunderlich, ja kaum verzeihlich; es erschien ihnen als ob er ein herrliches Werkzeug gefunden, aber nicht recht verstanden habe und sie suchten nachzuholen, was vom Finder versäumt war. Sie erkannten also nicht, welchen Sinn die vom reinsten Geiste naturwissenschaftlicher Methode eingegebne Entsagung des Anaxagoras hatte, die sich in jedem Falle und vor Allem die Frage stellt, wodurch etwas ist (causa efficiens) und nicht, weshalb etwas ist (causa finalis). Der Nous ist von Anaxagoras nur zur Beantwortung der speziellen Frage »wodurch giebt es Bewegung und wodurch giebt es regelmäßige Bewegungen?« herbeigezogen worden; Plato aber wirft ihm vor, er habe zeigen müssen, aber nicht gezeigt, daß jedes Ding in seiner Weise und an seinem Orte sich am schönsten besten und zweckmäßigsten befinde. Dies hätte aber Anaxagoras in keinem einzelnen Falle zu behaupten gewagt, für ihn war die vorhandene Welt nicht einmal die denkbar vollkommenste, denn er sah jedes Ding aus jedem entstehen und fand die Scheidung der Substanzen durch den Nous weder am Ende des erfüllten Raumes in der Welt noch in den einzelnen Wesen vollzogen und abgethan. Es reichte seinem Erkennen vollständig aus, eine Bewegung gefunden zu haben, welche, in einfacher Fortwirkung, aus einem durch und durch gemischten Chaos die sichtbare Ordnung schaffen kann und <er> hütete sich wohl, die Frage nach dem Weshalb? der Bewegung, nach dem vernünftigen Zweck der Bewegung zu stellen. Hatte nämlich der Nous einen seinem Wesen nach nothwendigen Zweck durch sie zu erfüllen, so stand es nicht mehr in seiner Willkür, die Bewegung irgend einmal anzufangen; sofern er ewig ist, hätte er auch ewig schon von diesem

Zwecke bestimmt werden müssen, und dann hätte es keinen Zeitpunkt geben dürfen, in [872] dem die Bewegung noch fehlte, ja es wäre logisch verboten gewesen, für die Bewegung einen Anfangspunkt anzunehmen: wodurch dann wiederum die Vorstellung vom ursprünglichen Chaos, das Fundament der ganzen anaxagorischen Weltdeutung, ebenfalls logisch unmöglich geworden wäre. Um solchen Schwierigkeiten, die die Teleologie schafft, zu entgehen, mußte Anaxagoras immer auf das stärkste betonen und betheuern, daß der Geist willkürlich sei; alle seine Akte, auch der jener Urbewegung, seien Akte des »freien Willens«, während dagegen die ganze andre Welt streng determinirt und zwar mechanisch determinirt, nach jenem Urmoment, sich bilde. Jener absolut freie Wille kann aber nur zwecklos gedacht werden, ungefähr nach Art des Kinderspieles oder des künstlerischen Spieltriebes. Es ist ein Irrthum, wenn man Anaxagoras die gewöhnliche Verwechslung des Teleologen zumuthet, der, im Anstaunen der außerordentlichen Zweckmäßigkeit, der Übereinstimmung der Theile mit dem Ganzen, namentlich im Organischen, voraussetzt, das was für den Intellekt existirt, sei auch durch den Intellekt hineingekommen und das, was er nur unter Leitung des Zweckbegriffs zu Stande bringt, müsse auch von der Natur durch Überlegung und Zweckbegriffe zu Stande gebracht sein. (Schopenhauer Welt als Wille und Vorstellung Band 2, S. 373). In der Manier des Anaxagoras gedacht, ist aber im Gegentheil die Ordnung und Zweckmäßigkeit der Dinge direkt nur das Resultat einer blind mechanischen Bewegung; und nur um diese Bewegung veranlassen zu können, um aus der Todesruhe des Chaos irgendwann einmal herauszukommen, nahm Anaxagoras den willkürlichen, von sich allein abhängigen Nous an. Er schätzte an ihm gerade die Eigenschaft, beliebig zu sein, also unbedingt, undeterminirt, weder von Ursachen noch von Zwecken geleitet, wirken zu können.

II

Fortsetzung nach dem Vorlesungsmanuskript: Die vorplatonischen Philosophen

(1872–1876)

[189] §14.

Empedokles.

Empedokles stammt aus dem glänzenden Agrigent.
[Chronologische Erörterungen.]

Alles, was wir über seine Lehre[1] wissen, kommt darin zusammen, dass er alle philosophischen Berühmtheiten vor ihm eifersüchtig betrachtet. Von Parmenides sagt Theophrast (La. VIII 55), er sei sein ζηλωτής gewesen καὶ μιμητὴς ἐν τοῖς ποιήμασι. Nach Hermipp (La. VIII 56) nicht des Parmenides, sondern des Xenophanes μιμητὴς (μιμήσασθαι τὴν ἐποποιΐαν) Nach dem Ephesier Diodor (La. VIII 70) ἐζηλώκει den Anaximander, τραγικὸν ἀσκῶν τῦφον καὶ σεμνὴν ἀναλαβὼν ἐσθῆτα. Nach Alkidamas (La. VIII 56) hat er von Pythagoras τὴν σεμνότητα ζηλῶσαι τοῦ τε βίου καὶ τοῦ σχήματος, von Anaxagoras τὴν φυσιολογίαν. Er stammt aus einer agonalen Familie: er erreicht auch wirklich in Olympia das allergrösste Aufsehen. VIII 66. Er ging umher im Purpurgewand, mit goldenem Gürtel, in Schuhen von Erz und eine delphische Krone auf dem Haupte. Er trug langes Haar: seine Züge waren immer gleichmässig finster: wo er auftrat, folgten ihm immer Diener. In Olympia trug ein Rhapsode seine καθαρμοί vor: bei einem Siegesopfer opferte er einen

1 Die Mittel gegen die maasslose Selbstsucht der Individuen: die Heimathsinstinkte, die Oeffentlichkeit, der Wettkampf, die Liebe.

aus Mehl und Honig gebackenen Stier, um nicht gegen sein Prinzip zu verstossen (Zeller p. 659 adn. im Unrecht). Es war offenbar ein Versuch, die gesammten Hellenen zu der neuen pythagoreischen [190] Lebensweise und Weltanschauung zu bringen: äusserlich war es eine Reform des Opferdienstes. Diese καθαρμοί fingen an als Gruss an die agrigentischen Freunde: »Lebt wohl! Nicht mehr ein Sterblicher, sondern ein unsterblicher Gott wandere ich herum, unter allen geehrt, wie sich's geziemt, mit Binden und grünenden Kränzen geschmückt. Und sobald ich in die blühenden Städte komme, werde ich von Männern und Frauen verehrt: sie aber folgen mir zu vielen Tausenden, erforschend, wohin der Weg zum Heil führt, die einen Weissagungen begehrend, die andern wünschen mannigfacher Krankheiten Heilsprüche zu hören, nachdem sie lange durch grausame Martern gequält waren[2] – Aber was verweile ich dabei, als ob es etwas Grosses wäre, wenn ich über den armseligen Sterblichen hervorrage εἰ θνητῶν περίειμι πολυφθερέων ἀνθρώπων« [fr. 112. 113 D.). Nun suchte er die Einheit alles Lebens auf das Eindringlichste einzuprägen: wie das Fleischessen eine Art von Sichselbstverspeisen sei: ein Morden der nächsten Verwandten. Er wollte eine ungeheure Reinigung der Menschen: auch Enthaltsamkeit von Bohnen und Lorbeer. Arist. Rhet. I, 13: καὶ ὡς Ἐμπεδοκλῆς λέγει περὶ τοῦ μὴ κτείνειν τὸ ἔμψυχον· τοῦτο γὰρ οὐ τισὶ μὲν δίκαιον, τισὶ δ' οὐ δίκαιον, »sondern dies ist das Gesetz von Allem durch den weiten Aether hin ausgebreitet und durch den unermesslichen Glanzhimmel« [fr. 135 D.]. Ausführlich Theophrast (Bernays p. 80): »Da die Liebe und die verwandtschaftliche Empfindung in allen We-

2 Goethe an Lavater: »Gegen die geheimen Künste bin ich misstrauisch. Unsere moralische und politische Welt ist mit unterirdischen Gängen, Kellern und Kloaken minirt, wie eine grosse Stadt zu sein pflegt, an deren Zusammenhang und ihre bewohnenden Verhältnisse wohl niemand denkt und sinnt: nur wird es dem, der davon einige Kundschaft hat, viel begreiflicher, wenn da einmal der Boden einstürzt, dort einmal ein Rauch aufgeht und hier wunderbare Stimmen gehört werden.«

sen waltete, da mordete begreiflicher Weise Niemand irgend ein Geschöpf u.s.w.« Das ganze Pathos des Empedokles ruht in diesem Punkte, dass alles Lebende eins sei, Götter und Menschen und [191] Thiere sind darin eins[3]. Sext. Emp. adv. Math. IX 127 ist recht ausdrücklich, ἓν πνεῦμα sei in der ganzen Welt die Seele: das vereinige uns auch mit den Thieren. Die »Einheit des Lebens« ist der ungleich produktiver gestaltete Gedanke des Parmenides von der Einheit des Seienden: das innerste Mitleben mit der ganzen Natur, ein überströmendes Mitleidsgefühl ist hier dazugekommen: als die Aufgabe seines Daseins tritt hervor, das wieder gut zu machen, was das νεῖκος schlimm gemacht habe, innerhalb der Welt des νεῖκος den Gedanken von der Einheit in der Liebe zu verkündigen und selbst zu helfen, wo er das Leiden, die Folge des νεῖκος findet. Schwer wandelt er in dieser Welt der Qual, des Gegensatzes: dass er in ihr ist, kann er sich nur aus einem Fehltritt erklären: in irgend einer Zeit muss er einen Frevel, einen Mord, einen Meineid begangen haben. Am Dasein in einer solchen Welt haftet eine Schuld.

Sonderbarer Weise erklärt sich aus dieser Stimmung auch seine politische Gesinnung. Nach dem Siege von Himera wurden die mit Gelon verbündeten Städte überreichlich durch Beute belohnt: besonders Agrigent bekam grenzenlos viel Staatssklaven: es beginnt die glücklichste Zeit Agrigents von 70 Jahren, einzelne Privatleute haben 500 Sklaven im Dienste: es wird ausserordentlich grossartig gebaut. Empedokles sagt von ihnen (La. VIII 63): »Die Agrigentiner überlassen sich den Vergnügungen, als sollten sie morgen sterben, und bauen Häuser, als würden sie ewig leben.« Gelon war damals Herr von Syrakus und Gela, Theron zu Agrigent und sein Sohn Thrasydaios zu Himera. Nach Gelons Tode fällt thatsächlich Hieron die Gewalt zu; ein grosser Beschützer

3 Goethe: »Und so ist jede Kreatur nur ein Ton, eine Schattirung einer grossen Harmonie, die man im Grossen und Ganzen studiren muss, sonst ist jedes Einzelne ein todter Buchstabe.«

der Künste: Pindar, Simonides, Bakchylides, Epicharmus, Aeschylos. Durch den Tod des Theron 472 traten wichtige Veränderungen in Sizilien ein. Sie erlebt der etwa 20jährige Empedokles [192] mit. Thrasydaios, nun auch Herr von Agrigent, entwickelt seine gewaltthätigen und blutigen Instinkte, er vermehrt sein Söldnerheer bis auf 20000 Mann. Unkluger Weise fordert er seinen Nachbar Hieron heraus: ungeheures Blutbad, 2000 auf Seiten der Syrakusaner, 4000 auf Seiten der Agrigentiner erschlagen, allermeist Hellenen nach Diodor XI 53. Thrasydaios, völlig geschlagen, flüchtet nach Megara im eigentlichen Griechenland, wo er zum Tode verurtheilt wird. Hieron betrachtet die beiden Städte als unterworfen und schickt viele in Verbannung. Die Agrigentiner setzen jetzt eine demokratische Regierung ein, offenbar ist Meton jetzt einer der einflussreichsten Gründer dieser Regierung (La. VIII 72). Diesen Uebergang zur Volksregierung erlebt der junge Empedokles. Nach dem Tode seines Vaters beginnen wieder tyrannische Regungen. Die Hauptautorität lag in dem Senate von 1000: ausserdem aber mögen besonders die nach dem Sturze des Gelonischen Hauses in Sizilien zurückkehrenden Verbannten eine feindselige Opposition gemacht haben. Einen Versuch zur Tyrannis unterdrückte Empedokles offenbar als junger Mann: es war sein erstes politisches Auftreten, sicherlich zugleich als Redner. Empedokles wird von einem der ἄρχοντες (der 1000) zum Symposion eingeladen und ärgert sich, dass man mit dem Mahle wartet – auf den τὸν τῆς βουλῆς ὑπηρέτην. Als er kommt, wird er zum συμποσίαρχος gemacht. Dieser befiehlt die ἑωλοκρασίαν, jedenfalls weil er auf Widerspänstige stösst: entweder zu trinken oder begossen zu werden. Vielleicht war zugleich damit eine symbolische Anspielung gemacht. Empedokles bleibt ruhig: am andern Tag zieht er beide vor Gericht und verurtheilt sie beide zum Tode. Hier erkennen wir den leidenschaftlichen Hass gegen die Tyrannis. Er geht aber weiter und löst den Rath von 1000 auf, offenbar, weil er verdächtig geworden war. Eine höchst hinreissende Beredsamkeit stand ihm dabei zu Gebote, Timon Phliasius nennt ihn ἀγοραίων κηλητὴς ἐπέων. Dort entstand die Rhetorik, wie Aristoteles sagt, der von ihm sagt: πρῶτον ῥητορικὴν κεκινηκέναι, im Dialog Sophist; cf. La. VIII 57, Sext. [193] Emp. VII 6. Von ihm lernt Gorgias. Polos in Agrigent entwirft eine τέχνη. Mit ihrer Hilfe überredet er die Agrigentiner ἰσότητα πολιτικὴν ἀσκεῖν (La. VIII 72). Da er sehr reich war, so konnte er die ärmeren Bürgerinnen ausstatten: offenbar strebt er auf eine Aufhebung der Vermögensdifferenzen hin. Er wird so populär, dass man ihm die βασιλεία anbietet, die er ausschlägt. Nun aber will er auch den anderen Städten zu Hilfe kommen, nachdem er Agrigent geordnet hat. Er verlässt Agrigent, um nun herumzuwandern: in Olympia trägt er die καθαρμοί vor, in denen er sein Lebewohl an die Agrigentiner ausspricht. Er erscheint in Thurii, Messene, Peloponnes und Athen, in Selinunt: hier vertreibt er eine Pest, indem er zwei Flüsse auf seine Kosten mit dem Hypsos verbindet (Schlemmsystem). Die Selinuntier feiern ein Freudenfest am Flusse: als er unter ihnen erscheint, fallen sie vor ihm nieder und beten ihn wie einen Gott an. Münzen darauf abgebildet bei Karsten p. 23: er hält das Gespann des Apollon als Wagenlenker an. Nun sagt Timaeus La. VIII 67: ὕστερον μέντοι τοῦ Ἀκράγαντος οἰκιζομένου ἀντέστησαν αὐτοῦ τῇ καθόδῳ οἱ τῶν ἐχθρῶν ἀπόγονοι· διόπερ εἰς Πελοπόννησον ἀποχωρήσας ἐτελεύτησεν. Was ist der Grund, weshalb er nicht heimkehren darf: ich vermuthe αὐτοῦ Ἀκράγαντα οἰκτιρομένου, »weil er Agrigent für bemitleidenswerth erklärte«? Oder bezieht es sich auf die Rückkehr der früher Verbannten, d. h. des Rathes der 1000? Oder »da Agrigent eine Kolonie gründete«? οἰκίζοντος? »Und man ihn als Führer derselben zurückrief«?

Ueber seinen Tod giebt es Legenden aller Art: gewiss ist, dass man nicht angeben konnte, wo er begraben sei. Jedenfalls, wie Timaios meint, im Peloponnes, nicht in Sizilien. Im allgemeinen gilt von ihm, was er v. 384 f. (Karsten) sagt: εἰς δὲ τέλος μάντεις τε καὶ ὑμνοπόλοι καὶ ἰητροὶ | καὶ πρόμοι ἀνθρώποισιν ἐπιχθονίοισι πέλονται | ἔνθεν ἀναβλα–

στοῦσι θεοὶ τιμῇσι φέριστοι [fr. 146 D.]. Dies war sein Glaube: er ist schon in den Gott übergegangen: die Fabeln bezeichnen dies zum Theil ernsthaft, theils ironisch. Er ist Seher, Dichter, Arzt und Fürst (ein allgemeineres Wort: nicht [194] τύραννος), nun ist er, seit seiner Wanderung, auch θεός, οὐκέτι θνητὸς [fr. 112, 4 D.]. Wie geht er nun über zu den anderen Göttern, um an ihrem Tische sorgenlos, ohne Tod und Alter zu leben? (v. 387–8 [fr. 147 D.]). In den Aetna stürzt er sich, weil er die Meinung bestärken will, ein Gott zu sein: das unmittelbar vorhergehende Ereigniss ist entweder die Anbetung der Selinuntier oder die Heilung der Agrigentinerin Pantheia. Timaeus widerspricht, weil er nicht aus dem Peloponnes zurückgekehrt sei. Das am wenigsten Mythische (deshalb aber noch gar nicht Glaubwürdige) erzählt Neanthes (VIII 73), er sei zu einer Festversammlung nach Messana gefahren, habe dort eine Rippe gebrochen und sei daran gestorben. Aber auch hier stirbt er in Sizilien. In Megara wurde sein Grab gezeigt, natürlich im sizilischen. Die gläubige Legende lässt ihn verschwinden, die ionische stürzt ihn in den Aetna, die pragmatische lässt ihn die Rippe brechen und bei Megara begraben sein.

Er ist der tragische Philosoph, der Zeitgenosse des Aeschylus. Bei ihm ist das Auffallendste sein ausserordentlicher Pessimismus, der aber in ihm höchst aktiv wirkt, nicht quietivisch. Wenn seine politischen Ansichten demokratisch sind, so ist der eigentliche Grundgedanke doch, die Menschen hinüberzuleiten bis zu dem κοινὰ τῶν φίλων der Pythagoreer, also eine soziale Reform mit Aufhebung des Eigenthums. Die Alleinherrschaft der Liebe zu begründen, zieht er als Wanderprophet umher, als ihm dies in Agrigent nicht gelungen ist. Sein Einfluss gehört in das Reich der pythagoreischen Einflüsse, die in diesem Jahrhundert blühen (doch nicht in Sizilien). Im Jahre 440 ziehen sich die Pythagoreer, überall vertrieben, nach Rhegion zurück: offenbar ist die Niederlage der Pythagoreer im Zusammenhang mit der Verbannung des Empedokles und seinem Ende im Peloponnes. Dabei ist recht wohl möglich, dass er ohne direkte Verbindung mit den Pythagoreern war: später wurde er beschuldigt, das eigentliche Geheimniss ausgesprochen zu haben. Es ist auch wahr: er verhält sich zur pythagoreisch-orphischen Mystik, wie sich etwa [195] Anaxagoras zur hellenischen Mythologie verhält. Er knüpft jene religiösen Instinkte an naturwissenschaftliche Erklärungen und verbreitet sie in dieser wissenschaftlicheren Form. Er ist der Aufklärer und ist bei den Gläubigen deshalb unbeliebt. Dabei übernimmt er noch die gesammte Götter- und Dämonenwelt, an deren Realität er nicht weniger glaubt als an die der Menschen. Er selbst fühlt sich als ein verbannter Gott: er seufzt darüber, aus welchem Gipfel der Ehre und des Glücks er herabgefallen sei: »Ich weinte und wehklagte, als ich den ungewohnten Ort sah« [fr. 118 D.]. Er verflucht den Tag, an dem er mit den Lippen die blutige Mahlzeit berührte: dies scheint seine Frevelthat, seine Besudelung durch φόνος (v. 3 [fr. 115, 3 D.]) zu sein. Er schildert die Leiden jener Urfrevler: der Zorn des Aethers treibt sie ins Meer, ans Land wieder speit sie das Meer; das Land stösst sie zu den Flammen der Sonne hinauf und diese wieder zum Aether: so fängt der Eine vom Andern sie auf, aber jeder hasst sie. Endlich scheinen sie zu Sterblichen zu werden: »O du elendes, ganz unseliges Geschlecht der Sterblichen, aus welcher Zwietracht, aus welchem Wehklagen seid ihr entstanden!« [fr. 124 D.] Die Sterblichen schienen ihm demnach gefallene und bestrafte Götter zu sein! Die Erde ist eine finstere Höhle, die Wiese des Unheils λειμὼν ἄτης; hier wohnen Mord, Groll und andere Keren, Krankheiten, Fäulniss. Er stürzt in einen Haufen von entgegengesetzten Dämonen hinein, Deris und Harmonie, Callisto und Aischre, Thoosa und Denaie, Nemerte und Asapheia usw., Physo und Phthimene (Natur und Untergang), [fr. 119–123 D.]. Als Mensch selbst aber hat man schwache Kräfte in den Gliedern: viel Unheil droht und macht stumpf. Einen kleinen Theil eines nicht zu lebenden Lebens durchkämpft man, dann rafft sie ein frühes Geschick dahin und zerstreut sie wie Rauch. Nur das, worauf sie gerade stossen, halten sie für wahr; jeder aber rühmt sich, das Ganze gefunden zu haben, eitler Weise: das aber ist für Menschen nicht zu sehen und zu hören und nicht mit dem Sinn zu erfassen [fr. 2 D.]. Diese Unwissenheit schildert Empedokles auf das Heftigste. Ut interdum mihi [196] furere videatur, sagt Cicero Acad. II 5. Plutarch schildert den ganzen Charakter seiner Dichtung de Genio Socratis p. 580 (VIII p. 292 Reiske: φασμάτων καὶ μύϑων καὶ δεισιδαιμονίας ἀνάπλεως καὶ μάλα βεβακχευμένη).

In dieser Welt der Zwietracht, der Leiden, der Gegensätze findet er nur ein Prinzip, welches eine ganz andere Weltordnung ihm verbürgt: er findet die Aphrodite; jeder kennt sie, aber niemand als kosmisches Prinzip [fr. 17, 20ff. D.]. Das Geschlechtsleben ist ihm das Beste und Edelste, der grösste Gegensatz gegen den Trieb der Entzweiung. Hier zeigt sich das Zusammenstreben der getrennten Bestandtheile, um etwas zu erzeugen, am deutlichsten. Das Zusammengehörige ist irgendwann von einander gerissen und sehnt sich nun wieder zusammen. Die φιλία will das Reich des νεῖκος überwinden: er nennt sie φιλότης στοργὴ Κύπρις Ἀφροδίτη Ἁρμονίη. Das Innerste dieses Triebes ist die Sehnsucht zum Gleichen: bei allem Ungleichen entsteht Unlust, bei allem Gleichen Lust. In diesem Sinne ist alles beseelt, insofern es den Trieb zum Gleichen und die Lust am Gleichen empfindet, ebenso die Unlust am Ungleichen. Erde schauen mit der Erde wir an, Wasser mit Wasser, Aether mit Aether, Feuer mit Feuer, Liebe nur mit Liebe, Hass nur mit Hass [fr. 109 D.]. Nun ist der eigentlich Empedokleische Gedanke die Einheit alles Liebenden: es ist ein Theil in allen Dingen, der sie zur Mischung und Vereinigung hindrängt; aber ebenso eine feindselige Macht, die sie auseinanderreisst: beide Triebe kämpfen mit einander. Dieser Kampf ergiebt alles Werden und Vergehen. Es ist eine fürchterliche Strafe, dem νεῖκος unterworfen zu sein νείκεϊ μαινομένῳ πίσυνος [fr. 115, 14 D.]. Die Wanderung durch alle Elemente ist das naturwissenschaftliche Seitenstück zur Metempsychose des Pythagoras: er selbst behauptet, schon Vogel, Strauch, Fisch, Knabe und Mädchen gewesen zu sein [fr. 117 D.]. In solchen Fällen bedient er sich des mythischen Ausdrucks der Pythagoreer. Das macht sein Verständniss so schwierig, dass das mythische und das wissenschaftliche Denken bei ihm nebeneinander her gehen: er reitet auf [197] beiden Pferden, hin- und herspringend. Hier und da ist schon ersichtlich die Allegorie an Stelle des Mythus: so glaubt er an alle Götter, aber seine naturwissenschaftlichen Elemente nennt er mit diesen Namen. Besonders merkwürdig ist seine Interpretation des Apollo: den er als den Geist verstand, Ammon. de interpretat. 249, 1 [Busse]: »Man kann ihm nicht nahen, nicht mit Händen ihn erreichen, nicht ragt ihm ein Haupt über den Gliedern, nicht laufen zwei Zweige ihm vom Rücken herab, nicht Füsse, nicht schnelle Kniee, nicht die Scham: sondern er wurde nur heiliger und unaussprechlich grosser Geist (φρὴν), der die ganze Welt mit schnellen Gedanken durcheilt« (fr. 29. 133. 134 D.]. Dagegen sind alle Götter gewordene und auch nicht ewig lebende (sie sind nur μακραίωνες [fr. 115, 5; vgl. 23, 6 D.]). Jene φρὴν ist aber nicht etwa das Bewegende, nach der Vorstellung des Anaxagoras, sondern er reicht aus, wenn er, um alle Bewegung zu verstehen, Hass und Liebe annimmt. Hier sehen wir, im Vergleich mit Anaxagoras, dass er danach strebt, ein Minimum vom νοῦς anzunehmen, um daraus bereits alle Bewegung zu erklären: der νοῦς war ihm noch zu vieldeutig und voll. Lust und Unlust, die letzten Phänomene des Lebens, reichten aus: beides als Resultate von Trieben der Anziehung und Abstossung. Wenn sie sich der Elemente bemächtigen, so erklärt sich alles daraus, auch das Denken. Es ist von Empedokles an Stelle des unbestimmten νοῦς das bestimmtere φιλία und νεῖκος gesetzt worden. Sodann freilich hebt er alle mechanische Bewegung auf: während Anaxagoras nur den Anfang der Bewegung dem νοῦς zuschrieb und alle weiteren Bewegungen als indirekte Wirkungen auffasste. Dies war consequent: denn wie sollte etwas Todtes, ein starres ὂν auf ein anderes starres ὂν wirken? Es giebt gar keine mechanische

Erklärung der Bewegung, sondern nur eine aus Trieben, aus Beseelungen. Nur sie bewegen: also nicht einmal, sondern fortwährend und überall. Nun aber ist sein Hauptproblem, die geordnete Welt doch aus jenen entgegengesetzten Trieben, ohne alle Zwecke, ohne allen νοῦς entstehen zu [198] lassen: und hier genügt ihm der grossartige Gedanke, dass unter zahllosen Missformen und Unmöglichkeiten des Lebens auch einige zweckmässige und zum Leben mögliche Formen entstehen: hier wird die Zweckmässigkeit des Bestehenden auf den Bestand des Zweckmässigen zurückgeführt. Diesen Gedanken haben die materialistischen Systeme nie wieder aufgegeben. Jetzt haben wir eine Spezialanwendung in der Darwinschen Theorie. –

Also die Liebe verfährt bei der Verbindung nicht etwa zweckmässig, sondern nur verbindend: sie kuppelt alles an einander: Leiber von Stieren mit menschlichem Haupte, Menschen mit Stierhäuptern, zugleich männliche und weibliche Wesen und alle möglichen Ungeheuer [fr. 61 D.]. Allmählich finden sich nun auch die Glieder harmonisch zusammen, immer von dem Triebe nach dem Gleichen geführt.

Das sind die Mächte der Bewegung: das aber, was bewegt wird, sind ὄντα nach der Vorstellung des Parmenides: ungeworden, unzerstörbar, unveränderlich. Während aber Anaxagoras alle Qualitäten als real und demnach als ewig annahm, findet Empedokles nur vier wahre Realitäten, also auch Qualitäten und deren Mischungen [fr. 6 D.]: nämlich Erde, Feuer, Wasser, Luft. Ζεὺς τ' ἀργὴς Ἥρη τε φερέσβιος ἠδ' Ἀϊδωνεὺς Νῆστις ϑ': Zeus Feuer, Aidoneus Erde, Here Luft, Nestis Wasser, eine sizilische Gottheit (Il. I p. 1180 Eustath.) von νάω fliesse, νῆσος die schwimmende, πλωτῇ ἐπὶ νήσῳ (κ 3). Νάξος = Νήκιος. Νηρεὺς, Νη–ιάς. Neben diesen mythischen Bezeichnungen kommt auch vor: 1. πῦρ ἥλιος ἠλέκτωρ Ἥφαιστος. 2. αἰϑὴρ οὐρανὸς. 3. γῆ χϑὼν αἶα. 4. ὕδωρ ὄμβρος πόντος ϑάλασσα. Diese vier Grundstoffe fassen allen Stoff in sich, derselbe kann sich weder vermehren noch vermindern. Sie sind der Physik durch 2000 Jahre verblieben. Alle Verbindungen dieser Urstoffe ändern nicht ihre Qualitäten: ihre Mischung kommt nur dadurch zu Stande, dass die Theile des einen Körpers in die Zwischenräume zwischen die Theile des anderen eintreten: auch bei der vollständigen Mischung hat man im Grunde nur ein Gemenge von Theilchen. Ebenso umgekehrt: wenn ein Körper aus einem andern entsteht, [199] so verwandelt sich nicht der eine in den andern, sondern die Stoffe treten nur aus ihrer bisherigen Verbindung heraus. Sind zwei Körper ihrer Substanz nach von einander getrennt und wirken sie trotzdem auf einander ein, so geschieht dies nur durch Ablösung unsichtbar kleiner Theilchen, welche in die Oeffnungen des andern eindringen. Je vollständiger die Oeffnungen eines Körpers den Ausflüssen und Theilen eines andern entsprechen, um so fähiger wird er für die Mischung mit ihm sein: so sagt er, das Gleichartige und leicht zu Vermischende sei sich befreundet das Gleiche begehre nach dem Gleichen; was sich nicht mischen lasse, sei sich feind. Das eigentlich Bewegende bleibt aber immer φιλία und νεῖκος, d.h. zwischen ihren Wirkungen und der Form der Dinge besteht eine nothwendige Beziehung: die Stoffe müssen so gemischt und so geformt sein, dass sie ähnlich sind und sich entsprechen: dann tritt die φιλία hinzu. Das aber, was die Dinge formt, ist ursprünglich der Zufall, die ἀνάγκη, nicht irgend eine Klugheit. Auch die φιλία ist dumm: sie hat nur einen einzigen Trieb, zum Gleichartigen. Alle Bewegungen sind also, nach Empedokles, unmechanisch entstanden, aber führen nur zu einem mechanischen Resultat: eine sonderbare Vereinigung von materialistischen Anschauungen und idealistischen. Hier sehen wir die Nachwirkung des Anaxagoras: alle Dinge nur Gemenge von Urstoffen; aber nicht mehr von zahllosen, sondern von vier ὁμοιομερῆ. Dann aber ein Versuch, jenen Dualismus der Bewegung, den Anaxagoras annahm, aufzuheben: Bewegung als Wirkung des νοῦς und Bewegung als Stoss. Denn ganz mit Recht sah Empedokles ein, dass zwei absolut verschiedene ὄντα auf sich keine Wirkungen des Stosses ausüben können. Aber es gelang ihm nicht recht, jene Urbewegungskraft in jeder späteren Bewegung wieder zu erkennen: überall nur φιλία und νεῖκος als bewegende Prinzipien. Der Schluss ist dieser: denkt man sich die φιλία allein thätig, so ist nach einer kurzen Zusammenbewegung wieder alles in Ruhe. Denkt man sich νεῖκος allein thätig, so ist, nach einer absoluten Trennung, wieder alles in Ruhe. [200] Beide müssen also mit einander kämpfen. Hier berührt er sich mit Heraklits Verherrlichung des πόλεμος als des Vaters der Dinge. Denkt man sich aber ihre Kräfte gleich und gleichzeitig thätig, so entsteht wieder keine Bewegung: also müssen Perioden des Uebergewichts wechseln. Im σφαῖρος herrscht ursprünglich Harmonie und Ruhe: dann begann das νεῖκος sich zu regen: alles flieht auseinander: jetzt Liebe: es bildete sich ein Wirbel, in welchem die Elemente sich mischten und die einzelnen Naturwesen hervorbrachten. Allmählich nimmt der Hass ab und lässt der Liebe die Oberhand u.s.w. Nun ist dabei vielerlei nicht klar: ist das Aehnliche eine Folge der φιλία oder tritt die φιλία ein an dem Aehnlichen? Woher aber stammt dann das Aehnliche? Offenbar sind Keime einer rein atomistisch-materialistischen Betrachtung in Empedokles: hierhin gehört die Theorie von den zufälligen Bildungen, d.h. allen möglichen unsinnigen Verbindungen der Elemente, von denen einige zweckmässig und lebensfähig sind. Weil die Kraft der φιλία und des νεῖκος gar nicht gemessen werden können, so erklärt im Grunde Empedokles gar nichts: man weiss nicht, was und um wie viel es mächtiger ist, von den beiden Kräften. Ueberhaupt ist zwischen den verschiedenen Grundconceptionen des Empedokles keine rechte Eintracht: die Vielheit der Dinge wird ebensowohl auf die φιλία als das νεῖκος zurückgeführt. Der Pessimismus gehört entschieden zu der Betrachtung, dass die Erde nur der Schauplatz des νεῖκος ist. Die Vorstellung eines paradiesischen Zeitalters der Menschheit passt nicht dazu, noch überhaupt zu seiner Kosmogonie. Ganz unbestimmt ist das Reich des Zufalls. Die Lehre von den ἀπορροαί setzt einen leeren Raum voraus: eben diesen leugnet er mit Anaxagoras. Dagegen liegt seine Grösse darin, dass er den strengen Atomismus vorbereitete: er ging weit über Anaxagoras hinaus. Es war eine natürliche Consequenz noch zu ziehen: nämlich jene Macht der φιλία und des νεῖκος zurückzuführen auf eine in den Dingen gelegene Kraft: und Schwere und Gestalt fand Demokrit ausreichend. Ebenfalls war nothwendig, nachdem einmal [201] die ἀπορροαί erfunden waren, den leeren Raum anzunehmen: wie dies Demokrit that. Besonders glänzend war die Entstehungshypothese des Zweckmäßigen.

Er hat alle Grundconceptionen des Atomismus gefunden: d.h. die Grundhypothese der wissenschaftlichen Naturbetrachtung der Alten, die, gründlich fortgesetzt, sich über sich selbst hinaushebt: wie wir dies bei unseren modernen Naturwissenschaften erlebt haben. So hat er, im Wettkampf mit Anaxagoras, entschieden gesiegt[4]. Nur in einem Punkte hat er Anaxagoras zwar überboten, aber nicht überwunden: seine Prinzipien von φιλία und νεῖκος, um die dualistische Bewegung zu beseitigen. Bei Anaxagoras war nur einmal ein

4 Gegen Anaxagoras:
Warum unzählige ὄντα, wenn man unendliche Theile annehmen kann? Also verringere die Zahl der wahren Qualitäten.
Warum νοῦς und nicht nur Wille, wenn es nur auf die Bewegung ankommt?
Wie Bewegung, wenn nicht in allen Wesen die Kraft dazu ist?
Zwecke sind nicht nöthig zur Erklärung der Zweckmässigkeit, also kein νοῦς nöthig. Das Lebensfähige.
Die Bewegung ist nicht ausreichend, um einen Organismus zu erklären. Der νοῦς wird bei Anaxagoras zu Hilfe genommen. Besser alle Dinge einheitlich erklären.
Das Leben ist nichts Ewiges, sondern wenn gewisse Atome zusammenkommen, erzeugt es sich. Chemisches Auftreten der neuen Qualität Leben.
Die Identität alles Lebendigen, wie abgeleitet bei Empedokles? Es ist die eine Qualität, die sich am seltensten erzeugt.
Der Zustand der Urmischung ist der seligste für Empedokles, für Anaxagoras das Chaos.
Das Periodische bei Empedokles: was geschieht bei Anaxagoras, wenn der νοῦς fertig ist, mit der Scheidung?
Das Leben liegt nur in der Form, in der Gruppirung der Atome.

Sprung gemacht in das unerklärliche Walten eines νοῦς: Empedokles nahm ein solches unerklärliches und undurchdringliches, unwissenschaftliches Walten fortwährend an: ohne sich selbst damit genügen zu können. Wenn man alle Bewegung auf das Wirken unfassbarer Kräfte zurückführt, auf Neigung und Abneigung, so ist im Grunde die Wissenschaft in Magie aufgelöst. Auf dieser Grenze steht aber fortwährend Empedokles: und fast in allen Dingen ist er eine solche Grenzfigur. Er schwebt zwischen Arzt und Zauberer, zwischen Dichter und Rhetor, zwischen Gott und Mensch, zwischen Wissenschaftsmensch und Künstler, zwischen Staatsmann und Priester, zwischen Pythagoras und Demokrit: er ist die buntgefärbteste Gestalt der älteren Philosophie: mit ihm scheidet das Zeitalter des Mythus, der Tragödie, des Orgiasmus, aber zugleich erscheint in ihm der neuere Grieche, als demokratischer Staatsmann, Redner, Aufklärer, Allegoriker, wissenschaftlicher Mensch. In ihm ringen die beiden Zeitalter, er ist durch und durch agonaler Mensch.

[202] §15.

Leukipp und Demokrit.

Von Leukipp (Epikur, Hermarch leugnen ihn La. X 13) weiss man nichts: er soll entweder aus Abdera oder Milet sein: Aristot. Metaph. 1, 4 nennt Demokrit den ἑταῖρος des Leukipp, ein etwas allgemeines Wort. Auch Demokrit soll entweder aus Abdera oder Milet sein. Offenbar hat man nur von dem Bekannten auf den Unbekannten geschlossen. Wenn er als Eleat bezeichnet wird (Theophrast Simpl. Phys. 7a nennt Parmenides seinen Lehrer), so ist die Beziehung des Atomismus zu den Eleaten unzweifelhaft: nur braucht es gerade kein Lehrverhältnis vorauszusetzen. Arist. de Melisso c. 6 wird citirt: ἐν τοῖς Λευκίππου καλουμένοις λόγοις: damit ist offenbar eine kurze Aufzählung seiner Lehrsätze gemeint, keine eigentliche Schrift: wie wir etwas Gleiches für Thales annahmen. Nach La. IX 46 hat Theophrast den μέγας διάκοσμος auf Leukipp bezogen. Der Versuch ist noch nicht gemacht, ob

Aristoteles an den Stellen, wo er Leukipp citirt, ihn scharf abscheidet von Demokrit. Aus einer Stelle hat man geschlossen, Aristoteles behaupte absolute Gleichheit aller ihrer Urtheile: das steht nicht da περὶ γενέσ. I, 8 ὁδῷ δὲ μάλιστα καὶ περὶ πάντων ἑνὶ λόγῳ διωρίκασι Λεύκιππος καὶ Δημόκριτος, »sie haben [203] alle Erscheinungen streng wissenschaftlich aus den gleichen Prinzipien erklärt«. Dann ist zu fragen, woher die Berichte über die Lehre des Leukipp z.B. bei La. IX 30 stammen. Vorausgesetzt, dass das Werk des Theophrast ἡ φυσικὴ ἱστορία die Quelle ist, so giebt Theophrast vielleicht den Auszug des μέγας διάκοσμος darin: was zu beachten ist.

Demokrit aus Abdera oder Milet (wird wohl heissen, seine Familie sei von dort eingewandert). Seine Väter Ἡγησίστρατος, Δαμάσιππος, Ἀθηνόκριτος: offenbar hatte man den Namen verloren. Die Zeitbestimmung wird wohl bei diesen Väternamen mitspielen: Verwechselung von Grossvater und Enkel. Wir richten uns nach Apollodor. Er sagt, dass Dem. Ol. 80 geboren ist: d.h. 40 Jahre nach Anaxagoras. Dieser Zeitansatz ist gemacht mit Hilfe von Demokrits Angabe im μικρὸς Διάκοσμος La. IX 41: γέγονε δὲ τοῖς χρόνοις (ὡς αὐτός φησιν ἐν τῷ μικρῷ διακόσμῳ) νέος κατὰ πρεσβύτην Ἀναξαγόραν, ἔτεσι νεώτερος αὐτοῦ τετταράκοντα. συντετάχθαι δέ φησι τὸν μικρὸν διάκοσμον ἔτεσιν ὕστερον τῆς Ἰλίου ἁλώσεως τριάκοντα καὶ ἑπτακοσίοις [fr. 5 D.]. Denken wir uns Anaxagoras sechzigjährig, 440, so war damals Demokrit zwanzigjährig: wenn Empedokles wahrscheinlich bereits im nächsten Jahrzehnt starb, so muss jedenfalls Demokrit Empedokles studirt haben: aber nicht umgekehrt. Denn er bezeugt selbst, dass er alle berühmten Männer des Geistes aufgesucht und kennen gelernt habe. Clem. Alex. Strom. 1, p. 357 Pott. (p. 121 Syll.): ἐγὼ δὲ τῶν κατ' ἐμεωυτὸν ἀνθρώπων γῆν πλείστην ἐπεπλανησάμην ἱστορέων τὰ μήκιστα (das weitest entfernte) καὶ ἀέρας τε καὶ γέας πλείστας εἶδον καὶ λογίων ἀνθρώπων πλείστων ἐσήκουσα καὶ γραμμέων ξυνθέσιος μετ' ἀποδέξιος οὐδείς κώ με παρήλλαξε οὐδ' οἱ Αἰγυπτίων καλεόμενοι Ἁρπεδονάπται· σὺν τοῖσδ' ἐπὶ πᾶσι ἐπ' ἔτεα ὀγδώκοντα ἐπὶ ξείνης ἐγενήθην [fr. 299 D.]. (ἐπίπασι lese ich »mit denen allen zusammen« inscr. Cret. Böckh. tom. II p. 409, 15) »über eine Zeit von 80 Jahren hin«. Jedenfalls hat Clemens die Zahlangabe nicht auf den ägyptischen Aufenthalt bezogen: denn er fährt fort: ἐπῆλθε γὰρ Βαβυλῶνά τε καὶ Περσίδα καὶ Αἴγυπτον τοῖς τε μάγοις καὶ τοῖς ἱερεῦσι μαθητεύων. [204] Sonst heisst ἐπὶ πᾶσι »zu alledem, obendrein«. Ich nehme an, dass dies der achtzigjährige Mann schreibt: d. h. im Jahre 380. Vorausgesetzt, dass es eine Stelle des kleinen διάκοσμος wäre, so würde demnach die trojanische Aera Demokrits 380 + 730 sein, d. h. 1110 v. Chr. G. Jene Stelle aber heisst nur, »mit jenen allen zusammen bin ich, während eines Lebens von 80 Jahren, in fremdem Lande gewesen«. Gewöhnlich (Mullach Dem. 19) wird vermuthet, π, welches πέντε bedeutet, sei mit π', dem Zahlzeichen für 80, verwechselt worden: dann sagt Diodor I 98, Demokrit habe sich fünf Jahre in Aegypten aufgehalten. Bei dieser Gelegenheit von Anaxagoras redend, erzählte er wohl auch, was Favorin La. IX 34 f. berichtet, dass Demokrit die Lehren von der Entstehung und vom νοῦς scharf angreife und sich feindlich gegen ihn benehme. Von Lehrern wissen wir nichts, denn mit Leukipp hat es eine unbekannte Bewandtniss. Dass er einen Pythagoriker gehört habe, soll Glaucus aus Rhegium, sein Zeitgenosse, behauptet haben (La. IX 38); es findet sich übrigens weder bei ihm noch bei Empedokles irgend etwas, was an pythagoreische Philosophie erinnert. Der Begriff der Zahl hat für ihn nicht die Bedeutung wie bei Philolaus, seinem Zeitgenossen: mit dem, wie es scheint, die pythagoreische Philosophie anfängt. – Ueber sein Leben ist wenig bezeugt: aber eine Menge Fabeln. Ungeheure Reisen, Verarmung, Auszeichnung durch seine Mitbürger, grosse Einsamkeit und Arbeitskraft[5]. Spät ist die

5 Goethe über Oeser: »Wie süss ist es, mit einem richtigen, verständigen, klugen Menschen umgehen, der weiss, wie es auf der Welt aussieht, und was er will, und der, um dieses Leben zu geniessen, keinen superlunarischen Aufschwung nöthig hat, sondern in dem reinen Kreise sittlicher und sinnlicher Reize lebt.«

Meinung, dass er über alles gelacht habe. Sotion bei Stob. Floril. 20, 53; Horaz epist. II v. 194 u.a. – Er ist ein grosser Schriftsteller: Dionys v. Halic. (de comp. verb. c. 24) nennt ihn nebst Plato und Aristoteles als Musterschriftsteller. Wegen seines Schwunges und des ornatum genus dicendi stellt ihn Cicero mit Plato zusammen, de oratore I, 11, de divinat. [205]
II 64 wird seine Klarheit gerühmt, Plut. Sympos. V 7, 6 bewundert seinen Schwung. Ueber das Verzeichniss seiner Schriften bei La. Schleiermacher, Ges. W. 3. Abth. III 193 ff., Mein Programm 1870 p. 22[6]. Sie sind von dem Pythagoreer Thrasyll nach Tetralogien geordnet: 13 Tetralogien, umfassend 56 einzelne Bücher: also ebenso viel wie bei Plato: nur dort 9 Tetralogien. Die gesammte Masse ist in fünf Rubriken getheilt: Demokrit sei einem Fünfkämpfer vergleichbar, La. IX 37: ἠθικά, φυσικά, μαθηματικά, μουσικά, τεχνικά. Sehr zu ermuthigen zu erneuter Fragmentensammlung. Auch das Problem der Pseudepigraphie gar nicht gelöst: Rose hält z. B. alle ἠθικά für unecht.

Die Ausgangspunkte des Demokrit und Leukipp sind die Sätze der Eleaten. Nur geht Demokrit aus von der Realität der Bewegung, und zwar weil das Denken eine Bewegung ist. Dies ist in der That der Angriffspunkt: »Es giebt eine Bewegung: denn ich denke: und das Denken hat Realität.« Giebt es aber Bewegung, so muss es auch einen leeren Raum geben: oder »das Nichtseiende ist so real als das Seiende«, das οὐδὲν ist um nichts weniger als das δὲν [fr. 156 D.][7]. Bei absoluter Raumfüllung ist die Bewegung unmöglich. Gründe: 1. Die räumliche Bewegung kann nur im Leeren stattfinden, denn das Volle könne kein Anderes in sich aufnehmen. Wenn zwei Körper in demselben Raum sein könnten, dann könnten ebenso gut unzählige darin sein, und der kleinste Körper

6 [s. Philologica I 199 ff.]

7 Alcaeus fr. 76 [25 Crusius]. Zenob. Et. M. 639 glaubt an diese Ableitung. δεὶς δὲν mit δεῖνα verwandt; über οὐδεμία: eine falsche Analogie. οὐδὲ εἷς ist ne unus quidem.

könnte den grössten in sich aufnehmen. 2. Verdünnung und Verdichtung ist nur durch den leeren Raum zu erklären. 3. Das Wachsthum erklärt sich nur daraus, dass die Nahrung in die leeren Zwischenräume des Körpers eindringe. 4. Ein Gefäss mit Asche gefüllt fasst noch ebenso viel Wasser, als wenn es leer sei, so dass die Asche in die leeren Zwischenräume des Wassers [206] verschwinde. Das Nichtseiende ist also – das Volle ναστόν (νάσσω festdrücken) = στερεόν. Das Volle ist so zu charakterisiren, dass es absolut nichts vom κενὸν in sich enthält. Wäre jede Grösse ins Unendliche theilbar, dann bliebe überhaupt keine Grösse mehr zurück: dann gäbe es kein Seiendes. Wenn es überhaupt etwas Volles, d.h. Seiendes geben soll, muss die Theilung nicht ins Unendliche gehen. Die Bewegung aber beweist ebensowohl das Seiende als das Nichtseiende. Wäre das Nichtseiende allein, so gäbe es keine Bewegung. So bleiben die ἄτομα übrig. Das Seiende ist die untheilbare Einheit. – Wenn aber diese Seiende auf einander wirken sollen durch Stoss, so müssen sie durchaus gleichartig sein: Demokrit hält also fest, was Parmenides sagt, dass das ὂν absolut gleichartig in jedem Punkte sein müsse. Das Sein kommt keinem Punkte mehr als dem andern zu. Wäre das eine Atom etwas, was das andere nicht, so wäre dies ein Nichtseiendes, d.h. etwas Widersprechendes. Nur unsere Sinne zeigen uns Dinge von qualitativ bestimmten Verschiedenheiten: νόμῳ γλυκὺ, νόμῳ πικρὸν, νόμῳ θερμὸν, νόμῳ ψυχρὸν, νόμῳ χροιή. ἐτεῇ δὲ ἄτομα καὶ κενὸν. ἅπερ νομίζεται μὲν εἶναι καὶ δοξάζεται τὰ αἰσθητὰ, οὐκ ἔστι δὲ κατὰ ἀλήθειαν ταῦτα, ἀλλὰ τὰ ἄτομα μόνον καὶ κενὸν [fr. 9 D.]. Sie heissen auch ἰδέαι oder σχήματα. Alle Qualitäten sind νόμῳ, nur quantitativ sind die ὄντα verschieden. So sollen alle Qualitäten auf Quantitätsverschiedenheiten zurückgeführt werden. Sie unterscheiden sich allein durch ῥυσμὸς (σχῆμα), διαθιγὴ (τάξις), τροπὴ (θέσις): es unterscheidet sich A von N σχήματι, AN von NA τάξει, Z von N θέσει. Der Hauptunterschied die Gestalt, deshalb auch σχήματα, damit ist Verschiedenheit an Grösse und Schwere gegeben. Die Schwere kommt jedem Körper als solchem zu (als Maassverhältniss für jede Quantität): da alle ὄντα gleichartig sind, muss sie allen Körpern gleichartig zukommen, d.h. bei gleicher Masse gleiche Schwere. Also das ὄν wird hier umschrieben als voll, gestaltet, schwer: Körper und diese Prädikate sind identisch. Hier haben wir die Unterscheidung, die bei Locke wiederkehrt: primäre Eigenschaften, welche [207] den Dingen an sich zukommen, ausserhalb unserer Vorstellung: solche, die man an ihnen nicht wegdenken kann: Ausdehnung, Undurchdringlichkeit, Gestalt, Zahl. Alle übrigen als sekundär, als Erzeugnisse der Einwirkung jener primären Eigenschaften auf unsere Sinnesorgane, folgen als blosse Empfindungen in diesen, Farbe, Ton, Geschmack, Geruch, Härte, Weiche, Glätte, Rauhigkeit u.s.w. Es wird also von der Beschaffenheit der Dinge abgerechnet, was Aktion der Nerven der Sinnesorgane ist.

Ein Ding entsteht, wenn sich ein Atomencomplex bildet, es vergeht, wenn er sich löst: es verändert sich, wenn Lage und Stellung wechseln oder ein Theil durch andere ersetzt wird, es wächst, wenn neue Atome hinzutreten. Jede Einwirkung eines Dinges auf das andere durch Stoss der Atome: bei räumlicher Trennung kam die Theorie von den ἀποῤῥοαί zu Hilfe. Ueberhaupt sehen wir eine gründliche Benutzung des Empedokles: dieser hatte den Dualismus der Art der Bewegung bei Anaxagoras erkannt und die magische Einwirkung ergriffen: Demokrit stellte sich auf die umgekehrte Seite. Dieser hatte vier Elemente aufgestellt: Demokrit bemühte sich, sie zu charakterisiren aus seinen gleichartigen Atomen. Das Feuer besteht aus kleinen runden Atomen: in den anderen sind verschiedenartige Atome gemischt; die Elemente unterscheiden sich nur durch die Grösse ihrer Theile: weshalb Wasser, Luft, Erde auch durch Ausscheidung auseinander entstehen können. Mit Empedokles glaubt Demokrit, dass nur das Gleiche auf das Gleiche wirkt. Durch die Theorie der Poren und der ἀποῤῥοαὶ war die Theorie des κενὸν vorbereitet. Mit Empedokles und Anaxagoras gemeinsam ist der Ausgangspunkt von der Realität der Bewegung: wahrscheinlich auch die Ableitung aus der Realität des Denkens. Mit Anaxagoras die ἄπειρα Urstoffe. Besonders einflussreich und alle Grundvorstellungen beherrschend ist natürlich Parmenides. Sein älteres System, dass die Welt aus Seiendem und Nichtseiendem bestehe, kommt hier wieder zum Recht. Mit Heraklit stimmt der unbedingte Glaube [208] an die Bewegung: dass jede Bewegung einen Gegensatz voraussetze: dass der Streit der Vater der Dinge sei.

Von allen älteren Systemen ist das demokritische das consequenteste: es wird die allerstrengste Nothwendigkeit in allen Dingen vorausgesetzt: es giebt keine plötzlichen oder fremdartigen Unterbrechungen des Naturlaufs. Jetzt erst ist die gesammte anthropomorphische Weltbetrachtung des Mythus überwunden, jetzt erst hat man eine streng wissenschaftlich brauchbare Hypothese: als solche ist der Materialismus immer von höchstem Nutzen gewesen. Es ist die nüchternste Betrachtung: sie geht von wirklichen Eigenschaften der Materie aus, sie überspringt nicht gleich, wie durch den νοῦς oder die Zweckursachen des Aristoteles, die einfachsten Kräfte. Es ist ein grosser Gedanke, jene ganze Welt der Ordnung und Zweckmässigkeit, der unzähligen Qualitäten auf Aeusserungen einer Kraft niederster Gattung zurückzuführen. Die nach den allgemeinsten Gesetzen sich bewegende Materie bringt durch eine blinde Mechanik Folgen hervor, die der Entwurf einer höchsten Weisheit zu sein scheinen. Man lese Kant, »Naturgeschichte des Himmels«, [W. VI] p. 48 Rosenkr.: »Ich nehme die Materie aller Welt in einer allgemeinen Zerstreuung an und mache aus derselben ein vollkommenes Chaos. Ich sehe nach den ausgemachten Gesetzen der Attraktion den Stoff sich bilden und durch die Zurückstossung ihre Bewegung modifiziren. Ich geniesse das Vergnügen, ohne Beihülfe willkührlicher Erdichtungen, unter der Veranlassung ausgemachter Bewegungsgesetze sich ein wohlgeordnetes Ganzes erzeugen zu sehen, welches demjenigen Weltsystem so ähnlich sieht, das wir vor Augen haben, dass ich mich nicht entbrechen kann, es für dasselbe zu halten. – Ich werde es also nicht in Abrede seyn, dass die Theorie des Lucrez oder dessen Vorgängers, des Epikur Leukipp und Demokrit mit der meinigen viele Aehnlichkeit habe. – Mich dünkt, man könnte hier in gewissem Verstande, ohne Vermessenheit sagen: ›Gebt mir nur Materie, ich will Euch eine Welt daraus bauen!‹« Zu empfehlen Fr. Alb. Lange, »Geschichte des Materialismus«.

[209] Die Weltbildung dachte Demokrit sich so: im unendlichen Raume schweben die Atome in ewiger Bewegung: dieser Ausgangspunkt wird oft im Alterthum getadelt: aus dem »Zufall« concursu quodam fortuito N. D. 1, 24 sei die Welt bewegt und entstanden. Der »blinde Zufall« herrsche bei den Materialisten. Dies ist eine ganz unphilosophische Ausdrucksweise: es soll heissen, die zwecklose Causalität, die ἀνάγκη ohne Zweckabsichten: es giebt eben hier gar keinen Zufall, sondern strengste Gesetzmässigkeit, nur nicht nach vernünftigen Gesetzen.

Alle Bewegung leitet nun Demokrit von dem leeren Raum und der Schwere her[8]. Die schweren Atome sinken nieder und treiben beim Drucke die kleineren empor. Die ursprünglichste Bewegung ist natürlich die senkrechte. Ein gleichmässiger ewiger Fall in der Unendlichkeit des Raumes: die Geschwindigkeit kann nicht angegeben werden, da bei der Unendlichkeit des Raumes und der völligen Gleichmässigkeit des Falles gar kein Maass für sie besteht. Die scheinbare Ruhe der Erde liegt in der Gemeinsamkeit der Bewegung (Epikur). Es giebt genau genommen kein Oben und kein Unten. Wie kamen nun die Atome dazu, Seitenbewegungen, Wirbel zu machen in der Gesetzmässigkeit sich lösender und neugestaltender Verbindungen? Wenn alles mit derselben Schnelle fiele, so wäre dies der absoluten Ruhe gleich; bei der ungleichen Geschwindigkeit treffen sie aufeinander, einige prallen ab, so

8 Kritik: was heisst Schwere in einem leeren unendlichen Raume? Sodann: bei unendlicher Zeit hat die Bewegung nie angefangen (Stillstand).

erzeugt sich eine Kreisbewegung. Genauer beschreibt es Laert. IX 31. Durch den Wirbel wird zunächst das Gleichartige zusammengeführt. Wenn die in Gleichgewicht stehenden wegen ihrer Menge nicht mehr herumgetrieben werden können, so sammeln sich die leichteren in die äussere Leere, gleichsam hinausspringend, die übrigen bleiben zusammen und wurden in einander verwickelt und machten einen Klumpen. Die Bewegung nach oben nannte er [210] σοῦς[9], die συμπλοκὴ der Atome bezeichnete er als ἐπάλλαξις (Durchkreuzung, Verschränkung). Jedes aus der Masse der Urkörper sich absondernde Ganze ist eine Welt: es giebt unzählige Welten. Sie sind entstanden, aber auch dem Untergang unterworfen. – Eine einzelne Welt entsteht nun so: durch den Zusammenstoss verschiedenartiger Atome hat sich eine Masse ausgeschieden, in welcher die leichteren Theile nach oben getrieben werden: durch die zusammentreffende Wirkung der entgegengesetzten Kräfte ist die Masse in Drehung gerathen, die aufwärts gedrängten Körper lagern sich von aussen an, als eine Art Haut. Die Umhüllung verdünnt sich immer mehr, indem Theile derselben durch die Bewegung mehr und mehr in die Mitte geführt werden. Aus den Atomen in der Mitte bildete sich die Erde, aus denen, die aufwärts steigen, Himmel, Feuer, Luft. Davon ballten sich hier und da dichtere Massen zusammen: die Luft aber, die sie herumführte, ist in stürmischer Wirbelbewegung: in ihr trockneten sie allmählich aus und entzündeten sich durch schnelle Bewegung (Gestirne). So werden aus dem Erdkörper durch Winde und Gestirne die kleineren Theile herausgedrückt, die als Wasser in den Vertiefungen zusammenrinnen. Die Erde wurde so immer fester. Allmählich nimmt sie eine feste Stellung in Mitten der Welt ein: anfangs, da sie noch klein und leicht war, hatte sie sich hin und her bewegt. Sonne und Mond seien auf einer früheren Stufe ihrer Bildung von den um den Erdkern schwingen-

9 σόος σόομαι heftig bewegen (Gegensatz ῥιπή, nach unten), ursprünglich σόϝος in σοβαρὸς heftig, subidus aufgeregt (insubidus securus).

den Massen ergriffen und so in unser Weltsystem eingereiht worden.

Die Entstehung der *beseelten* Geschöpfe. Das Wesen der Seele liegt in der belebenden Kraft: sie ist das, was die beseelten Geschöpfe bewegt. Das Denken ist eine Bewegung. Die Seele muss also aus dem beweglichsten Stoffe, aus feinen, glatten und runden Atomen gebildet sein (aus Feuer). Diese Feuertheilchen sind durch den ganzen [211] Körper verbreitet: er schiebt zwischen jede zwei Körperatome ein Seelenatom. Sie sind in fortwährender Bewegung. Wegen ihrer Feinheit und Beweglichkeit entsteht nun die Gefahr, dass dieselben von der umgebenden Luft aus dem Körper gedrückt werden. Dagegen schützt uns die Einathmung, die immer neuen Feuer- und Seelenstoff hinzuführt, die abgegangenen Atome ersetzend, die im Körper befindlichen durch Gegenströmung am Austritt verhindernd. Geräth der Athem ins Stocken, so entweicht das innere Feuer. Es erfolgt der Tod. Dies geschieht nicht in einem Augenblicke; es kann vorkommen, dass die Lebensthätigkeit wieder hergestellt wird, nachdem ein Theil des Seelenstoffes verloren gegangen war. *Schlaf – Scheintod*. In der Schrift περὶ τῶν ἐν ᾅδου behandelt er das Problem πῶς τὸν ἀποθανόντα πάλιν ἀναβιῶναι δυνατόν; – Die Seele ist ihm am Menschen das Wesentliche, der Leib ist ihr Gefäss σκῆνος. Das Warme und Seelische ist nun durch die ganze Welt verbreitet: in der Luft ist sehr viel, denn wie könnten wir sonst Seelisches aus ihr einathmen?

(Berühmte Consequenz Epikurs [zu S. 209 Z. 11 ff.]. Er nahm eine geringe Abbiegung vom senkrechten Fall an, eine willkürliche Seitenbewegung. Denn in einem Zustande, in dem noch kein Atom dem anderen beigemischt war und noch keins mehr gefallen war als ein anderes, müssen alle Atome in einer *ebenen Fläche* neben einander Platz gehabt haben, ohne sich zu stossen. Wenn sie jetzt von einem Zeitmomente an alle zu fallen anfangen, würde es trotzdem keinen Stoss geben: sie würden sich nie berühren, weil sie an einander vorbei ins Unendliche fallen würden, d. h. jedes Atom müsste bei senkrechtem Falle eine unendlich lange Linie durch den unendlichen Raum beschreiben. Wie ist es möglich, dass ein anderes Atom in diese Linie gerathe? An sich nur, wenn in derselben Linie zwei Atome wären. Wenn diese gleich schwer sind, werden sie sich nie erreichen: also müssten sie, um auf einander zu stossen, ungleich sein an Schwere, d.h. das obere müsste schwerer sein als das untere. Das aber ist widersinnig: denn wie könnte das leichtere Atom bereits weiter und tiefer unten [212] sein als das schwerere? – Also können in denselben Linien nicht zwei Atome sein. Also können sie sich nie stossen, bei senkrechtem Falle.)

Theorie der Sinneswahrnehmungen. Arist. de sensu c. 4 sagt: πάντα τὰ αἰσθητὰ ἁπτὰ ποιοῦσιν, Unterarten des Tastsinnes, der ἁφή. Die Berührung keine unmittelbare, sondern durch die ἀπορροαὶ vermittelt. Diese dringen durch die Sinne in den Körper ein und verbreiten sich durch alle Theile desselben: dadurch entsteht die Vorstellung der Dinge. Zweierlei ist dazu nöthig, einmal eine gewisse Stärke des Eindrucks, dann eine entsprechende Beschaffenheit des entgegenkommenden Organs: nur Gleiches wird von Gleichem empfunden, wir nehmen jedes Ding mit dem ihm verwandten Theile unseres Wesens auf. Consequent ist es, dass manches Wahrnehmbare nicht von uns wahrgenommen wird, weil es unseren Sinnen nicht entspricht, und dass es Wesen mit anderen Sinnen geben könne als den unserigen. Ueber das Sehen sagt er, dass von den sichtbaren Dingen Ausflüsse sich ablösen, welche die Gestalt derselben beibehalten: sie spiegeln sich im Auge. Da aber der Raum zwischen den Gegenständen und uns durch Luft ausgefüllt wird, so können die sich ablösenden Bilder nicht direkt an unser Auge gelangen, sondern das, was dieses selbst berührt, ist nur die Luft, die von jenen Bildern bewegt und zu einem Abdruck derselben gemacht ist. Zugleich gehen von unserem Auge Ausflüsse [aus] und modifiziren das Bild. Arist. de anim. I 7: Δημόκριτος οἰόμενος εἰ γένοιτο κενὸν τὸ μεταξὺ, ὁρᾶσθαι ἂν ἀκριβῶς καὶ εἰ μύρμηξ ἐν τῷ οὐρανῷ εἴη! Auch Spiegelbilder erklärt er durch Ausflüsse. Also stellt das Auge die Dinge noch so dar, wie sie sind. – Beim Tone geht von dem tönenden Körper ein Strom von Atomen aus, welcher die vor ihm liegende Luft in Bewegung setzt. In dieser Atomströmung finden sich die gleichgestalteten Atome zusammen: diese gelangen an die Seelenatome. Die Töne dringen in den ganzen Körper ein, vornehmlich aber in das Gehör, während die übrigen Körpertheile zu wenige Atome durchlassen, um wahrgenommen zu werden.

[213] Das Wahrnehmende und das Denkende ist dasselbe. Aristot. de an. I 2: ἐκεῖνος μὲν γὰρ ἁπλῶς ταὐτὸν ψυχὴν καὶ νοῦν· τὸ γὰρ ἀληθὲς εἶναι τὸ φαινόμενον. διὸ καλῶς ποιῆσαι τὸν Ὅμηρον, ὡς Ἕκτωρ κεῖτ' ἀλλοφρονέων (nicht ἀφρονῶν, vgl. ὡς φρονοῦντας μὲν καὶ τοὺς παραφρονοῦντας Metaph. IV 5). Beides sind mechanische Veränderungen des Seelenstoffes: wird die Seele durch diese Bewegung in die richtige Temperatur versetzt, so wird sie die Gegenstände richtig auffassen, das Denken ist gesund. Wird es durch die Bewegung übermächtig erhitzt oder erkältet, so wird es Unrichtiges vorstellen und krankhaft sein. – Hier treten immer die eigentlichen Verlegenheiten des Materialismus ein, weil hier er sein πρῶτον ψεῦδος ahnt. – Alles Objektive, Ausgedehnte, Wirkende, also alles Materielle, das dem Materialismus als solidestes Fundament gilt – ist doch nur ein höchst mittelbar Gegebenes, höchst relativ Vorhandenes: ist durchgegangen durch die Maschinerie des Gehirns und eingegangen in die Formen Zeit, Raum und Causalität, vermöge deren es sich darstellt als ausgedehnt im Raume und wirkend in der Zeit. Aus einem solchermassen Gegebenen will nun der Materialismus das einzig unmittelbare Gegebene, die Vorstellung, ableiten. Es ist eine ungeheure petitio principii: plötzlich zeigt sich das letzte Glied als der Ausgangspunkt, an dem schon das erste Glied der Kette hing. – Man hat deshalb den Materialisten mit dem Freiherrn von Münchhausen verglichen, der, zu Pferde im Wasser schwimmend, mit den Beinen das Pferd, sich selbst aber an seinem nach vorne überhängenden Zopfe empor in die

Höhe zieht. Die Absurdität besteht darin, dass er vom Objektiven ausgeht: während in Wahrheit alles Objektive durch das erkennende Subjekt in mannigfacher Weise bedingt ist, mithin ganz verschwindet, wenn man das Subjekt wegdenkt. Dagegen ist der Materialismus eine werthvolle Hypothese von relativer Wahrheit: auch nachdem das πρῶτον ψεῦδος entdeckt ist: eine erleichternde Vorstellung für die Naturwissenschaft: alle deren Resultate behalten dann für uns noch Wahrheit, wenngleich keine absolute. Es ist eben unsere Welt, an deren Produktion wir immer thätig sind.

[214] §16.

Pythagoreer.

Ihre Philosophie ist, nach Aristoteles' Anordnung, am Schluss aller bisherigen und vor der platonischen Ideenlehre zu besprechen. Die Metaphysik (13 B.) beweist die ausserordentlich mannigfaltige Entwicklung ihrer Grundgedanken und ihre Kraft, jedes neue System zu beeinflussen. Dabei ist ihre Entstehung vielleicht etwas älter als die Atomistik: genug dass weder Empedokles noch die Atomistik von ihr etwas wissen können. Das Erste ist wohl durch die Schrift des Philolaus bekannt geworden, περὶ φύσεως in 3 Büchern, später mit dem mystischen Namen Βάκχαι bezeichnet. Er stammt aus Tarent und hält sich in den letzten Jahrzehnten des 5. Jahrhunderts in Theben auf. Gleichzeitig etwa Lysis und Timaeus. Als Schüler des Philolaus Eurytus. Mit den Schülern des Philolaus und des Eurytus stirbt die wissenschaftliche Schule aus, La. VIII 46 nach Aristoxenus, der sie zum Theil noch sah, Xenophilos, Phanton, Echekrates, Diokles, Polymnastus; davon ist Echekrates der im Phaedon vorkommende. Es sind ungefähr zwei Generationen. Boeckh, Philolaus des Pythagoreers Lehren nebst den Bruchstücken seines Werkes, Berlin 1819. Schaarschmidt, Die angebliche Schriftstellerei des Philolaus, Bonn 1864. Einzelne Sätze auch von Zeller angefochten, alles von Val. Rose.

Um die Grundprinzipien zu verstehen, muss man einmal vom Eleatismus ausgehen. Wie ist eine Vielheit möglich? Nur dadurch, dass auch das Nichtseiende ein Sein habe. Das Nichtseiende setzten sie nun dem ἄπειρον des Anaximander gleich, das absolut Unbestimmte, das, was gar keine Qualitäten hat: dem steht entgegen das absolut Bestimmte, πέρας. Aus ihnen aber besteht die Eins, d.h. von ihr kann man aussagen, sie sei gerade und ungerade, begrenzt und unbegrenzt, ohne Qualitäten und mit Qualitäten. Also – gegen den Eleatismus – sagten sie: wenn das Eine seiend ist, so ist es jedenfalls aus zwei Prinzipien geworden: dann aber giebt es auch eine Vielheit: aus der [215] Einheit erzeugt sich die Reihe der arithmetischen (monadischen) Zahlen, dann die geometrischen Zahlen oder die Grössen (die Raumgebilde). Also: die Einheit ist etwas Gewordenes, also giebt es auch eine Vielheit. Hat man erst Punkt, Linien, Flächen und Körper, so hat man auch die materiellen Objekte; die Zahl ist das eigentliche Wesen der Dinge. Die Eleaten sagen: »Es giebt nichts Nichtseiendes, also ist alles eine Einheit.« Die Pythagoreer: Die Einheit selbst ist das Resultat von etwas Seiendem und Nichtseiendem, also giebt es jedenfalls Nichtseiendes, und dann auch Vielheit.

Dies ist eine zunächst ganz fremdartige Spekulation. Ihr Ausgangspunkt scheint mir nicht mehr zu sein als eine Apologie der mathematischen Wissenschaft gegen den Eleatismus. Wir erinnern uns der Dialektik des Parmenides. Da wird von der Einheit (gesetzt, dass nicht Vieles ist) gesagt: 1. Sie hat keine Theile, noch ist sie ein Ganzes; 2. dann hat sie auch keine Begrenzung; 3. dann ist sie nirgend vorhanden; 4. kann sich weder bewegen noch ruhen u.s.w.; und wiederum: 1. als seiende Eins ergiebt sich das Sein und die Eins, also die Verschiedenheit und dann viele Theile und die Zahl und die Vielheit des Seins, dann die Begrenztheit u.s.w. Das ist etwas Aehnliches: man greift den Begriff der seienden Einheit an, als einen, dem die entgegengesetzten Prädikate zukommen, d.h. als ein sich widersprechendes Ding, als ein Unding. Die mathematischen Pythagoreer glaubten an die Realität ihrer entdeckten Gesetze: ihnen genügte es, dass die Existenz der Eins behauptet wurde, um daraus auch die Vielheit abzuleiten. Und zwar glaubten sie das wahre Wesen jedes Dinges in seinen Zahlbeziehungen erkannt zu haben. Es giebt also im Grunde keine Qualitäten, sondern nur Quantitäten, aber nicht Quantitäten von Elementen (Wasser, Feuer usw.), sondern Begrenzungen des Unbegrenzten, des ἄπειρον: das ist etwas Aehnliches wie das nur potentielle Sein der ὕλη bei Aristoteles. So entsteht alles aus zwei Faktoren: aus zwei Gegensätzen. Hierin wieder Dualismus. Merkwürdige Tafel Ar. Metaph. I, 5: Grenze, [216] Unbegrenztes, Ungerades Gerades, Eins Vieles, Rechts Links, Männliches Weibliches, Ruhendes Bewegtes, Geradliniges Gebogenes, Licht Finsterniss, Gutes Böses, Quadrat Oblongum. Hier bildet die eine Seite: Grenze, Ungerades, Eins, Rechts, Männliches, Ruhendes, Geradliniges, Licht, Gutes, Quadrat; die andere Unbegrenztheit, Gerades, Vieles, Links, Weibliches, Bewegtes, Gebogenes, Finsterniss, Böses, Oblongum. Dies erinnert an die vorbildliche Tafel des Parmenides. Seiendes als Licht dünn, warm, thätig, Nichtseiendes als Nacht dicht, kalt, leidend.

Der Ausgangspunkt für die Behauptung, alles Qualitative sei nur quantitativ, liegt in der Akustik. Man nahm zwei Saiten von gleicher Länge und Dicke und beschwerte sie beide nach einander mit verschiedenen Gewichten und ersah, dass die Töne sich auf bestimmte Zahlenverhältnisse zurückführen lassen. Dann brachte man unter einer einzigen aufgespannten Saite einen beweglichen Steg an (μαγάδιον) und schob denselben an zwei verschiedene Stellen. Theilte er die Saite in zwei gleiche Hälften, so gab jede derselben die höhere Oktave der ungetheilten Saite an: verhielten sich die beiden Theile wie 2:3 (λόγος ἡμιόλιος), so hörte man die Quinte διὰ πέντε – wie 3:5 (ἐπίτριτος), die Quarte διὰ τεσσάρων. Das Instrument hiess κανών. Pythagoras soll die unter der Saite befindliche Fläche in 12 Theile getheilt haben und erhielt hierdurch für Oktave, Quart, Quinte und Prime als Maass der Saitenlänge die Zahlen 6 8 9 12. Da die Quinte um einen Ganzton höher ist als die Quarte, so ersah Pythagoras aus seinem Kanon auch das Zahlenverhältniss des Ganztons τόνος, 8:9 ἐπόγδοος λόγος:

Dorische Tonart

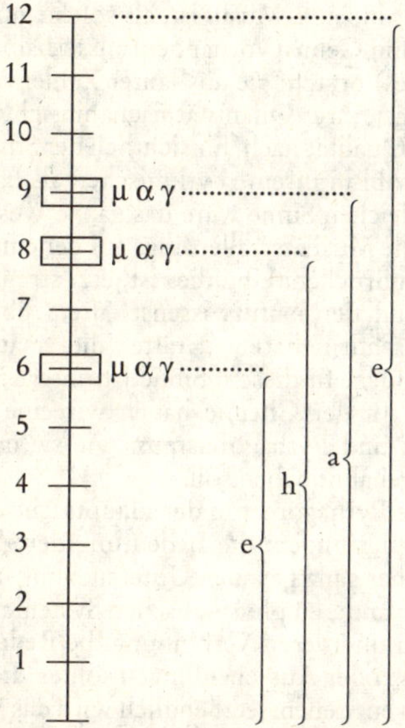

[217] Hieraus leiten sich die heiligen Zahlen so ab: Die Zahlen 1 2 3 4 enthalten die consonirenden Intervalle σύμφωνα, nämlich 1:2 Oktave, 2:3 Quinte, 3:4 Quarte. Sie zusammen bildeten die τετρακτύς. Addirte man die in ihnen enthaltenen Einheiten, so ergab sich die δεκάς. Rechnete man zu jenen Zahlen noch die Zahlen 8 und 9, welche das Ganzton-Inter-

vall enthielten, so ergab sich **1 + 2 + 3 + 4 + 8 + 9 = 27**. Die einzelnen Summanden sammt der Summe ergaben die heilige 7 Zahl. Von dieser Siebenzahl geht Plato in der Construktion der Weltseele im Timaeus aus; cf. Westphal, Rhythmik und Harmonik p. 64.

Die Musik giebt in der That das beste Exempel für das, was die Pythagoreer meinen. Musik ist, als solche, nur in unseren Gehörnerven und Gehirn vorhanden: ausserhalb oder an sich (im Sinn Lockes) besteht sie aus lauter Zahlenverhältnissen: nämlich zunächst, ihrer Quantität nach, hinsichtlich des Taktes, dann ihrer Qualität nach, hinsichtlich der Stufen der Tonleiter, also sowohl in ihrem rhythmischen als harmonischen Element. Im gleichen Sinne wäre das ganze Wesen der Welt, deren Abbild die Musik ist, allerdings auf der einen Seite, rein in Zahlen auszudrücken. Und dies ist jetzt streng das Gebiet der Chemie und der Naturwissenschaften: überall für die absolut undurchdringbaren Kräfte die mathematischen Formeln zu finden. In diesem Sinne ist unsere Wissenschaft pythagoreisch. In der Chemie haben wir eine Verbindung von Atomistik und Pythagoreismus, wie sie im Alterthum Ekphantus angebahnt haben soll.

So haben die Pythagoreer in der Hauptsache etwas höchst Wichtiges hinzuerfunden: die Bedeutung der Zahl, also die Möglichkeit einer ganz genauen Untersuchung in physischen Dingen. In den anderen physikalischen Systemen war immer von Elementen und deren Verbindung die Rede. Durch Zusammensetzung oder Ausscheidungen sollten die verschiedenen Qualitäten entstehen: jetzt endlich wird das Wort gesprochen, dass nur in Differenzen der Proportionen die verschiedenen Qualitäten ruhen. Nun war von der Ahnung dieses Verhältnisses bis zur strikten Durchführung [218] noch ein ungeheurer Weg. Einstweilen begnügt man sich mit phantastischen Analogien. Aristoteles Metaph. I 5 schildert es so: »In der Mathematik sind die Zahlen ihrer Natur nach das Erste, und in den Zahlen glaubten sie eine Menge Aehnlichkeiten mit dem, was ist und geschieht, zu finden, mehr als im Feuer, in der Erde, im Wasser. Daher sie eine Zahl mit bestimmten Eigenschaften für die Gerechtigkeit hielten, eine andere für die Seele und die Vernunft, eine dritte für den καιρός. Auch sehen sie, dass auf den Zahlen die Veränderungen und Verhältnisse der Harmonie beruhen. Da sie also in allen Dingen ihrer Natur nach ein Abbild der Zahlen erkannten und die Zahlen für das Erste in der ganzen Natur hielten, so nahmen sie an, die Elemente der Zahlen seien die Elemente alles Seienden, und das ganze Weltall sei Harmonie und Zahl. Da ihnen z.B. die Zehnzahl für das Vollkommene und für den Inbegriff des ganzen Wesens der Zahlen galt, so behaupten sie auch, der am Himmel sich bewegenden Körper gäbe es zehn: weil aber davon nur neun zu sehen sind, so machen sie als zehnten die Gegenerde dazu. Als Elemente der Zahl gelten ihnen das Gerade und das Ungerade, von denen jenes unbegrenzt, dieses begrenzt sei, während die Einheit aus diesen beiden bestehe, indem sie sowohl gerade als auch ungerade sei. Aus dieser Einheit sei die Zahl entstanden, und aus Zahlen bestehe das Weltall. Alle Zahlen theilen sich in gerade (ἄρτιος) und ungerade, und jede gegebene Zahl lässt sich theils in gerade, theils in ungerade (περισσός) Elemente lösen. Hieraus schlossen sie, dass Gerad und Ungerad die allgemeinen Bestandtheile der Dinge seien: nun setzten sie das Ungerade dem Begrenzten, das Gerade dem Unbegrenzten gleich, weil nämlich jenes der Zweitheilung eine Grenze setzt, dieses nicht: also besteht alles aus Begrenztem und Unbegrenztem. Das Begrenzte und Ungerade gilt als das Vollkommene (s. die Volksbedeutung der ungeraden Zahlen). Diese ungeraden nannten sie auch γνώμονες: ein Gnomon diejenige Zahl, welche einer Quadratzahl beigefügt, wieder eine Quadratzahl ergiebt: dies aber ist die Eigenschaft aller ungeraden [219] Zahlen $1^2 + 3 = 2^2$; $2^2 + 5 = 3^2$; $3^2 + 7 = 4^2$. Durch die Hinzufügung der ungeraden Zahlen zur Einheit entstehen nun lauter Quadratzahlen, also Zahlen von e i n e r Gattung $1 + 3 = 2^2$, $1 + 3 + 5 = 3^2$ u.s.w.: wogegen man auf jedem anderen Wege Zahlen der verschiedensten Art erhält, also durch Hinzufügung der Geraden zur

Einheit oder Summirung von geraden und ungeraden. – Wo nun die Pythagoreer entgegengesetzte Eigenschaften wahrnahmen, da betrachteten sie das Bessere als ein Begrenztes und Ungerades, das Schlechtere als ein Begrenztes und Gerades. Wenn aber die Grundbestandtheile der Dinge von entgegengesetzter Beschaffenheit sind, so war ein Band nöthig, wenn irgend etwas aus ihnen entstehen sollte. Dies ist nach Philolaus die Harmonie: ἔστι γὰρ ἁρμονία πολυμιγέων ἕνωσις καὶ δίχα φρονεόντων σύμφρασις [συμφρόνησις fr. 10 Diels] (Einheit des Mannigfaltigen und Zusammenstimmung des zwiespältig Gesinnten). Wenn in allem der Gegensatz der Elemente ist, so auch in allem Harmonie: alles ist Zahl, alles ist Harmonie: denn jede bestimmte Zahl ist eine Harmonie des Geraden und des Ungeraden. Die Harmonie wird aber charakterisirt als Oktave. In der Oktave haben wir das Verhältniss von 1:2, den Urgegensatz zur Harmonie gelöst. In dieser Vorstellung bemerken wir den Einfluss Heraklits.

Zur Charakteristik ihrer Vergleichungsmethode sei erwähnt, dass die Gerechtigkeit aus dem gleich mal gleichen besteht, d.h. Quadratzahl: deshalb wurde die 4 oder besonders die 9 (erste ungerade Quadratzahl) Gerechtigkeit genannt. Die Fünfzahl (die Verbindung der ersten männlichen und der ersten weiblichen Zahl) heisst die Ehe, die Einheit Vernunft, weil sie unveränderlich, die Zweiheit Meinung, weil sie veränderlich und unbestimmt ist. Dieser und jener Begriff hat seinen Platz in der Welt in dieser und jener Region, z.B. die Meinung in der Region der Erde (weil die Erde in der Reihe der Himmelskörper die zweite Stelle einnimmt): der καιρός in der Sonne (beide durch die Siebenzahl ausgedrückt). Die Winkel des Quadrates sind der Rhea, Demeter, Hestia, den Erdgott-[220]heiten geweiht, weil das Quadrat die Begrenzungsfläche des Würfels bildet, der Würfel aber nach Philolaus die Grundform der Erde sein soll. Der Winkel des Dreiecks den zerstörenden Gottheiten Hades, Dionysus, Ares und Kronos geweiht, weil das von vier gleichseitigen

Dreiecken begrenzte Tetraeder Grundform des Feuers ist. Besonders wichtig das d e k a d i s c h e System. Weil ihnen alle Zahlen nach Zehn nur als Wiederholungen der zehn ersten erschienen, so schienen in der Dekas alle Kräfte der Zahl zusammengefasst: sie heisst gross, allgewaltig, alles vollbringend, Anfang und Führerin des göttlichen und irdischen Lebens. Sie ist das Vollkommene: deshalb zehngliedrige Aufzählungen, wo die Gesammtheit des Wirklichen bezeichnet werden soll (Tafel der Gegensätze, System der Weltkörper). Von der τετρακτὺς wird gesagt: παγὰν ἀενάου φύσιος ῥιζώματ' ἔχουσαν [ῥίζωμά τ' Diels S. 273, 27], man schwört οὐ μὰ τὸν ἁμετέρᾳ γενεᾷ παραδόντα τετρακτύν. Man liebt es, die Dinge in viergliedrige Reihen zu ordnen, z.B. Thrasyll. Die Einheit ist das erste, aus dem alle Zahlen entstanden sind, in dem daher auch die entgegengesetzten Eigenschaften vereinigt sein sollen: ἀρτίῳ μὲν γὰρ προστεθὲν περιττὸν ποιεῖ, περιττῷ δὲ ἄρτιον, ὃ οὐκ ἂν ἐδύνατο, εἰ μὴ ἀμφοῖν ταῖν φύσεοιν μετεῖχε. Bei der Ableitung der geometrischen Grössen setzten sie die Einheit dem Punkte, die Zweiheit der Linie, die Dreiheit der Fläche, die Vierzahl dem Körper gleich. Mit der Figur aber glaubten sie das Körperliche selbst abgeleitet zu haben. Von der Gestalt der Körper sollte nun ihre elementarische Beschaffenheit abhängen. Von den fünf regelmässigen Körpern wies er der Erde den Kubus zu, dem Feuer den Tetraeder, der Luft den Oktaeder, dem Wasser den Ikosaeder, allen übrigen Elementen den Dodekaeder, d.h. er nahm an, dass die kleinsten Bestandtheile dieser verschiedenen Stoffe die angegebene Gestalt hätten. Die Fünfzahl der Grundstoffe setzt eine Periode n a c h Empedokles voraus, d.h. die Einwirkung des Empedokles auf Philolaus. Die K o s m o g o n i e dachten sie sich so: zuerst entsteht das Feuer im Kern des Weltganzen (genannt das Eins oder die Monas, der Herd des
[221] Weltalls, die Wache der Burg des Zeus). Von hier sollen die nächstgelegenen Theile des ἄπειρον angezogen und dadurch begrenzt und bestimmt worden sein (ich erinnere an den anaximandrischen Begriff des ἄπειρον). Diese Wirkung

setzt sich immer fort, bis das Weltgebäude zum Abschluss kommt (das heraklitische Feuer angewendet, um aus dem anaximandrischen ἄπειρον die bestimmte Welt hervorgehen zu machen). Dieses Weltgebäude ist eine Kugel (Empedokleisch oder Parmenideisch), im Mittelpunkt das Centralfeuer, herum schlingen zehn himmlische Körper, von West nach Ost, ihren Reigen, in der weitesten Entfernung der Fixsternhimmel, ihm zunächst die fünf Planeten (Saturn, Juppiter, Mars, Venus, Merkur), hierauf die Sonne, der Mond, die Erde und als zehntes die Gegenerde: die äusserste Grenze durch das Feuer des Umkreises gebildet. Um das Centralfeuer bewegt sich die Erde und zwischen beiden die Gegenerde, in der Art, dass die Erde der Gegenerde und dem Centralfeuer immer die gleiche Seite zukehrt, und deshalb können wir, die wir auf der andern Seite wohnen, die Strahlen des Centralfeuers nicht unmittelbar, sondern erst mittelbar durch die Sonne wahrnehmen. Die Gestalt der Erde dachten sich die Pythagoreer kugelförmig: höchst bedeutende astronomische Fortschritte: während früher die Ruhe des Erdkörpers vorausgesetzt wurde und der Wechsel der Tageszeiten von der Bewegung der Sonne hergeleitet wurde, haben wir hier den Versuch, ihn aus der Bewegung der Erde zu erklären. Gab man nur das Centralfeuer auf, verschmolz man die Gegenerde mit der Erde, so wurde die Erde um ihre eigene Axe bewegt. Copernikus soll seinen Grundgedanken geradezu aus Cic. Acad. II 39 und Plutarch de placit. philos. III c. 13 (über Philolaus) entnommen haben.

Eine Folge von der Bewegung der Gestirne ist die Lehre von der Sphärenharmonie. Jeder schnell bewegte Körper erzeugt einen Ton. Die Gestirne bilden zusammen eine Oktave oder, was dasselbe ist, eine Harmonie. Also nicht Harmonie in unserem Sinne, sondern die gestimmte Saite des alten Heptachords. Vielmehr giebt es doch, [222] wenn alle Töne der Oktave zugleich erklingen, keine »Harmonie«. Dass wir sie nicht hören, erklärten sie so: es ergehe uns wie den Bewohnern einer Schmiede: wir hörten das gleiche Geräusch von

Geburt an: wir kommen nie dazu, sein Vorhandensein am Gegensatz der Stille zu bemerken. Diese Vorstellung bezog sich ursprünglich nur auf die Planeten: denn sonst hätten sich zehn Töne ergeben, zur Harmonie aber gehören, nach dem Heptachord, sieben. Was die Augen in der Beobachtung der Sterne sehen, das hören die Ohren im Einklange der Töne. – Das Feuer des Umkreises hatte die Aufgabe, die Welt zusammenzuhalten: deshalb nannten sie es die ἀνάγκη. Boeckh hat bewiesen, dass sie die Milchstrasse meinten. Jenseits des Feuerkreises liegt das ἄπειρον. Archytas hatte gefragt, ob man am Rande der Welt den Arm oder einen Stab ausstrecken könne: wenn man es aber könne, so müsse es ausserhalb etwas geben, nämlich σῶμα ἄπειρον und τόπος, was auf eins hinauskomme. Ein zweiter Grund: wenn eine Bewegung stattfinden solle, so müssten, um für die sich bewegenden Körper Raum zu schaffen, andere über die Grenze des Weltganzen austreten, die Welt müsse überwallen κυμανεῖ τὸ ὅλον.

Bei den Pythagoreern ist zuerst der Begriff von oben und unten in der Welt aufgegeben, vielmehr grössere oder geringere Entfernung von der Mitte. Das, was der Mitte näher liegt, nannten sie das Rechte, das entferntere das Linke: die Bewegung der Himmelskörper geschieht nämlich vorwärts von West nach Ost: die Mitte hat den Ehrenplatz auf der rechten Seite der Weltkörper. Die oberen Theile der Welt hielten sie für die vollkommeneren: sie unterschieden den äusseren Feuerkreis von den Sternkreisen und unter diesen die über und unter dem Mond: ὄλυμπος äusserster Umkreis, κόσμος Sternenhimmel und Uranos untere Region. In 1 die Elemente in aller Reinheit (nämlich Begrenztes und Unbegrenztes), 2 ist der Ort der geordneten Bewegung, 3 des Werdens und Vergehens. – Wenn die Gestirne einmal wieder den ganz gleichen Stand haben, werden nicht nur die gleichen [223] Personen, sondern auch die gleichen Handlungen wieder auftreten[10].

10 [Lehre von der ewigen Wiederkunft: vgl. Unzeitgemässe Betrachtungen II 2 W. I S. 298 f.]

Ueber Seelisches und Erkenntnisstheoretisches wenig zu sagen. Dahin gehört es, wenn Philolaus die physikalische Beschaffenheit auf die Fünfzahl zurückführt, die Beseeltheit auf die Sechszahl, die Vernunft, die Gesundheit und »τὸ ὑπ' αὐτοῦ λεγόμενον φῶς« auf die Sieben, die Liebe, Freundschaft, Klugheit und Erfindungsgabe auf die Acht. Dann der berühmte Satz, dass die Seele eine Harmonie sei, nämlich die Harmonie ihres Körpers. Die Vernunft hat ihren Sitz im Gehirn, das Leben und die Empfindung im Herzen, die ῥίζωσις und die ἀνάφυσις (Wurzelung und Keimung) im Nabel, die Zeugung in den Geschlechtstheilen. Im ersten liege der Keim des Menschen, im zweiten der des Thieres, im dritten der der Pflanze, im vierten der aller Wesen. Ohne Zahl ist kein Wissen möglich: sie nimmt keine Unwahrheit in sich auf, sie allein macht die Verhältnisse der Dinge erkennbar. Alles müsse entweder begrenzt oder unbegrenzt oder beides sein: ohne Begrenzung wäre aber nichts erkennbar.

Fragen wir nach der Verwandtschaft der pythagoreischen Philosophie, so finden wir einmal das ältere System des Parmenides, der alle Dinge aus einer Zweiheit der Prinzipien entstehen liess: dann das ἄπειρον des Anaximander, begrenzt und bewegt durch das Feuer Heraklits. Das sind offenbar nur Hilfsphilosopheme: der Ursprung ist die Erkenntniss von Zahlenanalogien in der Welt, ein ganz origineller Gesichtspunkt. Um diese gegen die Einheitslehre der Eleaten zu schützen, mussten sie den Begriff der Zahl entstehen lassen, auch die Eins musste geworden sein: hier nahmen sie den Heraklitischen Gedanken von dem πόλεμος als dem Vater der Dinge und der ἁρμονία, die die entgegengesetzten Eigenschaften verbindet: Parmenides nannte dieselbe Macht Ἀφροδίτη [fr. 18 D.]. Sie symbolisirte das Verhältniss der Entstehung jedes Dinges in der Oktave. Die beiden feindlichen Elemente, aus denen die [224] Zahl entsteht, zerlegten sie in Gerade und Ungerade. Diese Begriffe identifizirten sie mit bereits eingebürgerten philosophischen Terminis. Das Gerade das ἄπειρον nennen: dies ist der grösste Sprung, den sie machen: nur weil die γνώμονες, die ungeraden, eine begrenzte Reihe von Zahlen entstehen lassen, die Quadratzahlen. Sie schlagen damit eine Brücke zu Anaximander, der hier zum letzten Male auftaucht. Das Begrenzende aber identifiziren sie mit dem Heraklitischen Feuer: dessen Aufgabe jetzt ist, das Unbestimmte in lauter bestimmte Zahlenverhältnisse aufzulösen: es ist wesentlich eine rechnende Kraft: wenn sie den Ausdruck λόγος von Heraklit genommen hätten, so hätten sie gerade unter λόγος proportio verstanden (nämlich Proportionen schaffend, wie πέρας Grenze setzend). Der Grundgedanke ist: die gänzlich qualitätslos gedachte Materie wird nur durch Zahlenverhältnisse diese und jene bestimmte Qualität. So wurde Anaximanders Problem beantwortet. Das Werden erschien als ein Rechnen. Dies erinnert an den Spruch des Leibniz (epistol. collectio Kortholti ep. 154), die Musik sei exercitium arithmeticae occultum nescientis se numerare animi. Dies hätten die Pythagoreer wohl auch von der Welt sagen können: freilich nicht, was eigentlich rechne.

§ 17.

Sokrates.

Demokrit ist Ol. 80 geboren, war also ca. 10 Jahre jünger als Sokrates. Von diesem sagt ausdrücklich La. II 44[11], er wurde nach Apollodor unter Apsephion geboren 77 Ol. 4 Jahr, am sechsten Thargelion, ὅτε καθαίρουσι τὴν πόλιν Ἀθηναῖοι (also im 11. Regierungsmonat des Archonten). La. ibid. er starb im ersten Jahr der 95. Olymp. γεγονὼς ἐτῶν ἑβδομήκοντα. καὶ ταῦτά φησι καὶ Δημήτριος ὁ Φαληρεύς (unter dem Archonten Laches, am Ende des Thargelion, in dessen elftem Monat), d.h. im Thargelion 399 hat er sein 70. Jahr angetreten: geboren 468 nach Apollodor. Ich traue ihm, besonders auch seinem Gewährs-[225]mann Demetrius (ἀρχ.

11 Das Alterthum hat nur eine Angabe darüber.

ἀναγρ.)[12]. Polemik gegen seinen Ansatz bei Boeckh C. I. II p. 321 und C.F. Hermann Plat. Phil. p. 666, Ueberweg p. 86. Diese gehen von der Platonischen Apologie aus 17 D, wo er sagt, er sei ἔτη γεγονὼς πλείω ἑβδομήκοντα; demnach müsste er gewiss vor 469 geboren sein. Sodann Crito p. 52 E sprechen die Gesetze Athens: »Während eines Zeitraums von 70 Jahren stand es dir frei, Sokrates, Athen zu verlassen, wenn du mit uns unzufrieden warst.« Auch das führe auf ein Alter von mehr als 70 Jahren. Also sei Ol. 77, 1 oder 2 als Geburtsjahr anzunehmen. Sodann wird auf die Zusammenkunft des Sokrates mit Parmenides bei den grossen Panathenäen gerechnet: damals sei er 25 Jahre nach Synesius gewesen Ol. 83, 3, also geboren 77, 2. Vom letzten Argument ist gar nicht zu reden. Das zweite aus Crito spricht doch eben für 70 Jahre, und das erste ist Uebertreibung Platons in einer Vertheidigungsrede. Wie kann Platons Zeugniss gegen Demetrius aufkommen! Darin besteht ja eben der Werth Apollodors, dass er zwischen den verschiedenen Ueberlieferungen nach ihrem Werthe wählte. Wir haben nur zu betonen, dass hier einmal das γεγονὼς streng nachgerechnet werden kann: 70 Jahre heisst: er hat den 69. Geburtstag gefeiert und beginnt das 70. Jahr. Es stehen also die 25 Tage, die er ins 70. Jahr hinein lebte, für das 70. Jahr: das unvollendete Jahr wird als voll angerechnet.

Sein Vater Sophroniskos, aus der Gens der Daidaliden, seine Mutter Phainarete, eine Hebamme. Er unterscheidet sich von allen früheren Philosophen durch seine plebejische Abkunft und durch eine ganz geringe Bildung. Gegen die ganze Kultur und Kunst war er immer feindselig. Ebenso gegen die Naturwissenschaft. Die Astronomie rechnete er [226] unter die göttlichen Geheimnisse, denen nachzuforschen Wahnsinn

12 Demetrios aus Phaleron, Schüler des Theophrast geb. c. 345. Dass dies ταῦτα sich auf das Geburtsjahr mit bezieht, geht aus dem Folgenden hervor: ἔνιοι γὰρ ἑξήκοντα ἐτῶν τελευτῆσαι αὐτόν φασιν (d.h. als ἑξηκοντούτης sexagenarius). Also soll die vorhergehende Notiz den Siebzigjährigen charakterisiren.

sei: es sei zwar ein Vortheil dabei, die Bewegung der Himmelskörper zu wissen, als Führer bei See- und Landreisen und Nachtwachen. So viel könne man leicht von Steuermännern und Wächtern erhalten, alles darüber hinaus sei Vergeudung werthvoller Zeit. Die Geometrie sei in soweit nothwendig, als sie Jedermann in Stand setze, bei Kauf, Verkauf und Theilung von Land richtig zu verfahren – ein Mensch mit gewöhnlicher Aufmerksamkeit lerne dies ohne Lehrer –, aber albern und werthlos, wenn es zum Studium zusammengesetzter mathematischer Figuren führe. Die ganze Physik schaffte er ab[13]: »Denken diese Forscher, dass sie genug die menschlichen Verhältnisse kennen, dass sie anfangen, sich in die göttlichen zu mischen? Denken sie, dass sie im Stande sein werden, nach Belieben Winde und Regen zu erregen, oder wollen sie nur müssige Neugier befriedigen? Sie sollten sich daran erinnern, wie die grössten Männer in ihren Erfolgen abweichen und Meinungen aufstellen wie die Wahnsinnigen.« Sokrates hat nie Physik kennen gelernt, denn das, was Plato im Phaedon c. 46 p. 97 D ff. u. s. w. über Anaxagoras' Studium erzählt, ist jedenfalls nur Platos Entwicklungsgeschichte. Ebenso hielt er nichts von der Kunst: er fasste sie nur von der praktischen und annehmlichen Seite auf, er gehörte zu den Verächtern der Tragödie. So sagt Aristophanes Frösche, 1491: Χαρίεν οὖν μὴ Σωκράτει | παρακαθήμενον λαλεῖν | ἀποβαλόντα μουσικὴν | τά τε μέγιστα παραλιπόντα | τῆς τραγῳδικῆς τέχνης. | τὸ δ' ἐπὶ σεμνοῖσιν λόγοισι | καὶ σκαριφησμοῖσι (σκαριφησμὸς ein ungenauer Schattenriss, abstrakt) λήρων | διατριβὴν ἀργὸν (thätigen Müssiggang) ποιεῖσθαι | παραφρονοῦντος ἀνδρός (ist für »verdrehte Käuze«). Die kräftige Bildung des Geistes und Herzens durch Poesie ist der beliebten philosophischen Abrichtung durch Sokrates weit vorzuziehen: deshalb siegt Aeschylus, deshalb unterliegt Euripides.

13 Apol. c. III: Von Physik und Astronomie verstehe er nichts οὔτε μικρὸν οὔτε μέγα. Nie habe ihn jemand darüber sprechen hören. Dies als Zeugniss Platos gegen Xenophon.

[227] Sokrates ist Plebejer, er ist ungebildet und hat auch nie durch Autodidaktik den versäumten Jugendunterricht nachgeholt. Er ist sodann spezifisch hässlich und wie er selbst gesagt hat, mit den heftigsten Leidenschaften von der Natur begabt. Platte Nase, dicke Lippen, hervorstehende Augen: seine Neigung zum Jähzorn berichtet Aristoxenus (dessen Vater Spintharos mit Sokrates bekannt war). Er ist ein ethischer Autodidakt: ein moralischer Strom geht von ihm aus. Ungeheure Willenskraft auf eine ethische Reform gerichtet. Das ist sein einziges Interesse: ὅττι τοι ἐν μεγάροισι κακόν τ' ἀγαθόν τε τέτυκται. Das Merkwürdige ist aber das Mittel dieser ethischen Reform: diese selbst erstreben ja auch die Pythagoreer. Aber das Mittel, die ἐπιστήμη, zeichnet ihn aus. Das Erkennen als Wege zur Tugend unterscheidet seinen philosophischen Charakter: die Dialektik als der einzige Weg, die ἐπαγωγικοὶ λόγοι und das ὁρίζεσθαι. Der Kampf gegen die Lust, die Begierde, den Zorn u. s. w. richtet sich gegen eine zugrunde liegende ἀμαθία. Er ist der erste Lebensphilosoph und alle von ihm ausgehenden Schulen sind zunächst Lebensphilosophien. Ein vom Denken beherrschtes Leben! Das Denken dient dem Leben, während bei allen früheren Philosophen das Leben dem Denken und Erkennen diente: das richtige Leben erscheint hier als Zweck, das höchste richtige Erkennen dort. So ist die sokratische Philosophie absolut praktisch: sie ist feindselig gegen alles nicht mit ethischen Folgen verknüpfte Erkennen. Sie ist für Jedermann und populär: denn sie hält die Tugend für lehrbar. Sie appellirt nicht an den Genius und die höchsten Erkenntnisskräfte. Bis dahin genügten die einfachen Sitten und religiösen Vorschriften: die Philosophie der sieben Weisen war nur die in Formeln gebrachte, überall in Griechenland geachtete und lebendige praktische Moral. Jetzt tritt die Lösung von den moralischen Instinkten ein: helle Erkenntniss soll das einzige Verdienst sein, aber mit der hellen Erkenntniss hat der Mensch auch die Tugend. Denn das ist der eigentliche sokratische Glaube, dass Erkennen und Sittlichsein zusammenfallen. Nun ist die Um-

[228]kehrung dieses Satzes im höchsten Grade umwälzend: überall, wo nicht helles Erkennen ist, ist τὸ κακόν. Hier wird Sokrates zum Kritiker seiner Zeit: er untersucht, wie weit sie aus dunkeln Antrieben, wie weit sie aus Erkenntniss handelt. Dabei ergiebt sich das demokratische Resultat, dass die niedrigsten Handwerker höher stehen als die Staatsmänner, Redner, Künstler seiner Zeit. Man nehme einen Zimmermann, Kupferschmied, Steuermann, Wundarzt und prüfe seine Fachkenntnisse – er kann die Personen angeben, von denen, die Mittel, durch die er sie erlernte. Darüber dagegen, was ist Gerechtigkeit? Was ist Frömmigkeit? Was ist eine Demokratie? Was ist ein Gesetz? glaubte Jedermann eine Meinung zu haben: Sokrates fand aber nur Dünkel und ἀμαθία. Sokrates behauptet die Rolle eines Lernenden, aber er überzeugt seine Mitunterredner von der eignen Unüberlegtheit. Seine nächste Forderung war also, eine Definition aus moralisch social-politischem Bereiche zu bekommen: sein Verfahren dabei dialektisch oder epagogisch. Die ganze Welt der ἀνθρώπινα zeigte sich ihm als eine Welt der ἀμαθία: es gab Worte, aber keine fest damit verbundenen Begriffe. Sein Bestreben war, diese Welt zu ordnen: in der Meinung, dass, wenn sie geordnet sei, der Mensch nicht anders könne, als tugendhaft zu leben. Eine moralische Güterlehre ist das Ziel aller seiner Schulen, d.h. eine Art Arithmetik und Messkunst in der ethischen Welt. Die ganze ältere Philosophie gehört noch in die Zeit der ungebrochenen ethischen Instinkte: hellenische Sittlichkeit athmet Heraklit, Anaxagoras, Demokrit, Empedokles, doch nach den verschiedenen Formen hellenischer Ethik. Jetzt bekommen wir eine Forschung nach der rein menschlichen, auf Wissensgründen beruhenden Ethik: sie wird gesucht. Bei den Früheren war sie da, als lebendiger Hauch. Diese gesuchte rein menschliche Ethik tritt zunächst in Feindschaft gegen die traditionelle hellenische Sitte der Ethik: die Sitte soll wieder zu einem Erkenntnissakte aufgelöst werden. Man muss auch sagen, dass für die Zeitalter der Auflösung die sokratische Ethik ihrem Ziele entsprochen [229]

hat: die besten und nachdenkenden Männer lebten nur nach philosophischer Ethik. Es bricht also aus Sokrates ein sittlicher Strom hervor: darin ist er prophetisch und priesterlich. Er hat das Gefühl einer Mission.

Offenbar ist es der wichtigste Punkt im Leben des Sokrates, als der enthusiastische Chairephon in Delphi die Antwort bekommt. Apol. Socr. p. 21 A. Sokrates erbietet sich, das Zeugniss des Bruders des Chairephon beizubringen, um die Wirklichkeit dieser Frage und Antwort zu bezeugen. ἤρετο γὰρ δὴ εἴ τις ἐμοῦ εἴη σοφώτερος· ἀνεῖλεν οὖν ἡ Πυθία μηδένα σοφώτερον εἶναι; und nachher τί οὖν ποτε λέγει φάσκων ἐμὲ σοφώτατον εἶναι; Der Vers wird La. II 37 als περιφερόμενον bezeichnet ἀνδρῶν ἁπάντων Σωκράτης σοφώτατος. (Stellen bei G. Wolff, de Porphyrii ex oraculis philosophia p. 76. 77). Genauer in Schol. zu Platon Apolog. 21 A: χρησμὸς περὶ Σωκράτους δοθεὶς Χαιρεφῶντι τῷ Σφηττίῳ · σοφὸς Σοφοκλῆς, σοφώτερος δ' Εὐριπίδης, ἀνδρῶν δ' ἁπάντων Σ. σ. (Schol. Aristophanes, Wolken 144). Die Jamben waren nothwendig bei zwei solchen Namen. – Grosse Verlegenheit und peinliche Verwirrung: endlich beschliesst er, die Weisheit anderer an der seinigen zu messen. Er wählt einen berühmten Staatsmann, der als weise gilt, und legt ihm die prüfenden Fragen vor. Er entdeckt, dass die angebliche Weisheit des Mannes gar keine Weisheit ist. Er versucht es dem Politiker zu beweisen, wie viel ihm noch an der Weisheit fehle: dies war unmöglich, er machte sich nur verhasst. »Weder ich noch er wussten, was gut und ehrenhaft sei: der Unterschied war aber, dass er glaubte, er wisse es, während ich meiner Unwissenheit ganz bewusst war. Auf diese Art war ich weiser als er, weil ich von diesem Hauptirrthum frei war.« Er wiederholt diese Erfahrung zuerst an Politikern und Rednern, dann an Dichtern und Künstlern. Er erkennt ὅτι οὐ σοφίᾳ ποιοῖεν ἃ ποιοῖεν, ἀλλὰ φύσει τινὶ καὶ ἐνθουσιάζοντες, ὥσπερ οἱ θεομάντεις καὶ οἱ χρησμῳδοί. καὶ γὰρ οὗτοι λέγουσι μὲν πολλὰ καὶ καλά, ἴσασι δὲ οὐδὲν ὧν λέγουσι. Sodann merkt er, dass sie wegen ihrer Dichtungen glauben auch in anderer Beziehung zu den weisesten Menschen zu gehören. Nun geht [230] er zu den Handwerkern: mit mehr Befriedigung. Diese wissen mehr als er und sind weiser als er. Nur leiden sie auch am Hauptirrthum: weil jeder in seinem Geschäfte gut unterrichtet ist, glaubt er auch in anderer Beziehung weise zu sein. Dieser Irrthum wog ihre Fertigkeiten bei weitem auf. – So kommt er zu dem Glauben, Apollo habe sagen wollen, menschliche Weisheit ist von geringem Belange; der, welcher von seiner Werthlosigkeit in Bezug auf Weisheit überzeugt ist, ist wirklich der weiseste. In Folge davon lebt er in grosser Armuth, überall verhasst. Bis zum Tode will er dabei verharren, sein Amt der Philosophie und der Prüfung zu erfüllen, euer Warner zu sein, wie eine Bremse euch auf dem Nacken zu sitzen. Wenn ihr mich verdammt, werdet ihr es erleiden, Stillschweigen von meiner Seite wäre Ungehorsam gegen den Gott. Das grösste Glück, das sich einem Mann ereignen kann, jeden Tag Erörterungen über Tugend und anderes zu machen. – Leben ohne solche Untersuchungen ist gar kein Leben. Er fühlt, wie unglaublich und seltsam das Alles klingt. – Das Erkennen als der Weg zur Tugend; aber nicht als Gelehrter, sondern wie ein überführender Gott ϑεὸς ὤν τις ἐλεγκτικός Plat. Soph. c. 1, herumgehend und prüfend. Das Suchen nach Weisheit erscheint in der Form des Suchens nach den σοφοί: es ist ἱστορία damit verknüpft, während die heraklitische σοφία selbstgenugsam war und alle ἱστορία verachtete. Der Glaube an ein angebliches Wissen erscheint als das Schlimmste ἡ ἀμαϑία αὐτὴ ἡ ἐπονείδιστος ἡ τοῦ οἴεσϑαι ἃ οὐκ οἶδεν (Apol. Socr. c. 17 p. 29 B). Nach Xenoph. Memor. III 9, 6 τὸ δὲ ἀγνοεῖν ἑαυτὸν καὶ ἃ μή τις οἶδε δοξάζειν καὶ οἴεσϑαι γιγνώσκειν, ἐγγυτάτω μανίας ἐλογίζετο εἶναι.

Hier verstehen wir nun auch die Polemik gegen die Sophisten: das war eine kühne Stellung eines Einzelnen. Ueber die Sophisten hat Grote im 67. Capitel aufgeklärt (4. Bd.). Nach den gewöhnlichen Begriffen sind sie eine Sekte: nach ihm eine Klasse, ein Stand. Nach der gewöhnlichen Ansicht verbreiten sie demoralisirende Lehren, »sophistische Grundsätze«.

Nach Grote waren sie die regelmässigen Sittenlehrer, weder über noch unter dem Niveau [231] der Zeit. Nach der gewöhnlichen Ansicht waren Plato und seine Nachfolger die autorisirten Lehrer, die etablirte Clerisei der griechischen Nation – und die Sophisten die Andersdenkenden. Nach Grote waren die Sophisten der Clerus und Plato die Andersdenkenden – der Socialist, welcher die Sophisten angriff (wie er die Dichter und Staatsmänner angriff), nicht als eine besondere Sekte, sondern als einen der bestehenden Stände der Gesellschaft. Für die ungebildete Masse fiel Sokrates mit den Sophisten zusammen: die ganz naive Sitte braucht überhaupt keine Lehrer, für diese war der höhere Lehrer anstössig. Da reichte die Tragödie und die Komödie aus: das ist der Standpunkt des Aristophanes. Er entwirft in Sokrates das Bild des Aufklärers: Züge der Sophisten und des Anaxagoras sind auf ihn übertragen. – Aber sie unterscheiden sich dadurch, dass die Sophisten vollkommen den Bedürfnissen entsprechen, dass sie leisten, was sie versprechen: dagegen konnte niemand sagen, warum Sokrates lehre, er selbst ausgenommen. Wohin er kam, da erzeugte er das Gefühl von ἀμαθία, er erbitterte die Menschen und machte sie nach dem Wissen gierig. Man fühlte etwas wie von der Berührung eines Zitteraals. Er bereitet eigentlich nur die Belehrung vor, indem er das Zeitalter von seiner ἀμαθία zu überführen sucht. Der ganze Strom des Wissens wird auf diese von ihm gelehrte Bahn gelenkt: die von ihm aufgeworfene Kluft verschlingt alle die von den älteren Philosophen herkommenden Strömungen. Es ist merkwürdig zu sehn, wie alles allmählich in dieselbe Bahn einmündet. Er hasste alle v o r l ä u f i g e n A u s f ü l l u n g e n d i e s e r K l u f t. Und deshalb hasste er die naiven Vertreter der Bildung und Wissenschaft, die Sophisten: wenn die Einbildung der σοφία gleich einer μανία ist, so sind die Lehrer einer solchen eingebildeten Weisheit gleichsam Wahnsinnigmachende. Im Kampf mit ihnen war er am unermüdlichsten. Hier hatte er die volle griechische Bildung gegen sich: höchst merkwürdig, wie er ihr gegenüber doch nie den Eindruck eines Pedanten macht. Seine Mittel sind einmal die Ironie in der Rolle eines Lernenden [232] und Fragenden, ein allmählich kunstvoll ausgebildetes Kunstmittel. Dann die indirekte, mit Umschweifen verbundene Weise, mit dramatischem Interesse, dann eine höchst einnehmende Stimme, endlich das Excentrische seiner silenischen Physiognomie. Selbst seine Ausdrucksweise hatte einen Beigeschmack des anreizend Hässlichen und Plebejischen. Zeugniss des Spintharos (Aristox., frag. 28, bei Müller): ὅτι οὐ πολλοῖς αὐτός γε πιθανωτέροις ἐντετυχηκὼς εἴη· τοιαύτην εἶναι τήν τε φωνὴν καὶ τὸ στόμα καὶ τὸ ἐπιφαινόμενον ἦθος καὶ πρὸς πᾶσί τε τοῖς εἰρημένοις τὴν τοῦ εἴδους ἰδιότητα. Wo ihm eine Disposition entgegenkam, da entstand eine wahre Bezauberung, ein Gefühl, als ob man ein Sklave sei (Mem. IV 2. Pl. Symp. c. 39), äusserste Beschämung, und dann, als Folge, ein Schwangersein von guten Gedanken. Die μαιευτικὴ τέχνη bei dem Gebären zu unterstützen und den Ankömmling genau zu prüfen und ihn, wenn er verkrüppelt ist, mit der Härte einer lykurgischen Amme wegzuwerfen.

Dagegen hatte sich eine ungeheure Feindschaft allmählich angehäuft – zahlreiche persönliche Feinde, Väter, die ihrer Söhne wegen unwillig waren, und viele Verleumdungen, so dass Sokrates in der Apol. Socr. p. 28 A sagt: καὶ τοῦτ' ἐστὶν ὃ ἐμὲ αἱρήσει, ἐάνπερ αἱρῇ – οὐ Μέλητος οὐδὲ Ἄνυτος ἀλλ' ἡ τῶν πολλῶν διαβολὴ καὶ φθόνος. Der hohe Stand jener ihm Feindseligen machte noch grössere Gefahr. Die erstaunliche Liberalität Athens und seiner Demokratie, eine solche Mission so lange zu dulden! Freiheit der Rede wurde dort heilig gehalten. Die Untersuchung und der Tod des Sokrates beweist wenig gegen diesen allgemeinen Satz. Anytos war seines Sohnes wegen erbittert, sodann weil er Sokrates als Erzieher des Alkibiades und des Kritias betrachtete. Meletos ist als Dichter, Lykon als Rhetor erzürnt. Sokrates (sagte Anytos) lehrte junge Leute die bestehende politische Verfassung verachten (als Beispiel der räuberischeste der 30 und der Schimpf der Demokratie Alkibiades). Dann lerne die Jugend Dünkel über ihre eigne Weisheit und den Gebrauch, die Väter zu beleidigen. Dann pflege Sokrates Stellen aus den besten Dichtern [233] schädlich auszulegen. Dann die Einführung neuer Gottheiten und die Vernachlässigung der alten (ἀσέβεια, wie bei Anaxagoras, das warnende Dämonion). Sokrates hat, wie Xenophon Mem. IV 8, 4 berichtet, von vornherein an seine Verurtheilung geglaubt, sich nicht vorbereitet (durch das δαιμόνιον verhindert). Er glaubte nämlich, es sei der rechte Zeitpunkt für ihn, zu sterben; wenn er länger lebe, so werde sein Alter ihm seine gewohnte Lebensweise unmöglich machen; sodann der Glaube, durch einen solchen Tod eine eindrucksvolle Lehre zu geben. So muss man seine grossartige Vertheidigungsrede betrachten: er spricht vor der Nachwelt. Wie merkwürdig die ganz geringe Majorität, mit der er verurtheilt wurde! Bei 557 Personen etwa 6–7 über die Hälfte! Wahrscheinlich empfanden sie vor allem den Stachel der Beleidigung des Gerichtshofs. Mem. IV 4 sagt Xenophon ausdrücklich: »Obgleich er leicht von den Dikasten losgelassen sein würde, wenn er etwas derartiges nur mässig getan hätte.« Sokrates hat absichtlich jenen Spruch über sich gebracht. – Die auferlegte Strafe wurde nun durch einen besonderen Spruch der Dikasten bestimmt: der Ankläger nennt die ihm angemessene Strafe zuerst: hier nimmt er einen noch stolzeren Ton an und empfiehlt Speisung im Prytaneion. Als Geldstrafe nennt er eine Mine; Plato und seine Freunde empfehlen 30 Minen und verbürgen sie. Hätte er nun diese 30, ohne weitere Beleidigungen, vorgeschlagen, er wäre freigesprochen worden. Aber der Gerichtshof fühlte sich tief verletzt. Sokrates wusste, was er tat: er wollte den Tod. Er hatte die herrlichste Gelegenheit, sein Uebergewicht über menschliche Furcht und Schwachheit zu zeigen und auch die Würde seiner göttlichen Mission. Grote sagt, der Tod nahm ihn in voller Grossartigkeit und Glorie hinweg, wie die Sonne der Tropenländer untergeht. Die Instinkte sind überwunden: die geistige Helligkeit regiert das Leben und wählt den Tod; alle Moralsysteme des Alterthums bemühen sich, die Höhe dieser That zu erreichen oder zu begreifen. Sokrates als Beschwörer der Todesfurcht ist der letzte Typus des Weisen, den wir kennen lernen: der Weise als [234] der Besieger der Instinkte durch σοφία. Damit ist die Reihe von originalen und typischen σοφοί erschöpft: man denke an Heraklit, Parmenides, Empedokles, Demokrit, Sokrates. Jetzt kommt ein neues Zeitalter der σοφοί, mit Plato anhebend, die complizirten Charaktere, aus der Vereinigung der Ströme, die von den originalen und einseitigen σοφοί herströmen, gebildet. So ist für diesmal mein Ziel erreicht: später werde ich die sokratischen Schulen in ihrer Bedeutung für das hellenische Leben besprechen.

III

Zwischen Wissenschaft und Kunst
Vorarbeiten und Notizen

(1872–1873)

[417]

19 [1]

In einer rechten Höhe kommt alles zusammen und über eins – die Gedanken des Philosophen, die Werke des Künstlers und die guten Thaten.

Es ist zu zeigen, wie das ganze Leben eines Volkes unrein und verworren das Bild widerspiegelt, das seine höchsten Genien bieten: diese sind nicht das Produkt der Masse, aber die Masse zeigt ihre Reperkussion.

Oder welches ist das Verhältniß?

Es giebt eine unsichtbare Brücke von Genius zu Genius – das ist die wahrhaft reale »Geschichte« eines Volkes, alles andere ist schattenhafte unzählige Variation in schlechterem Stoffe, Kopien ungeübter Hände.

Auch die ethischen Kräfte einer Nation zeigen sich in ihren Genien.

19 [2]

Charakteristik der nachsokratischen Moralen – alle eudämonisch und individual.

19 [3]

Die Welt zu umschreiben, in der der Philosoph und der Künstler zu Hause sind.

[418]

19 [4]

Vorrede an Schopenhauer – Eingang zur Unterwelt – ich habe dir manches schwarze Schaf geopfert – worüber sich die andren Schafe beschweren.

19 [5]

In der herrlichen Kunstwelt – wie philosophirten sie! Wenn eine Vollendung des Lebens erreicht wird, hört dann das Philosophiren auf? Nein: jetzt beginnt erst das wahre Philosophiren. Ihr Urtheil über das Dasein besagt mehr, weil es die relative Vollendung und alle Kunstschleier und Illusionen vor sich hat.

19 [6]

Die Alten waren sehr viel tugendhafter als wir, weil sie so viel weniger Mode hatten.

Die tugendhafte Energie ihrer Künstler!

19 [7]

Gegensatz zur Presse – die öffentlich meinende – wir die öffentlich belehrenden.

Wir haben die unsterblichen Sorgen des Volks – wir müssen frei sein von den momentanen, zeitlichen.

Bild der Aufgabe der neueren philosophischen Generation.

Die Forderung, sich selbst zu überwinden, d.h. das saeculare, den Zeitgeist.

19 [8]

Charakteristik Schopenhauers: das Einsame, in der höchsten Gesellschaft.

19 [9]

Jene griechischen Philosophen überwanden den Zeitgeist, um den Geist des Hellenischen nachempfinden [419] zu können: sie drücken das Bedürfniß nach der Lösung ewiger Fragen aus.

19 [10]

In der Welt der Kunst und der Philosophie baut der Mensch an einer »Unsterblichkeit des Intellekts«.

Der Wille allein ist unsterblich – damit zu vergleichen, wie elend es mit jener Unsterblichkeit des Intellekts, durch die Bildung, aussieht, die Menschenhirne voraussetzt:

man sieht, in welcher Linie dies für die Natur kommt.

– Wie kann aber das Genie zugleich das höchste Ziel der Natur sein!

Das Weiterleben durch Historie und das Weiterleben durch Zeugung.

Hier Plato's Erzeugen im Schönen – also zur Geburt des Genius ist Überwindung der Historie nöthig, sie ist in die Schönheit zu tauchen und zu aeternisiren.

Gegen die ikonische Geschichtsschreibung! Sie hat ein barbarisirendes Element in sich.

Sie hat nur von dem Großen und Einzigen zu reden, von dem Vorbild.

Damit ist die Aufgabe der neuen philosophischen Generation erfaßt.

Alle die großen Griechen aus der Zeit der Tragödie haben nichts vom Historiker an sich: – – –

19 [11]

Der Erkenntnißtrieb ohne Auswahl steht gleich dem wahllosen Geschlechtstrieb – Zeichen der Gemeinheit!

19 [12]

Die Aufgabe des Philosophen, alle die verzeitlichenden Elemente mit Bewußtsein zu bekämpfen – und darum die unbewußte Aufgabe der Kunst zu unterstützen.

[420] In beiden erreicht ein Volk die Einheit aller seiner Eigenschaften und ihre höchste Schönheit.

Die jetzige Aufgabe den Wissenschaften gegenüber.

19 [13]

Der Philosoph des tragischen Zeitalters.

Der Philosoph steht nicht so ganz abseits, wie eine Ausnahme, vom Volk: Der Wille will auch mit ihm etwas. Die Absicht ist die gleiche, wie bei der Kunst – seine eigne Verklärung und Erlösung. Der Wille strebt nach Reinheit und Veredelung: von einer Stufe zur Andern.

Die Daseinsform als Bildung und Kultur – der Wille auf den Köpfen der Menschen.

19 [14]

Der beschränkte Erkenntnißtrieb.

Die sieben Weisen – die episch-apollinische Stufe der Philosophie.

19 [15]

Die Triebe, welche die Griechen von andern Völkern unterscheiden, kommen in ihrer Philosophie zum Ausdruck.

Das aber sind gerade ihre klassischen Triebe.

Wichtig ihre Art mit der Historie umzugehen.

Die allmähliche Entartung des Historikerbegriffs im Alterthum – die Auflösung in die neugierige Allwisserei.

19 [16]

Aufgabe: Die Teleologie des philosophischen Genius zu erkennen. Ist er wirklich nur ein zufällig erscheinender Wanderer? Jedenfalls hat er, wenn es ein rechter ist, nichts mit der zufälligen politischen Lage eines Volks zu thun, sondern seinem Volk gegenüber ist er zeitlos. Aber deshalb nicht [421] mit diesem Volke zufällig verbunden – das Spezifische des Volkes kommt hier als Individuum zu Tage und zwar der Volkstrieb als Welttrieb erklärt, zur Welträthsellösung benutzt. Der Natur gelingt es einmal, ihre Triebe durch Separation rein anzuschauen. Der Philosoph ist ein Mittel, im rastlosen Strome zur Ruhe zu kommen, mit Verachtung der unendlichen Vielheit sich der bleibenden Typen bewußt zu werden.

19 [17]

Der Philosoph ist ein Sich-offenbaren der Werkstätte der Natur – Philosoph und Künstler reden von den Handwerksgeheimnissen der Natur.

Über dem Getümmel der Zeitgeschichte lebt die Sphäre des Philosophen und des Künstlers, abseits der Noth.

Der Philosoph als Hemmschuh im Rade der Zeit.

Es sind die Zeiten großer Gefahr, in denen die Philosophen erscheinen – dann wenn das Rad immer schneller rollt – sie und die Kunst treten an Stelle des verschwindenden Mythus. Sie werden aber weit vorausgeworfen, weil die Aufmerksamkeit der Zeitgenossen erst langsam ihnen sich zuwendet.

Ein Volk, das sich seiner Gefahren bewußt wird, erzeugt den Genius.

19 [18]

Freiheit vom Mythus. Thales. Ein Element als Proteus! Das Tragische des Daseins. Anaximander.

Das künstlerische Spiel des Kosmos. Heraclit.

Die ewige Logik. Parmenides. Der Wortkampf.

Das Erbarmen mit allem Lebenden. Empedocles. Der Sklave.

[422] Maaß und Zahl. Pythagoras. Democrit.

(Der Wettkampf. Heraclit.)

(Liebe und Bildung. Socrates.)

Der νοῦς kleinste Annahme. Anaxagoras.

19 [19]

Wir dulden nicht jeden, daß er uns etwas vorphilosophirt, z. B. nicht David Strauss, dem nicht zu helfen ist, wenn er aus seiner spezifisch historisch-kritischen Luft heraustritt.

19 [20]

Nach Sokrates ist das allgemeine Wohl nicht mehr zu retten, darum die individualisirende Ethik, die die *Einzelnen* retten will.

19 [21]

Der maaßlose unwählerische Erkenntnißtrieb, mit historischem Hintergrunde, ist ein Zeichen, daß das Leben alt geworden ist: die Gefahr ist groß, daß die Individuen *schlecht* werden, deshalb werden ihre Interessen gewaltsam an Erkenntnißobjekte gefesselt, gleichviel welche. Die allgemeinen Triebe sind so matt geworden und halten das Individuum nicht mehr im Zaume.

Der Germane hat alle seine Beschränktheiten durch die Wissenschaften verklärt, indem er sie übertrug: Treue Bescheidenheit Selbstbeschränkung Fleiß Reinlichkeit Ordnungsliebe, es sind Familientugenden: aber auch die Formlosigkeit, die ganze Unlebendigkeit des Lebens, die Kleinlichkeit – sein unbeschränkter Erkenntnißtrieb ist die Folge eines dürftigen Lebens: er würde, ohne ihn, kleinlich und boshaft und ist es oft, trotz ihrer.

Jetzt ist uns eine höhere Form des Lebens gegeben, ein Hintergrund der Kunst – jetzt ist auch die nächste Folge ein wählerischer Erkenntnißtrieb d. h. *Philosophie*.

[423] Schreckliche Gefahr: daß das amerikanische-politische Getreibe und die haltlose Gelehrtenkultur sich verschmelzen.

19 [22]

Die *Schönheit* tritt bei dem wählerischen Erkenntnißtrieb wieder als Macht hervor.

Höchst merkwürdig, daß Schopenhauer schön schreibt! Sein Leben hat auch mehr Stil als das der Universitätslehrer – aber verkümmerte Umgebungen!

Jetzt weiß kein Mensch, wie ein gutes Buch aussieht, man muß es vormachen: sie verstehen die Composition nicht. Die Presse ruinirt dazu immer mehr das Gefühl.

Das Erhabene festhalten zu können!

19 [23]

Gegen die ikonische Geschichtsschreibung und gegen die Naturwissenschaften sind ungeheure künstlerische Kräfte nöthig.

Was soll der Philosoph? Inmitten der ameisenhaften Wimmelei das Problem des Daseins, überhaupt die ewigen Probleme zu betonen.

Der Philosoph soll erkennen, was noth thut, und der Künstler soll es schaffen. Der Philosoph soll am stärksten das allgemeine Leid nachempfinden: wie die alten griechischen Philosophen jeder eine Noth ausdrückt: dort, in die Lücke hinein stellt er sein System. Er baut seine Welt in diese Lücke hinein.

Es sind alle Mittel zu sammeln, durch die es möglich ist den Menschen zur Ruhe zu retten: bei absterbenden Religionen!

Den Unterschied in der Wirkung der Philosophie und der Wissenschaft klar zu machen: und ebenso den Unterschied in der Entstehung.

[424]

19 [24]

Es handelt sich nicht um eine Vernichtung der Wissenschaft, sondern um eine Beherrschung. Sie hängt nämlich in allen ihren Zielen und Methoden durch und durch ab von philosophischen Ansichten, vergißt dies aber leicht.

Die beherrschende Philosophie hat aber auch das Problem zu bedenken, bis zu welchem Grade die Wissenschaft wachsen darf: sie hat den **Werth** zu bestimmen!

19 [25]

Nachweis der barbarisirenden Wirkungen der Wissenschaften. Sie verlieren sich leicht in den Dienst der »praktischen Interessen«.

19 [26]

Werth Schopenhauers, weil er naive allgemeine Wahrheiten in's Gedächtniß ruft: er wagt es, sogenannte »Trivialitäten« schön auszusprechen.

Wir haben keine edle Popularphilosophie, weil wir keinen edlen Begriff von peuple publicum haben. Unsere Popularphilosophie ist für den peuple, nicht für das Publikum.

19 [27]

Wenn wir noch je eine Kultur erringen sollen, so sind unerhörte Kunstkräfte nöthig, um den unbeschränkten Erkenntnißtrieb zu brechen, um eine Einheit wieder zu erzeugen. Höchste Würde des Philosophen zeigt sich hier, wo er den unbeschränkten Erkenntnißtrieb concentrirt, zur Einheit bändigt.

So sind die älteren griechischen Philosophen zu verstehen, sie bändigen den Erkenntnißtrieb. Wie kam es, daß nach Sokrates er allmählich aus der Hand fiel? Zunächst sehen wir selbst bei Sokrates und Schule dieselbe Tendenz: er soll ein- [425]geschränkt werden durch die individuelle Rücksicht auf Glücklich-Leben. Es ist eine letzte niedere Phase. Ehemals handelte es sich nicht um Individuen, sondern um die Hellenen.

19 [28]

Die großen alten Philosophen gehören in das Allgemein<le>ben des Hellenischen: nach Sokrates bilden sich Sekten. Allmählich verliert die Philosophie die Zügel der Wissenschaft aus den Händen.

Im Mittelalter übernimmt die Theologie die Zügel der Wissenschaft: jetzt gefährliche Emancipationszeit.

Die allgemeine Wohlfahrt will wieder eine Bändigung und dadurch zugleich Erhebung und Concentration.

Das laisser aller unserer Wissenschaft, wie bei gewissen nationalökonomischen Dogmen: man glaubt an einen unbedingt heilsamen Erfolg.

Kant hat in gewissem Sinne mit schädlich eingewirkt: denn der Glaube an die Metaphysik ist verloren gegangen. Auf sein »Ding an sich« wird niemand rechnen können, als ob es ein bändigendes Princip sei.

Jetzt begreifen wir die merkwürdige Erscheinung Schopenhauer's: er sammelt alle Elemente, die zur Beherrschung der Wissenschaft noch taugen. Er kommt auf die tiefsten Urprobleme der Ethik und der Kunst, er wirft die Frage vom Werthe des Daseins auf.

Wunderbare Einheit Wagner's und Schopenhauer's! Sie entstammen dem gleichen Triebe. Die tiefsten Eigenschaften des germanischen Geistes rüsten sich hier zum Kampfe: wie bei den Griechen. Wiederkehr der Besonnenheit.

19 [29]

Schilderung der ungeheuren Gefahr der Verweltlichung im 6ten und 5ten Jahrhundert: die Üppigkeit der Kolonien, der Reichthum, die Sinnlichkeit.

[426]

19 [30]

Das Problem: die Kultur zu unserer Musik zu finden!

19 [31]

Es ist die Methode zu bezeichnen, wie der philosophische Mensch zu leben hat.

19 [32]

Zur Charakteristik der Oberflächlichkeit unserer Kultur: David Strauß, unsere Theater, unsere Dichter, unsere Kritik, unsere Schulen.

19 [33]

Meine Aufgabe: den inneren Zusammenhang und die Nothwendigkeit jeder wahren Kultur zu begreifen. Die Schutz- und Heilmittel einer Kultur, das Verhältniß derselben zum Volksgenius. Die Consequenz jeder großen Kunstwelt ist eine Kultur: aber oft kommt es, durch feindselige Gegenströmungen, nicht zu diesem Ausklingen eines Kunstwerks.

Die Philosophie soll den geistigen Höhenzug durch die Jahrhunderte festhalten: damit die ewige Fruchtbarkeit alles Großen.

Für die Wissenschaft giebt es kein Groß und Klein – aber für die Philosophie! An jenem Satz mißt sich der Werth der Wissenschaft.

Das Festhalten des Erhabenen!

Welcher außerordentliche Mangel an Büchern in unserer Zeit, die eine heroische Kraft athmen! – Selbst Plutarch wird nicht mehr gelesen!

19 [34]

Kant sagt (2. Vorrede zur Kritik): »ich mußte das Wissen aufheben, um zum Glauben Platz zu [427] bekommen, und der Dogmatismus der Metaphysik, das ist das Vorurtheil, in ihr ohne Kritik der reinen Vernunft fortzukommen, ist die wahre Quelle alles der Moralität widerstrebenden Unglaubens, der jederzeit gar sehr dogmatisch ist«. Sehr wichtig! Eine Kulturnoth hat ihn getrieben!

Sonderbarer Gegensatz »Wissen und Glauben«! Was hätten die Griechen davon gedacht! Kant kannte keinen andern Gegensatz! Aber **wir**!

Eine Kulturnoth treibt Kant: er will ein Gebiet vor dem Wissen retten: dorthin legt die Wurzeln alles Höchsten und Tiefsten, Kunst und Ethik – Schopenhauer.

Andrerseits sammelt er alles Wissenswürdige für alle Zeit – die ethische Volks- und Menschenweisheit (Standpunkt der 7 Weisen, der griechischen Popularphilosophen).

Er zersetzt die Elemente jenes Glaubens und zeigt, wie wenig gerade der christliche Glaube dem tiefsten Bedürfniß genügt: Frage nach dem Werthe des Daseins!

Der Kampf des Wissens mit dem Wissen!

Schopenhauer macht selbst auf das uns unbewußte Denken und Wissen aufmerksam.

Die Bändigung des Erkenntnißtriebes – ob zu Gunsten einer Religion? Oder einer künstlerischen Kultur, soll sich nun zeigen; ich stehe auf der zweiten Seite.

Ich setze hinzu die Frage nach dem **Werthe** des historischen ikonischen Erkennens, auch der Natur.

Bei den Griechen ist es die Bändigung zu Gunsten einer künstlerischen Kultur (und Religion?), die Bändigung, welche ein volles Entfesseltsein verhüten will: wir wollen den ganz entfesselten wieder zurückbändigen.

19 [35]

Der Philosoph der tragischen Erkenntniß. Er bändigt den entfesselten Wissenstrieb, nicht durch eine neue [428] Metaphysik. Er stellt keinen neuen Glauben auf. Er empfindet den weggezogenen Boden der Metaphysik tragisch und kann sich doch an dem bunten Wirbelspiele der Wissenschaften nie befriedigen. Er baut an einem neuen Leben: der Kunst giebt er ihre Rechte wieder zurück.

Der Philosoph der desperaten Erkenntniß wird in blinder Wissenschaft aufgehen: Wissen um jeden Preis.

Für den tragischen Philosophen vollendet es das Bild des Daseins, daß das Metaphysische nur anthropomorphisch erscheint. Er ist nicht Skeptiker.

Hier ist ein Begriff zu schaffen: denn Skepsis ist nicht das Ziel. Der Erkenntnißtrieb, an seine Grenzen gelangt, wendet sich gegen sich selbst, um nun zur Kritik des Wissens zu schreiten. Die Erkenntniß im Dienste des besten Lebens.

Man muß selbst die Illusion wollen – darin liegt das Tragische.

19 [36]

Der letzte Philosoph – es können ganze Generationen sein. Er hat nur zum Leben zu helfen. »Der letzte«, natürlich relativ. Für unsere Welt. Er beweist die Nothwendigkeit der Illusion, der Kunst und der das Leben beherrschenden Kunst. Es ist für uns nicht möglich, wieder eine solche Reihe von Philosophen zu erzeugen, wie Griechenland zur Zeit der Tragödie. Ihre Aufgabe erfüllt jetzt ganz allein die Kunst. Nur als Kunst ist noch so ein System möglich. Vom jetzigen Standpunkt aus fällt auch jene ganze Periode der griechischen Philosophie mit ins Bereich ihrer Kunst.

Die Bändigung der Wissenschaft geschieht jetzt nur noch durch die Kunst. Es handelt sich um Werthurtheile über das Wissen und Vielwissen.

Ungeheure Aufgabe und Würde der Kunst in dieser Aufgabe! Sie muß alles neu schaffen und [429] ganz allein das Leben neu gebären! Was sie kann, zeigen uns die Griechen: hätten wir diese nicht, so wäre unser Glaube chimärisch.

Ob eine Religion hier hinein, in das Vacuum hinein, sich bauen kann, hängt von ihrer Kraft ab. Wir sind der Kultur zugekehrt: das »Deutsche« als erlösende Kraft!

Jedenfalls müßte die Religion, welche es könnte, eine ungeheure Liebeskraft haben: an der zerbricht auch das Wissen, wie es an der Sprache der Kunst zerbricht.

Aber vielleicht vermag die Kunst sogar sich eine Religion zu schaffen, den Mythus zu gebären? So bei den Griechen.

19 [37]

Die jetzt vernichteten Philosophien und Theologien wirken aber noch immer fort in den Wissenschaften: auch wenn die Wurzeln abgestorben sind, ist hier in den Zweigen noch eine Zeitlang Leben. Das Historische ist besonders als Gegenkraft gegen den theologischen Mythus, aber auch gegen die Philosophie, so breit entwickelt: das absolute Erkennen feiert hier und in den mathematischen Naturwissenschaften seine Saturnalien, das Geringste, was hier wirklich ausgemacht werden kann, gilt höher als alle metaphysischen Ideen. Der Grad der Sicherheit bestimmt hier den Werth, nicht der Grad der Unentbehrlichkeit für Menschen. Es ist der alte Kampf von Glauben und Wissen.

Es sind dies barbarische Einseitigkeiten.

Jetzt kann die Philosophie nur noch das Relative aller Erkenntniß betonen und das Anthropomorphische, so wie die überall herrschende Kraft der Illusion. Sie kann damit den entfesselten Erkenntnißtrieb nicht mehr hemmen: der immer mehr nach dem Grade der Sicherheit urtheilt und immer kleinere Objekte sucht. Während jeder Mensch zufrieden ist, wenn ein Tag vorbei ist, wühlt gräbt und combinirt später der Historiker nach diesem Tag, um ihn der Vergessenheit [430] zu entreißen: das Kleine soll auch ewig sein, weil es erkennbar ist.

Für uns gilt nur der aesthetische Maaßstab: das Große hat ein Recht auf Historie, aber auf keine ikonische, sondern eine produktive erregende Geschichtsmalerei. Wir lassen die Gräber ruhn: aber bemächtigen uns des ewig Lebendigen.

Lieblingsthema der Zeit: die großen Wirkungen des Kleinsten. Das historische Wühlen hat z.B. als Ganzes etwas Großartiges: es ist wie die dürftige Vegetation, die allmählich die Alpen zerreibt. Wir sehen einen großen Trieb, der kleine Werkzeuge, aber großartig viele hat.

Man könnte dagegen stellen: die kleinen Wirkungen

des Großen! wenn es nämlich durch Individuen vertreten wird. Es ist schwer zu fassen, oft stirbt die Tradition weg, der Haß dagegen ist allgemein, sein Werth beruht auf der Qualität, die hat immer wenig Schätzer.

Das Große wirkt nur auf das Große: wie die Fakkelpost im Agamemnon nur von Höhe zu Höhe springt. Es ist die Aufgabe einer Kultur, daß das Große in einem Volke nicht als Einsiedler erscheint, noch als Verbannter.

Deshalb wollen wir reden, was wir empfinden: es ist nicht unsere Sache zu warten, bis der matte Abglanz dessen, was mir hell erscheint, auch bis in die Thäler dringt. Zuletzt nämlich sind die großen Wirkungen des Kleinsten eben die Nachwirkungen des Großen; sie haben eine Lawine in's Rollen gebracht. Nun haben wir Mühe, sie aufzuhalten.

19 [38]

Das Historische und die Naturwissenschaften waren nöthig gegen das Mittelalter: das Wissen gegen den Glauben. Wir richten jetzt gegen das Wissen die Kunst: Rückkehr zum Leben! Bändigung des Erkenntnißtriebes! Stärkung der moralischen und ästhetischen Instinkte.

[431] Dies erscheint uns als Rettung des deutschen Geistes, damit er wieder Retter sei!

Das Wesen dieses Geistes ist uns in der Musik aufgegangen. Wir verstehen jetzt, wie die Griechen ihre Kultur von der Musik abhängig machten.

19 [39]

Die Schöpfung einer Religion würde darin liegen, daß einer für sein in das Vacuum hineingestelltes mythisches Gebäude Glauben erweckt, d.h. daß er einem außerordentlichen Bedürfnisse entspricht.

Es ist unwahrscheinlich, daß das je wieder geschieht, seit der Kritik der reinen Vernunft.

Dagegen kann ich mir eine ganz neue Art des *Philosophen-Künstlers* imaginiren, der ein *Kunstwerk* hinein in die Lücke stellt, mit ästhetischem Werthe.

Das Gutsein und das Mitleiden ist glücklicherweise unabhängig vom Verderben und Gedeihen einer Religion: dagegen ist das Gut *handeln* sehr bestimmt durch religiöse Imperative. Die weitaus größte Masse der guten pflichtmäßigen Handlungen hat keinen ethischen Werth, sondern ist *erzwungen*.

Die *praktische* Moralität wird bei allem Zusammenbrechen einer Religion sehr leiden. Die strafende und belohnende Metaphysik scheint unentbehrlich.

Wenn man die *Sitte*, die mächtige *Sitte* schaffen kann! Damit hat man auch die Sittlichkeit.

Die *Sitte* aber durch *Vorangehn einzelner mächtiger Persönlichkeiten* gebildet.

Auf erwachende *Güte* in der Masse der Besitzenden rechne ich nicht, wohl aber könnte man sie zu einer *Sitte* bringen, zu einer Pflicht gegen das Herkommen.

Wenn die Menschheit, was sie bis jetzt auf den Bau von Kirchen, auf Erziehung und Schulen verwendet, wenn sie den Intellekt, den sie auf Theologie, jetzt auf Erziehung richtet.

[432]

19 [40]

Die *freidichtende* Art, wie die Griechen mit ihren Göttern umgiengen!

Wir sind an den Gegensatz von historischer Wahrheit und Unwahrheit zu sehr gewöhnt. Es ist komisch, daß die christlichen Mythen durchaus *historisch* sein sollen!

19 [41]

Das Problem einer *Kultur* selten richtig gefaßt. Ihr Ziel ist nicht das größtmögliche *Glück* eines Volkes, auch nicht die ungehinderte Entwicklung *aller* seiner Begabungen: sondern in der richtigen *Proportion* dieser Entwicklungen zeigt sie sich. Ihr Ziel zeigt über das Erdenglück hinaus: die Erzeugung großer Werke ist ihr Ziel.

In allen griechischen Trieben zeigt sich eine *bändigende Einheit*: nennen wir sie den hellenischen *Willen*. Jeder dieser Triebe versucht allein in's Unendliche zu existiren. Die alten Philosophen versuchen aus ihnen die Welt zu construiren.

Die *Kultur* eines Volkes offenbart sich in der *einheitlichen Bändigung der Triebe dieses Volkes*: die Philosophie bändigt den Erkenntnißtrieb, die Kunst den Formentrieb und die Ekstasis, die ἀγάπη den ἔρως usw.

Die Erkenntniß *isolirt*: die älteren Philosophen stellen isolirt dar, was die griechische Kunst zusammen erscheinen läßt.

Der Inhalt der Kunst und der alten Philosophie fällt zusammen, aber als Philosophie sehen wir die *isolirten* Bestandtheile der Kunst verwendet, um den *Erkenntnißtrieb zu bändigen*. Das muß sich auch bei den Italiänern zeigen lassen: der Individualismus im Leben und der Kunst.

19 [42]

Die Griechen als Entdecker und Reisende und Kolonisatoren. Sie verstehen zu *lernen*: ungeheure Aneignungskraft. [433] Unsre Zeit soll nicht glauben, in ihrem Wissenstrieb so viel höher zu stehen: nur wurde bei den Griechen alles *Leben*! Bei uns bleibt es Erkenntniß!

19 [43]

Wenn es auf den *Werth* der Erkenntniß ankommt, anderseits ein schöner Wahn, wenn nur an ihn geglaubt wird, ganz den gleichen Werth wie eine Erkenntniß hat, so sieht man, daß das Leben Illusionen braucht, d.h. für Wahrheiten gehaltene Unwahrheiten. Es braucht den Glauben an die Wahrheit, aber es genügt dann die Illusion, d.h. die »Wahrheiten« beweisen sich durch ihre Wirkungen, nicht durch logische Beweise, Beweise der Kraft. Das Wahre und das Wirkende gilt für identisch, man beugt sich der Gewalt auch hier. Wie kommt es dann, daß ein logisches Wahrheitsbeweisen überhaupt stattfand? Im Kampf von »Wahrheit« und »Wahrheit« suchen sie die Alliance der Reflexion. Alles wirkliche Wahrheitsstreben ist in die Welt gekommen durch den Kampf um eine heilige Überzeugung, durch das πάθος des Kämpfens: sonst hat der Mensch kein Interesse für den logischen Ursprung.

19 [44]

Zweck, die Teleologie des Philosophen inmitten der Kultur zu bestimmen.

Wir fragen die Griechen, in der Zeit, in der eine Einheit in ihrer Kultur war.

Wichtig: es giebt auch für die reichste Kultur die Philosophie. Wozu?

Wir fragen die großen Philosophen. Ach, sie sind zu Grunde gegangen! Wie leichtfertig verfährt die Natur!

19 [45]

Wie verhält sich der philosophische Genius zur Kunst? Aus dem direkten Verhalten ist wenig zu lernen. Wir müssen fra-[434]gen: was ist an seiner Philosophie Kunst? Kunstwerk? Was bleibt, wenn sein System als Wissenschaft vernichtet ist? Gerade dieses Bleibende aber muß es sein, was den Wissenstrieb bändigt, also das Künstlerische daran. Warum ist eine solche Bändigung nöthig? Denn wissenschaftlich betrachtet, ist es eine Illusion, eine Unwahrheit, die den Trieb nach Erkenntniß täuscht und nur vorläufig befriedigt. Der Werth der Philosophie in dieser Bändigung liegt nicht in der Erkenntnißsphäre, sondern in der Lebenssphäre: der Wille zum Dasein benutzt die Philosophie zum Zwecke einer höheren Daseinsform.

Es ist nicht möglich, daß Kunst und Philosophie sich gegen den Willen richten könnten: aber ebenfalls die Moral ist in seinem Dienste. Allherrschaft des Willens. Eine der zartesten Daseinsformen das relative Nirvāna.

19 [46]

Es ist alles so bestimmt wie möglich zu sagen und jeder terminus, auch »Wille«, bei Seite zu lassen.

19 [47]

Die Schönheit und die Großartigkeit einer Weltconstruktion (alias Philosophie) entscheidet jetzt über ihren Werth – d.h. sie wird als Kunst beurtheilt. Ihre Form wird sich wahrscheinlich verändern! Die starre mathematische Formel (wie bei Spinoza) – die auf Göthe einen so beruhigenden Eindruck machte, hat eben nur noch als ästhetisches Ausdrucksmittel ein Recht.

19 [48]

Der Satz ist festzustellen – wir leben nur durch Illusionen – unser Bewußtsein streift die Oberfläche. Vieles ist vor unsern Blicken verborgen. Es ist auch nie zu fürchten, daß der Mensch sich ganz erkennt, daß er in jedem Augenblicke alle die Ge-[435]setze der Hebelkräfte, der Mechanik, alle die Formeln der Baukunst, der Chemie, die zu seinem Leben nöthig sind, durchschaue. Wohl aber ist möglich, daß durch Schema alles erkannt werde. Das ändert für unser Leben fast nichts. Zudem sind es alles nur Formeln für absolut unerkennbare Kräfte.

19 [49]

Wir leben allerdings durch die Oberflächlichkeit unseres Intellekts in einer fortwährenden Illusion: d.h. wir brauchen, um zu leben, in jedem Augenblicke die Kunst. Unser Auge hält uns an den Formen fest. Wenn wir es aber selbst sind, die allmählich uns dies Auge anerzogen haben, so sehen wir in uns selbst eine Kunstkraft walten. Wir sehen also in der Natur selbst Mechanismen gegen das absolute Wissen: der Philosoph **erkennt** die Sprache der Natur und sagt: »wir brauchen die Kunst« und »wir bedürfen nur eines Theils des Wissens«.

19 [50]

Jede Art von Kultur beginnt damit, daß eine Menge von Dingen verschleiert werden. Der Fortschritt des Menschen hängt an diesem Verschleiern – das Leben in einer reinen und edlen Sphäre und das Abschließen der gemeineren Reizungen. Der Kampf gegen die »Sinnlichkeit« durch die Tugend ist wesentlich ästhetischer Art. Wenn wir die großen Individuen als unsere Leitsterne gebrauchen, so verschleiern wir viel an ihnen, ja wir verhüllen alle die Umstände und Zufälle, die ihr Entstehen möglich machen, wir isoliren sie uns, um sie zu verehren. Jede Religion enthält so ein Element: die Menschen unter göttlicher Obhut, als etwas unendlich Wichtiges. Ja, alle Ethik beginnt damit, daß wir das einzelne Individuum unendlich wichtig nehmen – anders als die Natur, die grausam und spielend verfährt. Wenn wir besser und edler sind, so haben es die isolirenden Illusionen gemacht!

[436] Dem stellt nun die Naturwissenschaft die absolute Naturwahrheit entgegen: die höhere Physiologie wird freilich die künstlerischen Kräfte schon in unserem Werden begreifen, ja nicht nur in dem des Menschen, sondern des Thieres: sie wird sagen, daß mit dem Organischen auch das Künstlerische beginnt.

19 [51]

Die Konsequenzen der Kantischen Lehre. Ende der Metaphysik als Wissenschaft.
Die barbarisirende Einwirkung des Wissens.

Die Bändigung des Wissens als Trieb der Kunst.
Wir leben nur durch diese Illusionen der Kunst.
Jede höhere Kultur ist es durch diese Bändigung.
Die philosophischen Systeme der älteren Griechen.
Es offenbart sich dieselbe Welt, die die Tragödie schuf.
Hier begreifen wir die Einheit der Philosophie und der Kunst zum Zweck der Kultur.
Der ästhetische Begriff des Großen und Erhabenen: dazu zu erziehn die Aufgabe. Die Kultur abhängig von der Art, wie man »das Große« definirt.

19 [52]

Das absolute Wissen führt zum Pessimismus: die Kunst ist das Heilmittel dagegen.

Die Philosophie ist zur Bildung unentbehrlich, weil sie das Wissen in eine künstlerische Weltconception hineinzieht und dadurch veredelt.

19 [53]

Die Sorge, daß das ewige Werk der Menschheit nicht vorenthalten werde und nicht zu Grunde gehe, bestimmte **Schopenhauer** durchaus: er kannte das Schicksal Heraklits, und seine erste Auflage wurde eingestampft! Er hatte die Vorsorge [437] eines Vaters: alle die unangenehmen Züge seines Wesens, sein Umgang mit Litteraten wie Frauenstädt ist hierher zu erklären. Die Ruhmsucht ist hier ein vorsorglicher Instinkt zu Gunsten der Menschheit: er kannte den Lauf der Welt.

Man kann sich gewiß noch eine größere Erhabenheit über die Menschheit denken: dann hätte er aber nicht geschrieben! Er sehnte sich nach dem Weiterzeugen im Schönen!

19 [54]

Die chemischen Verwandlungen in der unorganischen Natur sind vielleicht auch künstlerische Prozesse, mimische Rollen zu nennen, die eine Kraft spielt: es giebt aber mehrere! die sie spielen kann.

19 [55]

Denen, welche nur eine gelehrte Befriedigung dabei empfinden wollen, habe ich es nicht leicht gemacht, weil ich auf sie zuletzt gar nicht rechnete. Die Citate fehlen.

19 [56]

Mit dem Eigenthum weiser Sprüche nahm es das Zeitalter der sieben Weisen nicht genau, aber sehr wichtig, wenn erst Jemand einen Spruch annektirte.

19 [57]

Die Chronologie der griechischen Philosophen.
Rhythmus.
Choephoren.

19 [58]

Die Philologen dieser Zeit haben sich als unwürdig erwiesen, mich und mein Buch zu sich rechnen zu dürfen: es bedarf kaum der Versicherung, daß auch in diesem Falle ich es ihnen anheim gebe, ob sie etwas lernen wollen oder nicht, fühle mich aber nicht geneigt, ihnen irgendwie entgegenzukommen.

[438] Das was sich jetzt »Philologie« nennt und was ich mit Absicht nur neutral bezeichne, möge auch diesmal mein Buch übersehen: denn es ist männlicher Natur und taugt nicht für Castraten. Denen geziemt vielmehr am Conjekturenwebstuhl zu sitzen.

19 [59]

Über die Διαδοχαί und ihren Ursprung (in der Geschichte der älteren Philosophen).

Apollodor bekämpft sie: wer hat sie aufgestellt?

19 [60]

Die Entstehung philosophischer Secten im griechischen Alterthum.

Aus der tiefsten Umwandlung des hellenischen Geistes.

Anfang mit den Pythagoreern, von denen lernt es Plato.

Die Akademie giebt den Typus an. Es sind Oppositionsanstalten gegen das hellenische Leben.

Die früheren Philosophen sind Isolirungen einzelner Triebe des hellenischen Wesens.

Wir erleben den Übergang des philosophischen Sektengeistes in das Kulturbewußtsein, Übergang der Philosophie in die Kultur. Dort Scheidung der Philosophie und der Kultur.

Die Oberflächlichkeit aller nachsokratischen Ethik! Die tiefe hellenische ältere Ethik hat sich nicht in Worten und Begriffen darstellen lassen.

19 [61]

Heraklit in seinem Hasse gegen das Dionysische Element, auch gegen Pythagoras, auch gegen das viele Wissen. Er ist ein apollinisches Produkt und redet Orakel, deren Wesen man sich und ihm deuten muß. Er empfindet das Leiden nicht, aber die Dummheit.

[439]

19 [62]

Große Verlegenheit, ob die Philosophie eine Kunst oder eine Wissenschaft ist.

Es ist eine Kunst in ihren Zwecken und in ihrer Produktion. Aber das Mittel, die Darstellung in Begriffen, hat sie mit der Wissenschaft gemein. Es ist eine Form der Dichtkunst. – Sie ist nicht unterzubringen: deshalb müssen wir eine Species erfinden und charakterisiren.

Die Naturbeschreibung des Philosophen. Er erkennt, indem er dichtet, und dichtet, indem er erkennt.

Er wächst nicht, ich meine, die Philosophie nimmt nicht den Verlauf, wie die andern Wissenschaften: wenn auch irgend welche Gebiete des Philosophen allmählich in die Hände der Wissenschaft übergehen. Heraklit kann nie veralten. Es ist die Dichtung außer den Grenzen der Erfahrung, Fortsetzung des mythischen Triebes; auch wesentlich in Bildern. Die mathematische Darstellung gehört nicht zum Wesen des Philosophen.

Überwindung des Wissens durch mythenbildende Kräfte. Kant merkwürdig – Wissen und Glauben! Innerste Verwandtschaft der Philosophen und der Religionsstifter!

19 [63]

Sonderbares Problem: das sich Verzehren der philosophischen Systeme! Unerhört für die Wissenschaft wie für die Kunst! Ähnlich steht es mit den Religionen: das ist merkwürdig und bezeichnend.

19 [64]

Die Illusion nöthig für das empfindende Wesen, um zu leben.

Die Illusion nöthig, um in der Kultur fortzuschreiten.

Was will der unersättliche Erkenntnißtrieb?

– Jedenfalls ist er kulturfeindlich.

[440] Die Philosophie sucht ihn zu bändigen; ist ein Mittel der Kultur.

Die älteren Philosophen.

19 [65]

Durchaus unpersönlich und kalt zu schreiben. Kein »ich« und »wir«.

19 [66]

Unser Verstand ist eine Flächenkraft, ist *oberflächlich*. Das nennt man auch »*subjektiv*«. Er erkennt durch *Begriffe*: das heißt unser Denken ist ein Rubriziren, ein Benamsen. Also etwas, was auf eine Willkür des Menschen hinausläuft und nicht das Ding selbst trifft. Nur *rechnen* <d> und nur in den Formen des Raumes hat der Mensch absolute Erkenntniß d.h. die letzte Grenze alles Erkennbaren sind *Quantitäten*, er *versteht* keine Qualität, sondern nur eine Quantität.

Was kann der Zweck einer solchen Flächenkraft sein?

Dem Begriff entspricht zuerst das Bild, Bilder sind Urdenken d.h. die Oberflächen der Dinge im Spiegel des Auges zusammengefaßt.

Das *Bild* ist das eine, das *Rechenexempel* das andre.

Bilder in menschlichen Augen! Das beherrscht alles menschliche Wesen: vom *Auge* aus! Subjekt! das *Ohr* hört den Klang! Eine ganz andere wunderbare Conception derselben Welt.

Auf der *Ungenauigkeit* des *Sehens* beruht die *Kunst*. Auch beim Ohr Ungenauigkeit in Rhythmus, Temperatur usw. darauf beruht wiederum die *Kunst*.

19 [67]

Es ist eine Kraft in uns, die die *großen* Züge des Spiegelbildes intensiver wahrnehmen läßt, und wieder eine Kraft, die
[441] den gleichen Rhythmus auch über die wirkliche Ungenauigkeit hinweg betont. Dies muß eine *Kunstkraft* sein. Denn sie *schafft*. Ihr Hauptmittel ist *weglassen* und *übersehen* und *überhören*. Also antiwissenschaftlich: denn sie hat nicht für alles Wahrgenommene ein gleiches Interesse.

Das Wort enthält nur ein Bild, daraus der Begriff. Das Denken rechnet also mit künstlerischen Größen.

Alles Rubriziren ist ein Versuch zum Bilde zu kommen.

Zu jedem wahren Sein verhalten wir uns oberflächlich, wir reden die Sprache des Symbols, des Bildes: sodann thun wir etwas hinzu, mit künstlerischer Kraft, indem wir die Hauptzüge verstärken, die Nebenzüge vergessen.

19 [68]

Apologie der Kunst.

Thales längst vorbei – aber ein Bildner, am Wasserfall stehend, wird ihm doch noch Recht geben.

19 [69]

Unser öffentliches staatliches und sociales Leben läuft auf ein Gleichgewicht der Eogismen hinaus: Lösung der Frage, wie man ein leidliches Dasein, ohne jede Liebeskraft, rein aus der Klugheit der betheiligten Egoismen erziele.

Diese Zeit hat einen Haß auf die Kunst, wie auf die Religion. Sie will weder eine Abfindung durch einen Hinweis auf das Jenseits, noch durch einen Hinweis auf die Verklärung der Kunstwelt. Sie hält das für unnütze »Poesie«, Spaß usw. Unsre »Dichter« entsprechen. Aber die Kunst als furchtbarer Ernst! Die neue Metaphysik als furchtbarer Ernst! Wir wollen euch die Welt noch so umstellen mit Bildern, daß euch schaudert. Das aber steht in unserer Hand! Verstopft euch die Ohren, eure Augen werden unseren Mythus sehen. Unsere Flüche werden euch treffen!

[442] Die Wissenschaft muß ihre Utilität jetzt zeigen! Sie ist zur Ernährerin geworden, im Dienste des Egoismus: der Staat und die Gesellschaft haben sie in ihren Frohndienst genommen, um sie auszubeuten zu ihren Zwecken.

Der normale Zustand ist der Krieg: wir schließen Frieden nur auf bestimmte Zeiten.

19 [70]

Es ist mir nöthig zu wissen, wie die Griechen zur Zeit ihrer Kunst philosophirt haben. Die *sokratischen* Schulen saßen inmitten eines Meeres der Schönheit – was merkt man davon bei ihnen? Ungeheurer Aufwand wird für die Kunst gemacht. Die Sokratiker haben entweder ein feindseliges oder theoretisches Verhalten dazu.

Dagegen waltet in den älteren Philosophen zum Theil ein ähnlicher Trieb, wie der, welcher die Tragödie schuf.

19 [71]

Der Begriff des Philosophen und die Typen. – Was ist allen gemeinsam?

Er ist entweder seiner Kultur entsprungen oder ihr feindlich.

Er ist beschaulich wie der bildende Künstler, mitempfindend wie der Religiöse, causal wie der Mann der Wissenschaft: er sucht alle Töne der Welt in sich nachklingen zu lassen und diesen Gesammtklang aus sich heraus zu stellen in Begriffen. Das *Aufschwellen* zum *Makrokosmos* und dabei *besonnenes Betrachten* – wie der Schauspieler oder der dramatische Dichter, der sich verwandelt und dabei die Besonnenheit behält, nach außen sich zu projiciren.

Das dialektische Denken als Sturzbad darüber gegossen.

Merkwürdig Plato: Enthusiast der Dialektik d. h. jener Besonnenheit.

[443]

19 [72]

Die Philosophen. Naturbeschreibung des Philosophen.

Der Philosoph neben dem wissenschaftlichen Menschen und dem Künstler.

Bändigung des Erkenntnißtriebes durch die Kunst,
des religiösen Einheitstriebes durch den Begriff.

Sonderbar das Nebeneinander von Conception und Abstraktion.

Bedeutung für die Kultur.

Die Metaphysik als Vacuum.

19 [73]

Der Philosoph der Zukunft? er muß das Obertribunal einer künstlerischen Kultur werden, gleichsam die Sicherheitsbehörde gegen alle Ausschreitungen.

19 [74]

Wir werden doch nicht alles Rubriziren, alle Allgemeinbegriffe als »philosophisch« bezeichnen. Ebensowenig alles Unbewußte und Intuitive: auch selbst bei der philologischen Conjektur giebt es ein Erzeugen, das nicht ganz in bewußtes Denken aufzulösen ist.

19 [75]

Das philosophische Denken ist mitten in allem wissenschaftlichen Denken zu spüren: selbst bei der Conjektur. Es springt voraus auf leichten Stützen: schwerfällig keucht der Verstand hinter drein und sucht bessere Stützen, nachdem ihm das lockende Zauberbild erschienen ist. Ein unendlich rasches Durchfliegen großer Räume! Ist es nur die größere Schnelligkeit? Nein. Es ist Flügelschlag der Phantasie, d. h. ein Weiterspringen von Möglichkeit zu Möglichkeit, die einstweilen als Sicherhei-[444]ten genommen werden. Hier und da von Möglichkeit zu einer Sicherheit und wieder zu einer Möglichkeit. –

Was ist aber eine solche »Möglichkeit«? Ein Einfall z. B. »es könnte vielleicht«. Aber wie kommt der Einfall? Mitunter zufällig äußerlich: ein Vergleichen, das Entdecken irgend einer Analogie findet statt. Nun tritt eine Erweiterung ein. Die Phantasie besteht im schnellen Ähnlichkeitenschauen. Die Reflexion mißt nachher Begriff an Begriff und

prüft. Die Ähnlichkeit soll ersetzt werden durch Causalität.
Ist denn nun »wissenschaftliches« Denken und »philosophisches« nur durch die Dosis verschieden? Oder vielleicht durch die Gebiete?

19 [76]

Es giebt keine aparte Philosophie, getrennt von der Wissenschaft: dort wie hier wird gleich gedacht. Daß ein unbeweisbares Philosophiren noch einen Werth hat, mehr als meistens ein wissenschaftlicher Satz, hat seinen Grund in dem aesthetischen Werthe eines solchen Philosophirens, d.h. durch Schönheit und Erhabenheit. Es ist als Kunstwerk noch vorhanden, wenn es sich als wissenschaftlicher Bau nicht erweisen kann. Ist das aber bei wissenschaftlichen Dingen nicht ebenso?–

Mit anderen Worten: es entscheidet nicht der reine Erkenntnißtrieb, sondern der aesthetische: die wenig erwiesene Philosophie des Heraklit hat einen größeren Kunstwerth als alle Sätze des Aristoteles.

Der Erkenntnißtrieb wird also gebändigt durch die Phantasie in der Kultur eines Volkes. Dabei ist der Philosoph vom höchsten Wahrheitspathos erfüllt: der Werth seiner Erkenntniß verbürgt ihm ihre Wahrheit. Alle Fruchtbarkeit, und alle treibende Kraft liegt in diesen vorausgeworfnen Blicken.

[445]

19 [77]

Die Phantasieerzeugung kann man im Auge beobachten. Ähnlichkeit führt zur kecksten Fortbildung: aber auch ganz andre Verhältnisse, Contrast den Contrast, und unaufhörlich. Hier sieht man die außerordentliche Produktivität des Intellekts. Es ist ein Bilderleben.

19 [78]

Man muß beim Denken schon haben, was man sucht, durch Phantasie – dann erst kann die Reflexion es beurtheilen. Dies thut sie, indem sie es an gewöhnlichen und häufig erprobten Ketten mißt.

Was ist eigentlich »logisch« beim Bilderdenken? –

Der nüchterne Mensch braucht die Phantasie wenig und hat sie wenig.

Es ist jedenfalls etwas Künstlerisches, dieses Erzeugen von Formen, bei denen dann der Erinnerung etwas einfällt: diese Form hebt sie heraus und verstärkt sie dadurch. Denken ist ein Herausheben.

Es ist viel mehr von Bilderreihen im Gehirn, als zum Denken verbraucht wird: der Intellekt wählt schnell ähnliche Bilder: das Gewählte erzeugt wieder eine ganze Fülle von Bildern: schnell aber wählt er wieder eines davon usw.

Das bewußte Denken ist nur ein Herauswählen von Vorstellungen. Es ist ein langer Weg bis zur Abstraktion.

1) Die Kraft, die die Bilderfülle erzeugt 2) die Kraft, welche das Ähnliche auswählt und betont.

Fieberkranke an Wänden und Tapeten verfahren so, nur projiciren die Gesunden die Tapete mit.

19 [79]

Es ist zwiefach eine künstlerische Kraft da, die bildererzeugende und die auswählende.

[446] Die Traumeswelt beweist die Richtigkeit: der Mensch geht hier nicht bis zur Abstraktion weiter, oder: er wird nicht von den Bildern, die durch's Auge einströmen, geleitet und modificirt.

Sieht man jene Kraft näher an, so ist hier auch kein künstlerisches ganz freies Erfinden: das wäre etwas Willkürliches, also Unmögliches. Sondern die feinsten Ausstrahlungen von Nerventhätigkeit auf einer Fläche gesehn: sie verhalten sich wie die Chladni'schen Klangfiguren zu dem Klang selbst: so diese Bilder zu der darunter sich bewegenden Nerventhätigkeit. Das allerzarteste sich Schwingen und Zittern! Der künstlerische Prozeß ist physiologisch absolut bestimmt und nothwendig. Alles Denken erscheint uns auf der Oberfläche als willkürlich, als in unserem Belieben: wir bemerken die unendliche Thätigkeit nicht.

Einen *künstlerischen Vorgang ohne Gehirn* zu denken ist eine starke Anthropopathie: aber ebenso steht es mit dem Willen, der Moral usw.

Das Begehren ist doch nur eine physiologische Ubertät, die sich entladen möchte, und einen Druck bis zum Gehirn ausübt.

19 [80]

Resultat: es kommt nur auf die *Grade* und *Quantitäten* an: alle Menschen sind künstlerisch philosophisch wissenschaftlich usw.

Unsre Werthschätzung bezieht sich auf Quantitäten, nicht auf Qualitäten. Wir verehren das *Große*. Das ist freilich auch das *Unnormale*.

Denn die Verehrung der großartigen Wirkungen des Kleinen ist nur ein Staunen vor dem Resultat und dem Mißverhältniß der kleinsten Ursache. Nur indem wir sehr viele Wirkungen zusammenaddiren und als *Einheit* anschauen, haben wir den Eindruck der Größe: d.h. *wir erzeugen*, durch diese Einheit, die Größe.

[447] Die Menschheit wächst aber nur durch die Verehrung des *Seltnen Großen*. Selbst das als Selten Groß Gewähnte, z.B. das *Wunder*, übt diese Wirkung. Das Erschrecken ist der Menschheit bestes Theil.

19 [81]

Das Träumen als die auswählende Fortsetzung der Augenbilder.

Im Reiche des Intellekts ist alles Qualitative nur ein *Quantitatives*. Zu den Qualitäten führt uns der Begriff, das Wort.

19 [82]

Vielleicht kann der Mensch nichts vergessen. Die Operation des Sehens und des Erkennens ist viel zu complicirt, als daß es möglich wäre, sie völlig wieder zu verwischen, d. h. alle Formen, die einmal vom Gehirn und Nervensystem erzeugt sind, wiederholt es von jetzt ab so oft. Eine gleiche Nerventhätigkeit erzeugt das gleiche Bild wieder.

19 [83]

Das philosophische Denken ist spezifisch gleichartig mit dem wissenschaftlichen, aber bezieht sich auf große Dinge und Angelegenheiten. Der Begriff der Größe ist aber ein wandelbarer, theils ästhetisch, theils moralisch. Es ist eine Bändigung des Erkenntnißtriebes. Darin liegt die Kulturbedeutung.

Wenn aber die Metaphysik beseitigt ist, dann wird allmählich der Menschheit manches Andere wieder groß erscheinen. Ich meine, die Philosophen werden andere Gebiete bevorzugen: und hoffentlich die, wo sie auf die neue Kultur heilsam einwirken.

Es ist eine Gesetzgebung der Größe, ein »Namengeben« mit der Philosophie verbunden: »das ist groß« sagt er und dadurch erhebt er den Menschen. Es beginnt mit der Ge-[448]setzgebung der Moral: »das ist groß«, Standpunkt der sieben Weisen, den die Römer in guter Zeit nie verlassen haben.

19 [84]

Das eigentliche Material alles Erkennens sind die allerzartesten Lust- und Unlustempfindungen: auf jener Fläche, in die die Nerventhätigkeit in Lust und Schmerz Formen hinzeichnet, ist das eigentliche Geheimniß: das, was Empfindung ist, projicirt zugleich Formen, die dann wieder neue Empfindungen erzeugen.

Es ist das Wesen der Lust- und Unlustempfindung, sich in adäquaten Bewegungen auszudrücken: dadurch daß diese adäquaten Bewegungen wieder andere Nerven zur Empfindung veranlassen, entsteht die Empfindung des Bildes.

19 [85]

Weisheit und Wissenschaft.
Über die Philosophen.

Arthur Schopenhauer dem Unsterblichen geweiht.

19 [86]

σοφία und ἐπιστήμη. σοφία enthält das Wählende in sich, das Geschmackhabende: während sich die Wissenschaft ohne solchen Feingeschmack auf alles Wissenswürdige stürzt.

19 [87]

Auch bei dem Bilderdenken hat der Darwinismus Recht: das kräftigere Bild verzehrt die geringeren.

19 [88]

»Im lieben niederträchtigen Deutschland!«

19 [89]

Was ist der Philosoph? Zu beantworten an den alten Griechen?

[449] Thales. Mytholog und Philosoph.
Anaximander. Tragische Weltbetrachtung. Tragödie.
Heraclit. Illusion. Künstlerisches im Philosophen. Kunst.
Pythagoras. Mystik und Philosophie. Religion.
Anaxagoras. Zwecke. Geist und Materie.
Parmenides. Zeno. Das Logische. Logik.
Empedocles. Liebe Haß. Recht und Liebesmoral. Moral.
Democrit. Zahl und Maß, Aussicht aller Physik. Naturphilosophie.

Pythagoreer. Das Sektenwesen.
Socrates. Der Philosoph und die Kultur. Cultur.
Entstehung der Philosophen und – das Philosophentribunal für die Kultur der Zukunft.

19 [90]

Ob das Denken mit Lust oder Unlust vor sich geht, ist ganz wesentlich: wem es rechte Beschwerde macht, der ist eben weniger dazu angelegt und wird wohl auch weniger weit kommen: er zwingt sich und in diesem Bereich ist es nichts nütze.

19 [91]

Alle Naturwissenschaft ist nur ein Versuch, den Menschen, das Anthropologische zu verstehen: noch richtiger, auf den ungeheuersten Umwegen immer zum Menschen zurückzukommen. Das Aufschwellen des Menschen zum Makrokosmos, um am Ende zu sagen »du bist am Ende, was du bist«.

19 [92]

Mitunter erweist sich das durch Sprünge erreichte Resultat sofort als wahr und fruchtbar, von seinen Consequenzen aus.

Wird ein genialer Forscher von einer richtigen Ahnung geleitet? Ja, er sieht eben Möglichkeiten, ohne zureichende Stützen: daß er aber so etwas für möglich hält, zeigt [450] seine Genialität. Er überschlägt sehr schnell das ungefähr für ihn Beweisbare.

Der Mißbrauch der Erkenntniß im ewigen Wiederholen von Experimenten und von Materialsammeln, während der Schluß sich schon aus wenigen ergiebt. Auch in der Philologie ist es so: die Vollständigkeit des Materials ist in vielen Fällen etwas Unnützes.

19 [93]

Auch das Moralische hat keine andere Quelle als den Intellekt, aber die verbindende Bilderkette wirkt hier anders als bei dem Künstler und Denker: sie reizt zur *That*. Ganz gewiß ist das Empfinden des Ähnlichen, das *Identificiren* nothwendige Voraussetzung. Sodann Erinnerung an eignen Schmerz. Gut sein hieße also: *sehr leicht* identificiren und sehr *schnell*. Es ist also eine Verwandlung, ähnlich wie bei dem Schauspieler.

Alle Rechtschaffenheit und alles Recht dagegen kommt aus einem Gleichgewicht der Egoismen: gegenseitige Anerkennung sich nicht zu schädigen. Also aus Klugheit. In der Form von festen Grundsätzen sieht es dann wieder anders aus: als Charakter*festigkeit*. Liebe und Recht Gegensätze: Kulminationspunkt Aufopfern für die Welt.

Das Vorausnehmen von möglichen Unlustempfindungen bestimmt die Handlung des rechtlichen Menschen: er kennt empirisch die Folgen der Verletzung des Nächsten: aber auch der Verletzung seiner selbst.

Dagegen ist die christliche Ethik der Gegensatz: sie beruht auf dem Identificiren seiner selbst mit dem Nächsten, anderen wohlthun ist hier ein Sich-selbst-wohlthun, mit anderen leiden ist hier gleich dem eignen Leid. Liebe ist mit einer Begierde zur Einheit verbunden.

[451]

19 [94]

Es genügte ein ehrliches Wort des edlen Zöllner, um in unserer gelehrten Pöbel-Republik fast einstimmig verfehmt zu werden.

19 [95]

Ich nehme in diesem Buche auf die gegenwärtigen Gelehrten keine Rücksicht und errege dadurch den Schein, als ob ich sie den gleichgültigen Dingen zurechne. Will man aber ruhig über ernste Dinge nachdenken, so muß man nicht durch ekelhaften Anblick gestört werden. Jetzt wende ich meine Augen mit Widerstreben auf sie, um ihnen zu sagen, daß sie mir nicht gleichgültig sind, daß ich aber wünschen möchte, sie wären's mir.

19 [96]

Es war ein großer Mathematiker, mit dem die Philosophie in Griechenland anhebt. Dorther stammt sein Gefühl für das Abstrakte, Unmythische. Bei einer antimythischen Gesinnung gilt er doch als der »Weise« in Delphi: – Orphiker zeigen den abstrakten Gedanken in Allegorie.

Die Griechen übernehmen die Wissenschaft von den Orientalen. Die Mathematik und Astronomie ist älter als die Philosophie.

19 [97]

Die Wahrheit fordert der Mensch und leistet sie im moralischen Verkehr mit Menschen, darauf beruht alles Zusammenleben. Man anticipirt die schlimmen Folgen gegenseitiger Lügen. Von hier aus entsteht die Pflicht der Wahrheit. Dem epischen Erzähler gestattet man die Lüge, weil hier keine schädliche Wirkung zu ersehen ist. – Also wo die Lüge als angenehm gilt, ist sie erlaubt: die Schönheit und Anmuth der Lüge, vorausgesetzt daß sie nicht schadet. So erfindet der Prie-[452]ster Mythen seiner Götter: sie rechtfertigt ihre Erhabenheit. Außerordentlich schwer, das mythische Gefühl der freien Lüge wieder sich lebendig zu machen. Die großen griechischen Philosophen leben noch ganz in dieser Berechtigung zur Lüge.

Wo man nichts Wahres wissen kann, ist die Lüge erlaubt.

Jeder Mensch läßt sich Nachts im Traume fortwährend belügen.

Das Wahrheitsstreben ist ein unendlich langsamer Erwerb der Menschheit. Unser historisches Gefühl etwas ganz

Neues in der Welt. Es wäre möglich, daß es die Kunst ganz unterdrückte.

Das Aussprechen der Wahrheit um jeden Preis ist sokratisch.

19 [98]

Der Philosoph.

Betrachtungen über den Kampf von Kunst und Erkenntniss.

19 [99]

Die »Gelehrten-Ochlokratie« statt Gelehrten-Republik.

19 [100]

Sehr lehrreich, wenn Heraclit seine Sprache mit Apollo und Sibylle vergleicht.

19 [101]

Die Sinne machen uns etwas vor.

19 [102]

Wahrheit und Lüge physiologisch.

Wahrheit als Moralgesetz – zwei Quellen der Moral.

Das Wesen der Wahrheit nach den Wirkungen beurtheilt.

[453] Die Wirkungen verführen zur Annahme von unbewiesenen »Wahrheiten«.

Im Kampf solcher durch die Kraft lebenden »Wahrheiten« zeigt sich das Bedürfniß, einen andern Weg zu ihnen zu finden. Entweder von dort alles erklärend, oder von den Exempeln, Erscheinungen zu ihr hinaufsteigend.

Wunderbare Erfindung der Logik.

Allmähliches Überwiegen der logischen Kräfte und Beschränkung des Wissens möglichen.

Fortwährende Reaktion der künstlerischen Kräfte und Beschränkung auf das Wissens *würdige* (nach der *Wirkung* beurtheilt).

19 [103]

Kampf im *Philosophen*.

Sein universaler Trieb zwingt ihn zum schlechten Denken, das ungeheure Pathos der Wahrheit, am Weitblick seines Standpunktes erzeugt, zwingt ihn zur *Mittheilung* und diese wieder zur Logik.

Auf der einen Seite erzeugt sich eine *optimistische Metaphysik der Logik* – allmählich alles vergiftend und belügend. Die Logik, als Alleinherrscherin, führt zur Lüge: denn sie *ist* nicht die Alleinherrscherin.

Das andre Wahrheitsgefühl stammt aus der *Liebe*, Beweis der Kraft.

Das Aussprechen der *beseligenden Wahrheit aus Liebe*: bezieht sich auf Erkenntnisse des Einzelnen, die er nicht mittheilen muß, aber deren überquellende Beseligung ihn zwingt.

19 [104]

Ganz wahrhaftig zu sein – herrliche heroische Lust des Menschen, in einer lügenhaften Natur! *Aber nur sehr relativ möglich!* Das ist tragisch. Das ist das *tragische* [454]
Problem Kants! Jetzt bekommt die Kunst eine ganz neue Würde. Die Wissenschaften dagegen sind einen Grad *degradirt*.

19 [105]

Wahrhaftigkeit der Kunst: sie ist allein jetzt ehrlich.

So kommen wir, auf ungeheurem Umweg, wieder auf das *natürliche* Verhalten (bei den Griechen) zurück. Es hat sich unmöglich erwiesen, eine Kultur auf das Wissen zu bauen.

19 [106]

Kämpfen für *eine Wahrheit* und Kämpfen um **die** Wahrheit ist etwas ganz Verschiedenes.

19 [107]

Die unbewußten *Schlüsse* erregen mein Bedenken: es wird wohl jenes Übergehn von *Bild* zu *Bild* sein: das letzterreichte Bild wirkt dann als Reiz und Motiv.

Das unbewußte Denken muß sich ohne Begriffe vollziehn: also in *Anschauungen*.

Dies ist aber das Schlußverfahren des beschaulichen Philosophen und des Künstlers. Er thut dasselbe, was Jeder in physiologischen persönlichen Antrieben thut, übertragen auf eine unpersönliche Welt.

Dieses Bilderdenken ist nicht von vorn herein streng *logischer* Natur, aber doch mehr oder weniger logisch. Der Philosoph bemüht sich dann, an Stelle des Bilderdenkens ein Begriffsdenken zu setzen. Die Instinkte scheinen auch ein solches Bilderdenken zu sein, das zuletzt zum Reiz und Motiv wird.

19 [108]

Wie stark die ethische Kraft der Stoiker war, zeigt sich darin, daß sie ihr Princip zu Gunsten der Willensfreiheit durchbrechen.

[455]

19 [109]

Zur Theorie der Moral: in der Politik anticipirt oft der Staatsmann das Thun seines Gegners und thut die That vorher: »wenn ich sie nicht thue, thut er sie«. Eine Art *Nothwehr* als politischer Grundsatz. Standpunkt des Kriegs.

19 [110]

Die alten Griechen ohne normative Theologie: jeder hat das Recht daran zu dichten und er kann glauben was er will.

Die ungeheure Masse philosophischen Denkens bei den Griechen (mit der Fortsetzung als Theologie durch alle Jahrhunderte).

Die großen logischen Kräfte erweisen sich z.B. im Ordnen der Kultsphären der einzelnen Städte.

19 [111]

Die Orphiker unplastisch in ihren Phantasmen, grenzen an die Allegorie.

Logische – – –

19 [112]

Die Götter der Stoiker bekümmern sich nur um das Große, vernachlässigen das Kleine und Einzelne.

19 [113]

Schopenhauer leugnet die Wirksamkeit der moralischen Philosophie auf die Moralitäten: wie der Künstler nicht nach Begriffen schaffe. Merkwürdig! Es ist wahr, jeder Mensch ist schon ein intelligibles Wesen (durch zahllose Generationen bedingt?). Aber das stärkere Erregen bestimmter Reizempfindungen durch Begriffe wirkt doch stärkend für diese moralischen Kräfte. Es bildet sich nichts Neues, aber es concentrirt sich nach einer Seite hin die schaffende Energie. Z.B. der kategorische Imperativ hat die uneigennützige Tugendempfindung sehr bestärkt.

[456] Wir sehen auch hier, daß der einzelne hervorragende moralische Mensch einen Zauber der Nachahmung ausübt. Diesen Zauber soll der Philosoph verbreiten. Was für die höchsten Exemplare Gesetz ist, muß allmählich überhaupt als Gesetz gelten: wenn auch nur als Schranke der Anderen.

19 [114]

Die Stoiker haben Heraklit in's Flache umgedeutet und mißverstanden. Auch die Epikureer haben in die strengen

Principien des Democrit Weichliches eingeschwärzt (Möglichkeiten).

Die höchste Gesetzmäßigkeit der Welt, aber doch kein Optimismus bei Heraclit.

19 [115]

Der Prozeß aller Religion und Philosophie und Wissenschaft gegenüber der Welt: er beginnt mit den gröbsten Anthropomorphismen und hört nie auf sich zu verfeinern.

Der einzelne Mensch betrachtet sogar das Sternensystem als ihm dienend oder mit ihm im Zusammenhang.

Die Griechen haben in ihrer Mythologie die ganze Natur in Griechen aufgelöst. Sie sahen gleichsam die Natur nur als Maskerade und Verkleidung von Menschen-Göttern an. Sie waren darin das Gegenstück aller Realisten. Der Gegensatz von Wahrheit und Erscheinung war tief in ihnen. Die Metamorphosen sind das Spezifische.

Dies drückte Thales in seinem Satz aus: daß alles Wasser sei.

19 [116]

Bezieht sich die Intuition auf die Gattungsbegriffe oder auf die vollendeten Typen? Aber der Gattungsbegriff bleibt immer weit hinter einem guten Exemplar zurück, der Vollkommenheitstypus geht über die Wirklichkeit hinaus.

[457] Ethische Anthropomorphismen:	Anaximander: Gericht.
	Heraklit: Gesetz.
	Empedokles: Liebe und Haß.
Logische Anthropomorphismen:	Parmenides: nur Sein.
	Anaxagoras: νοῦς.
	Pythagoras: alles Zahl.

19 [117]

Die Weltgeschichte ist am Kürzesten, wenn man sie nach den bedeutenden philosophischen Erkenntnissen bemißt und die ihnen feindlichen Zeiträume bei Seite läßt. Wir sehen da eine Regsamkeit und schöpferische Kraft, wie nirgends, bei den *Griechen*: sie füllen den größten Zeitraum aus, sie haben wirklich alle Typen erzeugt.

Es sind die Entdecker der *Logik*.

Hat nicht die Sprache schon die Befähigung des Menschen zur Erzeugung der Logik verrathen?

Gewiß, es ist die bewunderungswürdigste logische Operation und Distinktion. Aber sie ist nicht auf einmal geworden, sondern endlos langer Zeiträume *logisches* Ergebniß. Hier ist an die Entstehung der Instinkte zu denken: ganz allmählich erwachsen.

Die geistige Thätigkeit von Jahrtausenden in der Sprache niedergelegt.

19 [118]

Der Mensch kommt erst ganz langsam dahinter, wie unendlich complicirt die Welt ist. Zuerst denkt er sie sich ganz einfach, d. h. so oberflächlich als er selbst ist.

Er geht von sich aus, von dem allerspätesten Resultat der Natur, und denkt sich die Kräfte, die Urkräfte so, wie das ist, was in sein Bewußtsein kommt.

[458] Er nimmt die *Wirkungen der complicirtesten Mechanismen*, des Gehirns, an, als seien die Wirkungen seit Uranfang gleicher Art. Weil dieser complicirte Mechanismus etwas Verständiges in kurzer Zeit hervorbringt, nimmt er das Dasein der Welt für sehr jung: es kann dem Schöpfer nicht so viel Zeit gekostet haben, meint er.

So glaubt er mit dem Wort »Instinkt« irgendetwas erklärt und er überträgt wohl gar die unbewußten Zweckhandlungen auf das Urwerden der Dinge.

Zeit Raum und Kausalitätsempfindung scheint mit der ersten *Empfindung* gegeben zu sein.

Der Mensch kennt die Welt in dem Grade, als er sich kennt: d. h. ihre Tiefe entschleiert sich ihm in dem Grade, als er über sich und seine Komplicirtheit erstaunt.

19 [119]

Es muß durchaus zu zeigen sein, daß alles Vorhandene und Seiende irgendwann nicht war und deshalb auch irgendwann nicht sein wird. Das Werden Heraclits.

19 [120]

Die moralischen künstlerischen religiösen Bedürfnisse des Menschen der Welt zu Grunde zu legen ist ebenso rationell als die mechanischen: d. h. wir kennen weder den Stoß, noch die Schwere. (?)

19 [121]

Wir kennen nicht das wahre Wesen einer einzigen Kausalität.

Absolute Skepsis: Nothwendigkeit der Kunst und Illusion.

19 [122]

Die Schwere vielleicht aus dem bewegten Aether zu erklären, der um ein ungeheures Gestirn, mit dem gesammten Sonnensystem rotirt.

[459]

19 [123]

Zu erweisen ist weder die metaphysische, noch die ethische, noch die aesthetische Bedeutung des Daseins.

19 [124]

Die Ordnung in der Welt, das mühsamste und langsamste Resultat entsetzlicher Evolutionen als Wesen der Welt begriffen – Heraklit!

19 [125]

Es ist zu *beweisen*, daß alle Weltconstruktionen Anthropomorphismen sind: ja alle Wissenschaften, wenn Kant Recht hat. Freilich giebt es hier einen Cirkelschluß – haben die Wissenschaften Recht, so stehen wir nicht auf Kant's Grundlage: hat Kant Recht, so haben die Wissenschaften Unrecht.

Gegen Kant ist dann immer noch einzuwenden, daß, alle seine Sätze zugegeben, doch noch die volle *Möglichkeit* bestehen bleibt, daß die Welt so ist, wie sie uns erscheint. Persönlich ist übrigens diese ganze Position unbrauchbar. In dieser Skepsis kann niemand leben.

Wir müssen über diese Skepsis hinaus, wir müssen sie *vergessen*! Wie viel müssen wir nicht vergessen in dieser Welt! Kunst, die Idealgestalt, die Temperatur.

Nicht im *Erkennen*, im *Schaffen* liegt unser Heil! Im höchsten Scheine, in der edelsten Wallung liegt unsre Größe. Geht uns das Weltall nichts an, so wollen wir das Recht haben es zu verachten.

19 [126]

Furchtbare Einsamkeit des letzten Philosophen! Ihn umstarrt die Natur, Geier schweben über ihm. Und so ruft er in die Natur: Gieb Vergessen! Vergessen! – *Nein, er erträgt das Leiden als Titan – bis die Versöhnung ihm geboten wird in der* höchsten tragischen Kunst.

[460]

19 [127]

Den »Geist«, das Gehirnerzeugniß als übernatürlich zu betrachten! gar zu vergöttern, welche Tollheit!

19 [128]

Unter Millionen verderbender Welten ein Mal eine mögliche! Auch sie verdirbt! Sie war die erste nicht!

19 [129]

Vorplatonische Philosophen.
Plato.
Sokratische Schulen.

Poetik.
Rhythmik.
Rhetorik.

19 [130]

Choephoren.
Erga.
Lyriker.
Theognis.

Lateinische Grammatik.
Griechische Grammatik.

19 [131]

Oedipus.
Reden
des letzten Philosophen
mit sich selbst.

Ein Fragment
aus der Geschichte der Nachwelt.

Den letzten Philosophen nenne ich mich, denn ich bin der letzte Mensch. Niemand redet mit mir als ich selbst, und meine Stimme kommt wie die eines Sterbenden zu mir. Mit dir, geliebte Stimme, mit dir, dem letzten Erinnerungshauch alles Menschenglücks, laß mich nur eine Stunde noch verkehren, [461] durch dich täusche ich mir die Einsamkeit hinweg und lüge mich in die Vielheit und die Liebe hinein, denn mein Herz sträubt sich zu glauben, daß die Liebe todt sei, es erträgt den Schauder der einsamsten Einsamkeit nicht und zwingt mich zu reden, als ob ich Zwei wäre.

Höre ich dich noch, meine Stimme? Du flüsterst, indem du fluchst? Und doch sollte dein Fluch die Eingeweide dieser Welt zerbersten machen! Aber sie lebt noch und schaut mich nur noch glänzender und kälter mit ihren mitleidslosen Sternen an, sie lebt, so dumm und blind wie je vorher, und nur

Eines stirbt – der Mensch. – Und doch! Ich höre dich noch, geliebte Stimme! Es stirbt noch Einer außer mir, dem letzten Menschen, in diesem Weltall: der letzte Seufzer, dein Seufzer, stirbt mit mir, das hingezogene Wehe! Wehe! geseufzt um mich, der Wehemenschen letzten, Oedipus.

19 [132]

Die entsetzliche Consequenz des Darwinismus, den ich übrigens für wahr halte. Alle unsre Verehrung bezieht sich auf Qualitäten, die wir für ewig halten: moralisch, künstlerisch, religiös usw.

Mit den Instinkten kommt man keinen Schritt weiter, um die Zweckmäßigkeit zu erklären. Denn eben diese Instinkte sind bereits das Erzeugniß endlos lang fortgesetzter Prozesse.

Der Wille objektivirt sich nicht adäquat, wie Schopenhauer sagt: so scheint es, wenn man von den vollendetsten Formen ausgeht.

Auch dieser Wille ist ein höchst complicirtes Letztes in der Natur. Nerven vorausgesetzt.

Und selbst die Schwerkraft: ist doch kein einfaches Phänomen, sondern wieder Wirkung von einer Sonnensystembewegung, von Aether usw.

Und der mechanische Stoß ist auch etwas Complicirtes.

Der Weltaether als Urstoff.

[462]

19 [133]

Alles Erkennen ist ein Wiederspiegeln in ganz bestimmten Formen, die von vornherein nicht existiren. Die Natur kennt keine Gestalt, keine Größe, sondern nur für ein Erkennendes treten die Dinge so groß und so klein auf. Das Unendliche in der Natur: sie hat keine Grenze, nirgends. Nur für uns giebt es Endliches. Die Zeit in's Unendliche theilbar.

19 [134]

Von Thales bis Sokrates – lauter Übertragungen des Menschen auf die Natur – ungeheure Schattenspiele des Menschen auf der Natur, wie auf Gebirgen!

Sokrates und Plato. Erkennen und Gut universal. Das Schöne in dem Anfang. Ideen des Künstlers.

Pythagoreer	die Zahl.
Demokrit	der Stoff.
Pythagoras	der Mensch nicht Produkt der Vergangenheit, sondern Wiederkehr. Einheit alles Lebendigen.
Empedokles	Thier und Pflanzenwelt moralisch verstanden, der universale Geschlechtstrieb und Haß. »Wille« universal.
Anaxagoras	Geist als uranfänglich.
Eleaten	
Heraclit	die bildende Kraft des Künstlers uranfänglich.
Anaximander	Gericht und Strafe universal.
Thales.	

Vorher die Götter und die Natur. Die Religionen sind nur unverhülltere Ausdrücke. Astrologie. Der Mensch als Zweck. »Weltgeschichte.«

Kant's Ding an sich als Kategorie.

[463] Der Philosoph ist die Fortsetzung des Triebes, mit dem wir fortwährend, durch anthropomorphische Illusionen, mit der Natur verkehren. Das Auge. Zeit.

19 [135]

Der Philosoph in den Netzen der Sprache eingefangen.

19 [136]

Ich will die ungeheure Entwicklung des **einen** Philosophen, der die Erkenntniß will, des Menschheits-Philosophen, schildern und nachempfinden.

Die meisten stehen so unter der Leitung des Triebes, daß sie gar nicht merken, was geschieht. Ich will es sagen und merken lassen, was geschieht.

Der eine Philosoph ist hier identisch mit allem Wissenschaftsstreben. Denn alle Wissenschaften ruhen nur auf dem allgemeinen Fundamente des Philosophen.

Die ungeheure Einheit in allen Erkenntnißtrieben nachzuweisen: der zerbrochene Gelehrte.

IV

Wissenschaft und Weisheit im Kampf
Ergänzungen und Neuentwürfe
(1875)

[97]

6 [1]

N a c h a h m u n g des Alterthums.

Das Mittel, die Philologie, macht dem Philologen die Nachahmung unmöglich. Kennen ohne können.

Daher: entweder rein historisch geworden –
oder die Philologie zu Grunde gegangen (Schiller).

Selbst die historische Erkenntniss des Alterthums ist vermittelt durch die Reproduction, die Nachahmung.

Das Goethische Griechenthum (die griechische σωφροσύνη in der Kunst auf den moralischen Menschen übertragen).

6 [2]

Das griechische Alterthum als classische Beispielsammlung für die Erklärung unsrer ganzen Cultur und ihrer Entwicklung. Es ist ein Mittel u n s z u v e r s t e h e n, unsre Zeit zu richten und dadurch zu überwinden.

Das pessimistische Fundament unsrer Cultur.

6 [3]

S o c r a t e s, um es nur zu bekennen, steht mir so nahe, dass ich fast immer einen Kampf mit ihm kämpfe.

6 [4]

Wissenschaft und Weisheit im Kampfe.

Wissenschaft (N.B. bevor sie Gewohnheit und Instinkt ist) entsteht

1) wenn die Götter nicht gut gedacht werden. Grosser Vortheil irgend etwas als fest zu erkennen.
2) der Egoismus treibt den Einzelnen an, bei gewissen Beschäftigungen z.B. Schiffahrt seinen Nutzen zu suchen, durch Wissenschaft.

[98] 3) etwas für vornehme Leute, die Musse haben. Neugierde.

4) im wilden Hin und Her der Meinungen des Volks will der Einzelne ein festeres Fundament.

Wodurch unterscheidet sich dieser Trieb zur Wissenschaft vom Triebe überhaupt etwas zu lernen und anzunehmen? Nur durch den geringeren Grad des Egoismus oder die weitere Spannung desselben. Einmal ein Sich-verlieren in die Dinge. Zweitens eine über das Individuum ausgedehnte Selbstsucht.

Weisheit zeigt sich

1) im unlogischen Verallgemeinern und zum letzten Ziele Fliegen.
2) in der Beziehung dieser Resultate auf das Leben.
3) in der unbedingten Wichtigkeit, welche man seiner Seele beilegt. Eins ist Noth.

Socratismus ist einmal Weisheit im Ernstnehmen der Seele.
zweitens Wissenschaft als Furcht und Hass vor der unlogischen Verallgemeinerung.
drittens etwas eigenthümliches durch die Forderung des bewussten und logisch correcten Handelns.

Daraus entsteht Schaden für die Wissenschaft, für das ethische Leben.

6 [5]

Wissenschaft und Weisheit im Kampfe,
dargestellt an den ältern griechischen Philosophen.

6 [6]

1) Wie zeigt sich in diesen ältern Griechen die Welt gefärbt?
2) Wie verhalten sie sich zu den Nichtphilosophen?
[99] 3) An ihren Personen liegt viel: diese zu errathen, ist der Sinn meiner Betrachtung ihrer Lehren.
4) Wissenschaft und Weisheit im Kampfe bei ihnen.
5) Ironische Novelle: alles ist falsch. Wie der Mensch sich an einen Balken klammert.

6 [7]

Es giebt auch eine Art, diese Geschichte zu erzählen, ironisch und voll Trauer. Ich will jedenfalls den ernsthaftgleichmässigen Ton vermeiden.

Socrates wirft das Ganze um, in einem Augenblick, wo es sich der Wahrheit noch am meisten genähert hatte; das ist besonders ironisch.

Alles auf dem Hintergrund des Mythos aufzumalen. Dessen grenzenlose Unsicherheit und Wogen. Man sehnt sich nach Sicherem.

Nur wohin der Strahl des Mythus fällt, da leuchtet das Leben der Griechen; sonst ist es düster. Nun berauben sich diese Philosophen des Mythus; also wie halten sie es in dieser Düsterkeit aus? –

Das Individuum, welches auf sich selbst stehen will. Da braucht es letzte Erkenntnisse, Philosophie. Die andern Menschen brauchen langsam anwachsende Wissenschaft.

Oder vielmehr: es ist ein Glaube nöthig, solche letzte Erkenntnisse zu besitzen. Einen solchen Grad von Gläubigkeit für das eigene Erkennen wird es nie wieder geben, wie ihn jene alten Griechen besaßen: aber die Schwierigkeit und Gefahr des Erkennens stand ihnen noch nicht vor der Seele; sie hatten einen handfesten Glauben an sich, mit dem sie alle ihre Nachbarn und Vorgänger niederwarfen. Das Glück im Besitz der Wahrheit war nie größer auf der Welt, aber auch nie die Härte, der Übermuth, das Tyrannische. In seinen geheimen Wünschen war jeder Grieche Tyrann; und überhaupt jeder war es, der es sein konnte, [100] vielleicht mit Ausnahme des Solon, nach seinen eigenen Gedichten zu schließen.

Auch die Unabhängigkeit ist nur scheinbar: zuletzt knüpft jeder an seinen Vorgänger an. Phantasma an Phantasma. Es ist komisch, alles so ernst zu nehmen.

Die ganze ältere Philosophie als curioser Irrgarten-Gang der Vernunft. Es ist eine Traum- und Märchentonart anzustimmen.

6 [8]

Aristoteles in seinem aesthetischen Urtheil.
gegen Empedocles.
in Betreff der Tragödie.
Demosthenes.
Thucydides.
bildende Kunst.
Musik.

6 [9]

Nebeneinander geht die Entwicklung der griechischen Musik und Philosophie. Vergleich beider, insofern beide Aussagen machen über das hellenische Wesen. Die Musik freilich nur aus ihrem Niederschlag als Lyrik uns bekannt.

Empedocles – Tragödie	Sacrale Monodie
Heraclit – Archilochus	Xenophanes sympotisch.
Democrit – Anacreon	
Pythagoras – Pindar	
Anaxagoras – Simonides	

Alles Vergleichen von Personen ist schief und dumm.

6 [10]

Die Philosophien sind Hadesschatten gegenüber dem griechischen Leben: sie spiegeln es wieder, aber wie auf einer Rauchwolke.

Hinter solchen Menschen muss man her sein, bis sie wieder
[101] von einem Dichter nachgeschaffen sind: die ergänzende Phantasie Vieler muss hier arbeiten.

Sie sind zu selten, als dass man sie laufen lassen könnte. Das wenige, was sich mit Kritik und Umdrehen und Ausschütteln jeder Notiz erreichen lässt!

6 [11]

Einleitung. 1. Cap. Vergleichung der älteren griechischen Philosophen mit den Sectenphilosophen nach Socrates.
2. Cap. Die Zeitverhältnisse der älteren Philosophen.

Erzählung:

Es hängt so viel von der Entwicklung der griechischen Cultur ab, da unsre ganze abendländische Welt daher ihre Antriebe bekommen hat: das Verhängniß wollte, daß das jüngere und entartete Griechenthum am meisten historische Kraft gezeigt hat. Darüber ist das ältere Griechenthum immer falsch beurtheilt worden. Das jüngere muß man genau kennen, um es von dem älteren zu unterscheiden.

Es giebt noch sehr viele Möglichkeiten, die noch gar nicht entdeckt sind: weil die Griechen sie nicht entdeckt haben. Andere haben die Griechen entdeckt und später wieder verdeckt.

6 [12]

Diese Philosophen beweisen, welche Gefahren die griechische Cultur in sich schloß:

der Mythus als Faulbett des Denkens	–	dagegen die kalte Abstraktion und die strenge Wissenschaft. Democrit.
die weichliche Behaglichkeit des Lebens	–	dagegen Genügsamkeit, strenge asketische Auffassung bei Pythagoras, Empedocles, Anaximander.
[102] Grausamkeit in Kampf und Streit	–	dagegen Empedocles mit seiner Reform des Opfers.
Lüge und Betrug	–	dagegen Begeisterung für das Wahre bei jeder Consequenz.
Schmiegsamkeit, übertriebene Geselligkeit	–	dagegen Heraklits Stolz und Einsamkeit.

6 [13]

Diese Philosophen zeigen die Lebenskraft jener Cultur, die ihre eigenen Corrective erzeugt.

Wie stirbt diese Zeit ab? Unnatürlich. Wo stecken denn nur die Keime des Verderbens?

Die Flucht der Besseren aus der Welt war ein großes Unglück. Von Sokrates an: das Individuum nahm sich zu wichtig mit einem Male.

Die Pest kam hinzu, für Athen.

Dann ging man an den Perserkriegen zu Grunde. Die Gefahr war zu groß und der Sieg zu außerordentlich.

Der Tod der großen musikalischen Lyrik und der Philosophie.

Sokrates ist die Rache für Thersites: der herrliche Achill schlug den häßlichen Volksmann Thersites todt, vor Zorn über seine Worte bei Pentesileas Tode; der häßliche Volksmann Sokrates schlug die Auktorität des herrlichen Mythus in Griechenland todt.

6 [14]

Die ältere griechische Philosophie ist die Philosophie von lauter Staatsmännern. Wie elend steht es mit unsern Staatsmännern! Das unterscheidet übrigens die Vorsokratiker und die Nachsokratiker am meisten.

Bei ihnen hat man nicht »die garstige Pretension auf Glück«, wie von Socrates ab. Es dreht sich doch nicht alles um den Zustand ihrer Seele: denn über den denkt man nicht ohne Gefahr nach. Später wurde das γνῶθι σαυτόν des Apoll mißverstanden.

[103] Auch schwätzten und schimpften sie nicht so, auch schrieben sie nicht.

Das geschwächte Griechenthum, romanisirt, vergröbert, decorativ geworden, dann als decorative Cultur vom geschwächten Christenthum als Bundesgenosse acceptirt, mit Gewalt verbreitet unter uncivilisirten Völkern – das ist die Geschichte der abendländischen Cultur. Das Kunststück ist geleistet, und das Griechische und das Pfäffische zusammengebracht.

Ich will Schopenhauer Wagner und das ältere Griechenthum zusammenrechnen: es giebt einen Blick auf eine herrliche Cultur.

6 [15]

Vergleichung der älteren Philosophie mit der nachsokratischen.

1) die ältere ist mit der Kunst verwandt, ihre Welträthsellösung hat mehrmals von der Kunst sich inspiriren lassen. Geist der Musik und der bildenden Kunst.
2) sie ist nicht die Negation des andern Lebens, sondern aus ihm als seltne Blüthe gewachsen; sie spricht dessen Geheimnisse aus. (Theorie–Praxis)
3) sie ist nicht so individuell-eudämonologisch, ohne die garstige Pretension auf Glück.
4) diese ältern Philosophen selbst haben in ihrem Leben

höhere Weisheit und nicht die kalt-kluge Tugendhaftigkeit. Ihr Lebensbild ist reicher und complicirter, die Sokratiker simplificiren und banalisiren.

6 [16]

Die dreigegliederte Geschichte des Dithyrambus:
1 der arionische – daraus die ältere Tragödie
2 der agonale Staats-Dithyramb – parallel die zahme Tragödie
3 der mimetische, genialisch-wüst.

[104]

6 [17]

Mehrfach ist bei den Griechen eine ältere Form die höhere z.B. beim Dithyramb und der Tragödie. Die Gefahr der Griechen lag im Virtuosenthum aller Art; mit Sokrates beginnen die Lebensvirtuosen, Socrates, der neuere Dithyramb, die neuere Tragödie, die Erfindung des Rhetors!

Der Rhetor ist eine griechische Erfindung! der späteren Zeit. Sie haben die »Form an sich« erfunden (und auch den Philosophen dazu).

Wie ist der Kampf Plato's gegen die Rhetorik zu verstehen? Er beneidet ihren Einfluss.

Das ältere Griechenthum hat seine Kräfte in der Reihe von Philosophen offenbart. Mit Socrates bricht diese Offenbarung ab: er versucht sich selbst zu erzeugen und alle Tradition abzuweisen.

Meine allgemeine Aufgabe: zu zeigen, wie Leben Philosophie und Kunst ein tieferes und verwandtschaftliches Verhältniss zu einander haben können, ohne dass die Philosophie flach ist und das Leben des Philosophen lügenhaft wird.

Herrlich ist, dass die alten Philosophen so frei leben konnten, ohne dabei zu Narren und Virtuosen zu werden. Die Freiheit des Individuums war unermesslich gross.

Der falsche Gegensatz von vita practica und contemplativa ist asiatisch. Die Griechen verstanden es besser.

6 [18]

Man kann diese älteren Philosophen darstellen als solche, die die griechische Luft und Sitte als Bann und Schranke fühlen: also Selbstbefreier (Kampf des Heraclit gegen Homer und Hesiod, Pythagoras gegen die Verweltlichung, alle gegen den Mythus, besonders Democrit). Sie haben eine Lücke in ihrer Natur, gegenüber dem griechischen Künstler und wohl auch Staatsmann.

[105] Ich fasse sie wie die **Vorläufer einer Reformation** der Griechen: aber nicht des Socrates. Vielmehr kam ihre Reformation nicht, bei Pythagoras blieb es sectenhaft. Eine Gruppe von Erscheinungen tragen alle diesen Reformations-Geist – die Entwicklung der Tragödie. Der misslungene Reformator ist **Empedocles;** als es ihm misslang, blieb nur noch Socrates übrig. So ist die Feindschaft des Aristoteles gegen Empedocles sehr begreiflich.

Empedocles – Freistaat – Umänderung des Lebens – volksthümliche Reform – Versuch mit Hülfe der grossen hellenischen Feste. –

Die Tragödie war ebenfalls ein Mittel. Pindar?

Sie haben ihren Philosophen und Reformator nicht gefunden, man vergleiche Plato: der ist durch Socrates abgelenkt. Versuch einer Characteristik Platos ohne Socrates. Tragödie – tiefe Auffassung der Liebe – reine Natur – keine fanatische Abkehr: offenbar waren die Griechen im Begriff einen noch höheren Typus des Menschen zu finden, als die früheren waren; da schnitt die Scheere dazwischen. Es bleibt beim tragischen Zeitalter der Griechen.

6 [19]

1. Bild der Hellenen hinsichtlich ihrer Gefahren und Verderbnisse.

2. Gegenbild der tragischen Strömungen dagegen. Neue Deutung des Mythus.
3. Die Ansätze zu Reformatoren. Versuche das Weltbild zu gewinnen.
4. Die Entscheidung – Sokrates. Der abgelenkte Plato.

6 [20]

Die Leidenschaft bei Mimnermus, der Hass gegen das Alter.

[106] Die tiefe Melancholie bei Pindar: nur wenn ein Strahl von oben kommt, leuchtet das Menschenleben.

Die Welt vom Leiden aus zu verstehen ist das Tragische in der Tragödie.

6 [21]

Thales – das Unmythische.

Anaximander – Vergehen und Entstehen in der Natur moralisch als Schuld und Strafe.

Heraclit – Gesetzmässigkeit und Gerechtigkeit in der Welt.

Parmenides – die andere Welt hinter dieser; diese als Problem.

Anaxagoras – Weltenbaumeister.

Empedocles – blinde Liebe und blinder Hass; das tief Unvernünftige im Vernünftigsten der Welt.

Democrit – die Welt ist ganz ohne Vernunft und Trieb, zusammengeschüttelt. Alle Götter und Mythen unnütz.

Socrates: da bleibt mir nichts als ich mir selbst; Angst um sich selbst wird die Seele der Philosophie.

Plato's Versuch, alles zu Ende zu denken und der Erlöser zu sein.

6 [22]

Es sind die Personen zu schildern: so wie ich Heraclit geschildert habe. Das Historische mit hineinzuflechten.

6 [23]

In der ganzen Welt herrscht die *Allmählichkeit*, bei den Griechen geht es schnell vorwärts, aber auch furchtbar schnell abwärts. Als der hellenische Genius seine höchsten Typen erschöpft hatte, da sank der Grieche auf das Geschwindeste. Es musste nur einmal eine Unterbrechung eintreten, und die grosse Lebensform nicht mehr ausgefüllt werden: sofort war es vorbei; [107] gerade wie bei der Tragödie. Ein einziger mächtiger Querkopf wie Socrates – da war der Riss unheilbar. In ihm vollzieht sich die Selbstzerstörung der Griechen. Ich glaube, es macht, dass er der Sohn eines Bildhauers war.

Wenn einmal diese bildenden Künste reden würden, sie würden uns oberflächlich erscheinen; in Socrates, dem Sohne des Bildhauers, kam ihre Oberflächlichkeit heraus.

6 [24]

Die Menschen sind *witziger* geworden während des Mittelalters; das Rechnen nach zwei Maassen, die Spitzfindigkeit des Gewissens, die Auslegung der Schrift sind die Mittel gewesen. Diese Art *Schärfung des Geistes* durch den Druck einer Hierarchie und Theologie fehlte dem Alterthum. Vielmehr sind die Griechen umgekehrt unter der grossen Freiheit des Gedankens vielgläubisch und flach gewesen, man fing nach Belieben an und hörte nach Belieben auf, etwas zu glauben. Dafür fehlt ihnen die Lust am verdrehten Scharfsinn, und damit die beliebteste Art Witz aus der neueren Zeit. Die Griechen waren wenig *witzig*; darum hat man solches Aufheben von der Ironie des Socrates gemacht. Ich finde Plato darin oft etwas täppisch.

6 [25]

Die Griechen waren mit Empedocles und Democrit auf dem besten Weg die menschliche Existenz, ihre Unvernunft, ihr Leiden *richtig zu taxiren*; dazu sind sie nie gelangt, Dank Socrates. Der unbefangene Blick auf die Menschen fehlt allen Sokratikern, die greuliche Abstracta »das Gute, das Gerechte« im Kopf haben. Man lese Schopenhauer und frage sich, warum es den Alten an einem solchen Tief- und Freiblick gefehlt hat – haben müsste? Das sehe ich nicht ein. Im Gegentheil. Sie verlieren durch Socrates die Unbefangenheit. Ihre Mythen und Tragödien sind viel weiser als die Ethiken Plato's [108] und Aristoteles'; und ihre »stoischen und epikurischen« Menschen sind arm, gegen ihre älteren Dichter und Staatsmänner.

6 [26]

Socrates' Wirkung:
1) er zerstörte die Unbefangenheit des ethischen Urtheils,
2) vernichtete die Wissenschaft,
3) hatte keinen Sinn für Kunst,
4) riss das Individuum heraus aus dem historischen Verbande,
5) dialectische Rederei und Geschwätzigkeit befördert.

6 [27]

Ich glaube nicht mehr an die »naturgemässe Entwicklung« der Griechen: sie waren viel zu begabt, um in jener schrittweisen Manier, allmählich zu sein, wie es der Stein und die Dummheit sind. Die Perserkriege sind das nationale Unglück: der Erfolg war zu gross, alle schlimmen Triebe brachen heraus, das tyrannische Gelüst ganz Hellas zu beherrschen wandelte einzelne Männer und einzelne Städte an. Mit der Herrschaft von Athen (auf geistigem Gebiete) sind eine Menge Kräfte erdrückt worden; man denke nur, wie unproductiv Athen für Philosophie lange Zeit war. Pindar wäre als Athener nicht möglich gewesen. Simonides zeigt es. Und Empedocles wäre es auch nicht, Heraclit nicht. Alle grossen Musiker kommen fast von Aussen. Die athenische Tragödie ist nicht die höchste Form, die man denken könnte. Den Helden derselben fehlt doch das Pindarische gar zu sehr. Überhaupt:

wie grässlich war es, dass der Kampf gerade zwischen Sparta und Athen ausbrechen musste – das kann gar nicht tief genug betrachtet werden. Die geistige Herrschaft Athens war die Verhinderung jener Reformation. Man muss sich einmal dahinein [109] denken, wo diese Herrschaft noch gar nicht da war: nothwendig war sie nicht, sie wurde es erst in Folge der Perserkriege, d. h. erst, nachdem es die physische politische Macht zeigte. Milet war z. B. viel begabter, Agrigent auch.

6 [28]

Der Tyrann, der thun kann wozu er Lust hat, d. h. der Grieche, der durch keine Gewalt in Schranken gehalten wird, ist ein ganz maassloses Wesen: »er stürzt die Gebräuche des Vaterlands um, thut den Weibern Gewalt an und tödtet Menschen nach Willkür«. Ebenso zügellos ist der tyrannische Freigeist, vor dem die Griechen ebenfalls Angst haben. Königshass – Zeichen der demokratischen Gesinnung. Ich glaube: die Reformation wäre möglich gewesen, wenn ein Tyrann ein Empedocles gewesen wäre.

Plato sprach mit seiner Forderung des Philosophen auf dem Throne einen ehemals möglichen Gedanken aus: er fand den Einfall, nachdem die Zeit, ihn zu verwirklichen, vorüber war. Periander? –

6 [29]

Ohne den Tyrannen Pisistratus hätten die Athener keine Tragödie gehabt: denn Solon war dagegen, aber die Lust daran war einmal geweckt. Was wollte Pisistratus mit diesen grossen Trauer-erregungen?

Solons Abneigung gegen die Tragödie: man denke an die Beschränkungen der Trauerfestlichkeiten bei Todesfällen, das Verbieten von Threnoi. Bei den milesischen Frauen wird μανικὸν πένθος erwähnt.

Nach der Anecdote ist es die Verstellung, welche Solon

missfällt; das unkünstlerische Naturell des Atheners zeigt sich.

Kleisthenes , Periander und Pisistratus die Beförderer der Tragödie als einer Volkslustbarkeit, der Lust am μανικὸν πένθος. Solon will Mässigung.

[110]

6 [30]

Die centralisirenden Tendenzen, durch die Perserkriege entstanden: ihrer haben sich Sparta und Athen bemächtigt. Dagegen war 776–560 davon nichts da: die Cultur der Polis blühte; ich meine, ohne Perserkriege hätte man die Centralisationsidee durch eine Reformation des Geistes bekommen – Pythagoras?

Auf die Einheit der Feste und des Cultus kam es damals an: hier hätte auch die Reform begonnen. Der Gedanke einer panhellenischen Tragödie – da wäre noch eine unendlich reichere Kraft entwickelt worden. Warum kam es nicht dazu? Nachdem Korinth Sikyon und Athen diese Kunst entwickelt hatten.

6 [31]

Der grösste Verlust, der die Menschheit treffen kann, ist ein Nichtzustandekommen der höchsten Lebenstypen. So etwas ist damals geschehen. Eine scharfe Parallele zwischen diesem Ideal und dem christlichen. Zu benutzen die Bemerkung Schopenhauers: »vorzügliche und edle Menschen werden jener Erziehung des Schicksals bald inne und fügen sich bildsam und dankbar in dieselbe; sie sehn ein, dass in der Welt wohl Belehrung, aber nicht Glück zu finden sei und sagen endlich mit Petrarca ›altro diletto, che 'mparar, non provo‹. Es kann damit sogar dahin kommen, dass sie ihren Wünschen und Bestrebungen gewissermaassen nur noch zum Schein und tändelnd nachgehn, eigentlich aber und im Ernst ihres Innern, bloss Belehrung erwarten; welches ihnen alsdann einen beschaulichen, genialen, erhabenen Anstrich giebt.« –

Parerga I 439. Damit vergleiche man die Socratiker und die Jagd nach Glück!

6 [32]

Die entsetzliche Unterredung der Athener mit den Meliern bei Thucydides! Es musste bei solchen Gesinnungen das Hellenische zu Grunde gehen, durch Angst auf allen Seiten. Z. B. [111] wie der Athener sagt: »was das Wohlwollen der Götter betrifft, so werden wir nicht im Nachtheil sein; denn wir verlangen und thun nichts, was ausser der menschlichen Art liegt, weder in Bezug auf den Glauben an die Götter noch auch in dem, was die Menschen für sich selbst wünschen.«

6 [33]

Luther: »ich habe kein besser Werk denn Zorn und Eifer: denn wenn ich wohl dichten, schreiben, beten und predigen will, so muss ich zornig sein, da erfrischt sich mein ganz Geblüt, mein Verstand wird geschärft und alle unlustigen Gedanken und Anfechtungen weichen.«

6 [34]

Es ist eine schöne Wahrheit, dass einem, dem Besserwerden oder Erkennung Lebensziele geworden sind, alle Dinge zum Besten dienen. Aber doch nur beschränkt wahr: ein Erkennenwollender zu ermüdendster Arbeit gezwungen, ein Besserwerdender durch Krankheiten entnervt und zerrüttet! Im Ganzen mag es gelten: die anscheinende Absichtlichkeit des Schicksals ist die That des Einzelnen, der sein Leben zurechtlegt und aus allem lernt, Erkenntniss saugend wie die Biene Honig. Das Schicksal, aber, welches ein Volk trifft, trifft ein Ganzes, welches nicht so seine Existenz überdenken und mit Zielen versehen kann; und so ist die Absichtlichkeit bei Völkern eine Erschwindelung von Grübelköpfen, nichts ist leichter als die Nichtabsichtlichkeit zu zeigen z. B. daran, dass eine Zeit im vollsten Aufblühen plötzlich von einem Schneefall betroffen wird, dass alles stirbt. Es ist darin ganz so dumm wie in der Natur. Bis zu einem Grad setzt wohl jedes Volk selbst unter den ungünstigsten Verhältnissen etwas durch, was an seine Begabung erinnert. Aber damit es sein Bestes leisten könne, müssen einige Unfälle nicht eintreten. Die Griechen haben ihr Bestes nicht geleistet.

[112] Auch die Athener wären etwas Höheres geworden ohne den politischen Furor seit den Perserkriegen: man denke an Aeschylus, der aus der vorpersischen Zeit stammt und der mit den Athenern seiner Zeit unzufrieden war.

6 [35]

Durch die Ungunst der Lage der griechischen Städte nach den Perserkriegen sind viele günstige Bedingungen zum Entstehen und zur Entwicklung grosser Einzelner beseitigt worden: und so hängt allerdings die Erzeugung des Genius am Schicksal der Völker. Denn Ansätze zu Genie's sind sehr häufig, aber sehr selten das Zusammentreffen aller nöthigsten Begünstigungen.

Diese Reformation der Hellenen, wie ich sie träume, wäre ein wunderbarer Boden für die Erzeugung von Genien geworden: wie es noch nie einen gab. Das wäre zu beschreiben. Da ist uns unsägliches verloren gegangen.

6 [36]

Die höhere sittliche Natur der Hellenen zeigt sich in ihrer Ganzheit und Vereinfachtheit; dadurch dass sie den Menschen vereinfacht zeigen, erfreuen sie uns, wie der Anblick der Thiere.

6 [37]

Das Streben der Philosophen geht dahin, zu verstehen, was seine Mitmenschen nur leben. Während sie ihr Dasein sich deuten und seine Gefahren verstehen, deuten sie zugleich auch ihrem Volke ihr Dasein.

Ein neues Weltbild an Stelle des volksthümlichen will der Philosoph setzen.

6 [38]

Thales' Städtebund: er sah das Verhängniss der Polis und sah den Mythus als das Fundament der Polis. [113] Brach er den Mythus, dann vielleicht auch die Polis. Thales als Staatsmann. Kampf gegen die Polis.

Heraclits Stellung zu den Persern: er war über die Gefahr des Hellenischen und Barbarischen klar.

Anaximander als Coloniengründer.

Parmenides als Gesetzgeber.

Empedocles der Democrat, der sociale Reformen im Schilde führt.

6 [39]

Die Verführer der Philosophen sind die Worte, sie zappeln in den Netzen der Sprache.

6 [40]

Die Macht des Einzelnen ist ausserordentlich in Griechenland: Städte gründen, Gesetze geben.

6 [41]

Wissenschaft ergründet den Naturverlauf, kann aber niemals dem Menschen befehlen. Neigung Liebe Lust Unlust Erhebung Erschöpfung – das kennt alles die Wissenschaft nicht. Das was der Mensch lebt und erlebt, muss er sich irgendworaus deuten; dadurch abschätzen. Die Religionen haben ihre Kraft <darin>, dass sie Werthmesser sind, Maassstäbe. Im Mythus gesehen sieht ein Ereigniss anders aus. Die Deutung der Religionen hat das an sich, dass sie menschliches Leben nach menschenartigen Idealen misst.

6 [42]

Aeschylus hat vergebens gelebt und gekämpft: er kam zu spät. Das ist das Tragische in der griechischen Geschichte: die grössten wie Demosthenes kommen zu spät, um das Volk herauszuheben.

Aeschylus verbürgt auch eine Höhe des griechischen Geistes, die mit ihm ausstirbt.

[114]

6 [43]

Man bewundert jetzt das Evangelium der Schildkröte – ach, die Griechen liefen zu rasch. Ich suche nicht nach glücklichen Zeiten in der Geschichte, aber nach solchen, welche einen günstigen Boden für die Erzeugung des Genius bieten. Da finde ich die Zeiten vor den Perserkriegen. Man kann sie nicht genau genug kennen lernen.

6 [44]

1. Diese Philosophen isolirt für sich.
2. Dann als Zeugen für das Hellenische. (Ihre Philosophien Hadesschatten des griechischen Wesens.)
3. Dann als Kämpfer gegen die Gefahren des Hellenischen.
4. Dann im Verlauf der hellenischen Geschichte als misslungene Reformatoren.
5. Dann im Gegensatz zu Socrates und den Secten, und zu der vita contempl<ativa,> als Versuche eine Lebensform zu gewinnen, die noch nicht gewonnen ist.

6 [45]

Manche Menschen leben ein dramatisches Leben, manche ein episches, manche ein unkünstlerisches und verworrenes. Die griechische Geschichte hat durch die Perserkriege einen daemon ex machina.

6 [46]

Bei Anaxagoras: der νοῦς ist ein ἄθεος ex machina.

6 [47]

Versuch einer Volkscultur.

Verschwendung des kostbarsten Griechen*geistes* und Griechen*blutes*! Daran ist zu zeigen, wie die Menschen viel *besonnener* leben lernen müssen. Die Tyrannen des Geistes in Griechenland sind fast immer ermordet worden, und [115] haben nur spärliche Nachkommenschaft gehabt. Andre Zeiten haben ihre Kraft gezeigt im zu Ende Denken und im alle Möglichkeiten Verfolgen Eines grossen Gedankens: die christlichen z. B. Aber bei den Griechen war diese Übermacht zu erlangen sehr schwer; alles war da in Feindschaft unter einander. Stadtcultur allein bis jetzt *bewiesen* – jetzt noch leben wir davon.

Stadt-cultur
Welt-cultur
Volks-cultur: wie schwach bei den Griechen, eigentlich doch nur die athenische Stadtcultur, verblasst.

6 [48]

1. Es kommt wohl für Jeden eine Stunde, wo er mit Verwunderung vor sich selbst fragt: Wie lebt man nur! Und man lebt doch! – eine Stunde, wo er zu begreifen anfängt, dass er eine Erfindsamkeit besitzt von der gleichen Art wie er sie an der Pflanze bewundert, die sich windet und klettert und endlich sich etwas Licht erzwingt und ein wenig Erdreich dazu und so ihr Theil Freude in einem unwirthlichen Boden sich selber schafft. In den Beschreibungen die einer von seinem Leben macht, giebt es immer solchen Punct, wo man staunt, wie hier die Pflanze noch leben kann und wie sie doch mit einer unerschütterlichen Tapferkeit daran geht. Nun giebt es

Lebensläufte, wo die Schwierigkeiten ins Ungeheure gewachsen sind, die der Denker; und hier muss man, wo etwas davon erzählt wird, aufmerksam hinhören, denn hier vernimmt man etwas von Möglichkeiten des Lebens, von denen nur zu hören Glück und Kraft bringt und auf das Leben der Späteren Licht herabgiesst, hier ist alles so erfinderisch, besonnen, verwegen, verzweifelt und voller Hoffnung, wie etwa die Reisen der grössten Weltumsegler und auch in der That etwas von der gleichen Art, Umsegelungen der entlegensten und gefährlichsten Bereiche des Lebens. Das Erstaunliche in solchen Lebensläuften [116] liegt darin, dass zwei feindselige, nach verschiedenen Richtungen hin drängende Triebe hier gezwungen werden, gleichsam unter Einem Joche zu gehen; der welcher das Erkennen will, muss den Boden, auf dem der Mensch lebt, immer wieder verlassen und sich ins Ungewisse wagen, und der Trieb, der das Leben will, muss immer wieder sich zu einer ungefähr sicheren Stelle hintasten, auf der sich stehen lässt; wir werden an James Cook erinnert, der sich mit dem Senkblei in der Hand durch eine Kette von Klippen hindurch tasten musste, drei Monate lang: und dessen Gefahren oft so anwuchsen, dass er sogar in einer Lage, die er kurz vorher für eine der gefährlichsten gehalten hatte, gerne wieder Schutz suchte. Lichtenberg IV 152. Jener Kampf zwischen Leben und Erkennen wird um so grösser, jenes unter Einem Joch Gehen um so seltsamer sein, je mächtiger beide Triebe sind, also je voller und blühender das Leben, und wiederum je unersättlicher das Erkennen ist und je begehrlicher es zu allen Abenteuern hindrängt.

2. Ich werde darum nicht satt, mir eine Reihe von Denkern vor die Seele zu stellen, von denen jeder einzelne jene Unbegreiflichkeit an sich hat und jene Verwunderung erwecken muss, wie er gerade seine Möglichkeit des Lebens fand: die Denker, welche in der kräftigsten und fruchtbarsten Zeit Griechenlands, in dem Jahrhundert vor den Perserkriegen und während derselben lebten: denn diese Denker haben so-

gar schöne Möglichkeiten des Lebens entdeckt; und es scheint mir, dass die späteren Griechen das Beste davon vergessen haben: und welches Volk könnte bis jetzt sagen, es habe sie wiederentdeckt? – Man vergleiche die Denker anderer Zeiten und andrer Völker mit jener Reihe von Gestalten, die mit Thales beginnt und mit Democrit endet, ja man stelle Socrates und seine Schüler und alle die Sectenhäupter des späteren Griechenlands neben jene Altgriechen hin – nun wir wollen es in dieser Schrift thun und hoffentlich werden es andere noch besser thun: [117] immerhin glaube ich, dass jede Betrachtung mit diesem Ausrufe enden wird: Wie schön sind sie! Ich sehe keine verzerrten und wüsten Gestalten darunter, keine pfäffischen Gesichter, keine entfleischten Wüsten-Einsiedler, keine fanatischen Schönfärber der gegenwärtigen Dinge, keine theologisirenden Falschmünzer, keine gedrückten und blassen Gelehrten: ich sehe auch jene nicht darunter, die es mit dem »Heil ihrer Seele« oder mit der Frage: was ist das Glück, so wichtig nehmen, dass sie Welt und Mitmenschen darüber vergessen. – Wer »diese Möglichkeiten des Lebens« wieder entdecken könnte! Dichter und Historiker sollten über dieser Aufgabe brüten: denn solche Menschen sind zu selten, dass man sie laufen lassen könnte. Vielmehr sollte man sich gar nicht eher Ruhe geben, als bis man ihre Bilder nachgeschaffen und sie hundertfach an die Wand gemalt hat – und ist man so weit, – dann freilich wird man sich erst recht nicht Ruhe geben. Denn unserer so erfinderischen Zeit fehlt noch immer gerade jene Erfindung, welche die alten Philosophen gemacht haben müssen: woher käme sonst ihre wunderwürdige Schönheit! woher unsre Hässlichkeit! – Denn was ist Schönheit, wenn nicht das von uns erblickte Spiegelbild einer ausserordentlichen Freude der Natur, darüber dass eine neue fruchtbare Möglichkeit des Lebens entdeckt ist? Und was ist Hässlichkeit, wenn nicht ihr Missmuth über sich selbst, ihr Zweifel, ob sie die Kunst zum Leben zu verführen, wirklich noch verstehe?

3. Die griechische Philosophie scheint mit einem ungereimten Einfalle zu beginnen, mit dem Satze, daß das Wasser der Ursprung und der Mutterschooß aller Dinge sei; ist es wirklich nöthig, darf man sich fragen, hierbei stehen zu bleiben und sich ernst zu besinnen? – Ja, und aus drei Gründen: erstens weil der Satz etwas vom Ursprung der Dinge aussagt, zweitens weil er dies ohne Bild und mythische Fabelei thut und endlich drittens, weil in ihm, wenngleich nur im Zustande der Verpuppung, der [118] Gedanke enthalten ist: Alles ist eins. Der erstgenannte Grund läßt Thales noch in der Gemeinschaft mit Religiösen und Abergläubischen, der zweite nimmt ihn aus dieser Gesellschaft heraus und zeigt ihn als ersten Naturforscher, auf den dritten Grund hin gilt Thales als der erste griechische Philosoph. In Thales siegt zum ersten Male der wissenschaftliche Mensch über den mythischen und wieder der weise Mensch über den wissenschaftlichen.

6 [49]

Wie war es nur möglich, daß sich Thales vom Mythus lossagte! Thales als Staatsmann! Hier muß etwas vorgefallen sein. War die Polis der Brennpunkt des hellenischen Willens und beruhte sie auf dem Mythus, so heißt den Mythus aufgeben soviel wie den alten Polisbegriff aufgeben. Nun wissen wir, daß Thales die Gründung einer Eidgenossenschaft von Städten vorschlug, aber nicht durchsetzte: er scheiterte an dem alten mythischen Polisbegriff. Zugleich ahnte er die ungeheure Gefahr Griechenlands, wenn diese isolirende Macht des Mythus die Städte getrennt hielt. In der That: hätte Thales seine Eidgenossenschaft zu Stande gebracht, so wäre Griechenland vom Perserkriege verschont geblieben, und damit auch vom Athener-Siege und Übergewicht. Um die Veränderung des Polisbegriffs und die Schaffung einer panhellenischen Gesinnung bemühen sich alle ältern Philosophen. Heraklit scheint sogar die Schranke zwischen Barbarisch und Hellenisch niedergerissen zu haben, um größere Freiheit zu schaffen und die engen Anschauungen vorwärts zu bringen. – Die Bedeutung des Wassers und des Meeres für den Griechen.

6 [50]

Thales: was trieb ihn zur Wissenschaft und Weisheit? – Vor allem aber der Kampf gegen den Mythus. Gegen die Polis, die auf ihm fundirt ist. Einziges Mittel das Helle-[119]nische zu schützen; die Perserkriege abzuwenden. Bei allen Philosophen ein panhellenischer Zweck.

Anaximander. Kampf gegen den Mythus, insofern er verweichlicht und verflacht und so die Griechen in Gefahr bringt.

Heraclit. Kampf gegen den Mythus, insofern er die Griechen isolirt und sie den Barbaren entgegenstellt. Er denkt über eine Weltordnung nach, die überhellenisch ist.

Parmenides. Theoretische Geringschätzung der Welt, als einer Täuschung. Kampf gegen das Phantastische und Wogende der ganzen Weltbetrachtung: er will dem Menschen Ruhe geben gegen die politische Leidenschaft. Gesetzgeber.

Anaxagoras. Die Welt als unvernünftig, aber doch maassvoll und schön: so sollte der Mensch sein und so fand er ihn in den älteren Athenern, Aeschylus usw. Seine Philosophie Spiegelbild des älteren Athen: Gesetzgebung für Menschen, die keine brauchen.

Empedocles. Panhellenischer Reformator, pythagoreisches Leben, wissenschaftlich begründet. Neue Mythologie. Einsicht in die Unvernunft der beiden Triebe, Liebe und Hass. Liebe Democratie Gütergemeinschaft. Vergleich mit Tragödie.

Democrit: die Welt ist unvernünftig, auch nicht maassvoll und schön, sondern nur nothwendig. Unbedingte Beseitigung alles Mythischen. Die Welt ist begreiflich. Er will die Polis (an Stelle des epikurischen Gartens); das war eine Möglichkeit des hellenischen Lebens.

Socrates: Die tragische Geschwindigkeit der Griechen. Die älteren Philosophen haben nicht gewirkt. Die Lebensvirtuosen: die älteren Philosophen denken immer ikarisch.

6 [51]

Die Griechen sind gewiß nie überschätzt worden: [120] denn da müßte man sie doch auch so geschätzt haben, wie sie es verdienen; aber gerade das ist unmöglich. Wie sollten wir ihnen gerecht in der Schätzung sein können! Nur falsch geschätzt haben wir sie.

Textnachweise

Die Texte der vorliegenden Ausgabe folgen den nachstehend genannten Editionen.

I Die Philosophie im tragischen Zeitalter der Griechen. Fragment (1873)

Friedrich Nietzsche: Werke. Kritische Gesamtausgabe. Hrsg. von Giorgio Colli und Mazzino Montinari. Abt. 3. Bd. 2: Nachgelassene Schriften 1870–1873. Berlin / New York: de Gruyter, 1973, S. 295–366. – Die in eckigen Klammern beigefügte Seitenzählung verweist auf die textidentische Kritische Studienausgabe sämtlicher Werke in 15 Bänden, die 1980 im Deutschen Taschenbuch Verlag, München, gemeinsam mit dem Verlag Walter de Gruyter, Berlin / New York, erschienen ist; hier Bd. 1, S. 799–872.

II Fortsetzung nach dem Vorlesungsmanuskript: Die vorplatonischen Philosophen (1872–1876)

Nietzsche's Werke. [Gesamtausgabe in Großoktav.] 19 Bde. Bd. 19 (Abt. 3, Bd. 3): Philologica. Unveröffentlichtes zur antiken Religion und Philosophie. Hrsg. von Otto Crusius und Wilhelm Nestle. Leipzig: A. Kröner, 1913. S. 189–234. – Seitenzählung in eckigen Klammern nach dieser Ausgabe.

III Zwischen Wissenschaft und Kunst. Vorarbeiten und Notizen (1872–1873)

Nietzsche: Werke. Abt. 3. Bd. 4: Nachgelassene Fragmente Sommer 1872 – Anfang 1873. 1978. S. 5–51. – Seitenzählung in eckigen Klammern nach der Kritischen Studienausgabe, Bd. 7, S. 417–463.

IV Wissenschaft und Weisheit im Kampf. Ergänzungen und Neuentwürfe (1875)

Nietzsche: Werke. Abt. 4. Bd. 1: Nachgelassene Fragmente Sommer 1875. 1967. S. 173–196. – Seitenzählung in eckigen Klammern nach der Kritischen Studienausgabe, Bd. 8, S. 97–120.

Literaturhinweise

Wiesenthal, M.: F. Nietzsche und die griechische Sophistik. Heidelberg 1904.

Oehler, R.: F. Nietzsche und die Vorsokratiker. Leipzig 1904.

Bauer, H.: La conception de l'hellénisme dans Goethe et dans F. Nietzsche. In: La revue germanique (1908) S. 365–413.

Cipriani, C.: Le dottrine amoraliste di F. Nietzsche e quelle dei sofisti. Sassari 1910.

Nestle, W.: Nietzsche und die griechische Philosophie. In: Neue Jahrbücher für das klassische Altertum 29 (1912) S. 554–584.

Klugmann, N. / Latzarus, B.: F. Nietzsche et la pensée grecque. Paris 1920.

Howald, E.: F. Nietzsche und die klassische Philologie. Gotha 1920.

Gurlitt, L.: Die Erkenntnis des klassischen Altertums aus dem Geist F. Nietzsches. In: M. Oehler: Den Manen F. Nietzsches. Zum 75. Geburtstag von Elisabeth Förster-Nietzsche. München 1921. S. 57 bis 80.

Haiser, F.: Im Anfang war der Streit. Nietzsches Zarathustra und die Weltanschauung des Altertums. München 1921.

Nuesch, E.: Nietzsche et l'antiquité. Essai sur un idéal de civilisation. Paris 1925.

Hildebrand, K.: Nietzsches Wettkampf mit Sokrates und Plato. Celle ^{2}1926.

Knight, A. H.: Some Aspects of the Life and Work of Nietzsche, and particularly of his Connection with Greek Literature and Thought. New York 1933.

Schönblum, S.: Nietzsche und die Vorsokratiker. Diss. Wien 1936.

Stallman, A.: The Influence of the Greeks on Nietzsche. Classical Studies in the Honor of W. Oldfather. Urbana (Ill.) 1943.

Neskusil, G.: Das Problem des Willens zur Macht in Hellas und sein Wiederaufleben im Hauptwerk Friedrich Nietzsches. Diss. Wien 1947.

Schlechta, K.: Der junge Nietzsche und das klassische Altertum. Mainz 1948.

Coulter, J. A.: Nietzsche and Greek Studies. In: Greek, Roman und Byzantine Studies 3 (1960) S. 46–51.

Vogt, E.: Nietzsche und der Wettkampf Homers. In: Antike und Abendland 11 (1962) S. 103–113.

Sandvoss, E.: Sokrates und Nietzsche. Leiden 1966.
Duval, R.: Le point de départ de la pensée de Nietzsche: Nietzsche et le platonisme. In: Revue des sciences philosophiques et théologiques 53 (1969) S. 601–637.
Schmidt, H. J.: Nietzsche und Sokrates. Philosophische Untersuchungen zu Nietzsches Sokratesbild. Meisenheim am Glan 1969.
Goth, J.: Nietzsche und die Rhetorik. Tübingen 1970.
Ramnoux, C.: Études présocratiques. Paris 1970.
Wismann, H.: Nietzsche et la philologie. In: Nietzsche aujourd'hui? Colloque, juillet 1972. Bd.2: Passion. Paris 1973. S. 325–344.
Dannhauser, W. J.: Nietzsche's View of Socrates. Ithaca (N. Y.) 1974.
O'Flaherty, J. C.: Studies in Nietzsche and the Classical Tradition. Chapel Hill (N. C.) 1976.
Hoelscher, U.: Die Wiedergewinnung des antiken Bodens. Nietzsches Rückgriff auf Heraklit. In: Neue Hefte für Philosophie 15/16 (1979) S. 156–182.
Hershbell, J. P. / Nimis, S. A.: Nietzsche and Heraclitus. In: Nietzsche-Studien 80 (1979) S. 17–38.
Bremer, D.: Platonisches, Antiplatonisches. Aspekte der Platon-Rezeption in Nietzsches Versuch einer Wiederherstellung des frühgriechischen Daseinsverständnisses. In: Nietzsche-Studien 8 (1979) S. 39–103.
Grant, G. P.: Nietzsche and the Ancient: Philosophy and Scholarship. In: Dionysius 3 (1979) S. 5-16.
Escobar, R.: Nietzsche e la filologia. Mailand 1980.
Silk, M. S. / Stern, J. P.: Nietzsche on Tragedy. Cambridge 1981.
Gigante, M.: Demokrit und Nietzsche. In: Proceedings of the I. International Congress on Democritus. Xanthi 1984. S. 345–357.
Schmidt, G.: Nietzsche und Sokrates. In: R. Berlinger / W. Schrader (Hrsg.): Nietzsche kontrovers, IV. Würzburg 1984. S. 7–33.
Borsche, T.: Nietzsches Erfindung der Vorsokratiker. In: J. Simon (Hrsg.): Nietzsche und die philosophische Tradition. Würzburg 1985.
Cowan, M.: Introduction to: Nietzsche, Philosophy in the Tragic Age of the Greeks. Washington (D. C.) 1987. S. 1–21.
Riedel, M.: Präludium zur Ontologie? Nietzsche und Parmenides. In: Krisis der Metaphysik. Wolfgang Müller-Lauter zum 65. Geburtstag. Hrsg. von G. Abel und J. Salaquarda. Berlin / New York 1989. S. 307–327.
– Die »wundersame« Doppelnatur der Philosophie. Nietzsches Be-

stimmung der ursprünglich griechischen Denkerfahrung. Vortrag auf dem Symposion: »Nietzsche und die Konzeption der Vernunft«. Dubrovnik 1988. In: Nietzsche-Studien 19 (1990) S. 1–19.
Störing, J.: Nietzsches Empedokles-Plan. In: Nietzsche-Studien 19 (1990) S. 176–211.
Menke, Ch.: Die Tragödie und die Freigeister. Zum Verhältnis von Kunst und Kultur bei Nietzsche. In: A. Steffens (Hrsg.): Nach der Postmoderne. Düsseldorf/Bensheim 1992. S. 235–264.

Nachwort

Die Philosophie im tragischen Zeitalter der Griechen, so lautet der Titel eines Manuskripts, das Nietzsche nach längeren Vorarbeiten im Frühjahr 1873 abschloß und während eines Besuchs in Bayreuth dem Wagner-Kreis – im Beisein von Erwin Rohde – vortrug. Mit geringem Erfolg, wie es scheint, obwohl Nietzsches Vortrag an Wagner vertraute Gedankengänge von Schopenhauer anknüpfte, denn Cosima Wagner notiert in ihrem Tagebuch: »Abends hatten wir, wie Richard scherzt: ›die Söhne des Thales‹ d.h. Anaximander Heraklit Parmenides in der Arbeit des Professor Nietzsche vornehmen wollen, allein das Gespräch hatte uns so tief in die Erfahrungen geführt, welche wir bei Gelegenheit unseres Bayreuther Unternehmens gemacht, daß die trübe Stimmung nicht zu bewältigen ist« (9. April 1873). Und zwei Tage später, nachdem Nietzsche aus dem Manuskript weiter vorgetragen hatte, lautet die lakonische Notiz: »Wenig Gespräche.«[1] Was angesichts der kunstvoll durchkomponierten Abfolge der einzelnen Abschnitte und ihrer stilistisch glanzvollen, ganz auf den Vortrag vor einem anspruchsvollen Hörerkreis abgestimmten Form verwundert, zumal dann, wenn wir die Rolle bedenken, welche Wagner während der langen Inkubationszeit dieser Schrift spielte. Hatte Nietzsche doch schon am Ende des ersten Baseler Semesters (1869) einem seiner engsten Studienfreunde anvertraut, er wage sich im nächsten Halbjahr an eine »Geschichte der vorplatonischen Philosophen«, in die »allerhand hineingearbeitet« werde, was »als kräftige Kost meinen Zuhörern dient und sie unmerkbar den ernstesten und würdigsten Denkern zuführen soll. Dazu habe ich einen Menschen gefunden, der wie kein anderer das Bild dessen, was Schopenhauer, ›das Genie‹ nennt, mir offenbart und der ganz durch-

1 Cosima Wagner, *Die Tagebücher*, Bd. 1 (1869–77), hrsg. von M. Gregor-Dellin und D. Mack, München/Zürich 1976, S. 668f.

drungen ist von jener wundersam innigen Philosophie. Dies ist kein anderer als Richard Wagner«.[2] In ihm, so schrieb er damals nach dem Besuch auf Wagners Landsitz Tribschen, herrsche »eine so unbedingte Idealität, eine solche tiefe und rührende Menschlichkeit, ein solcher erhabner Lebensernst, daß ich mich in seiner Nähe wie in der Nähe des Göttlichen fühle«.[3]

Welchen Einfluß der anfänglich Vergötterte zusammen mit Schopenhauer und seiner Lehre vom erscheinenden Weltwillen am Grunde unserer Selbsterfahrung (*Die Welt als Wille und Vorstellung*, 1819) auf die Konzeption von Nietzsches Erstlingsschrift, der *Geburt der Tragödie aus dem Geiste der Musik* (1872), ausübte, ist bekannt. Hatte doch Wagner unter dem Eindruck von Buonaventura Genellis mythologischem Bild »Dionysos in der Zucht der Musen Apolls« seine Ideen vom *Kunstwerk der Zukunft* (1849) konzipiert und dabei für die griechische Tragödie die Formulierung von ihrer »Geburt aus der Musik« geprägt; eine Formel, die im freien Gebrauch Nietzsches Thema der sokratischen Auflösung des mythischen Untergrunds der Kunst mit dem Satz präludiert, daß auf den Trümmern der Tragödie in tollem Lachen der Komödiendichter Aristophanes geweint und aller Kunsttrieb schließlich vor dem »ernsten Sinnen der Philosophie« gestockt habe, als sie über die Ursachen der Vergänglichkeit des menschlich Schönen und Starken nachzudenken begann.[4] Bekannt ist auch der Anteil, den Wagner am Schicksal dieser umstrittenen Schrift nahm, die sich zur eigentlichen Aufgabe machte, das von ihm erneuerte Musik-

2 Brief an Carl von Gersdorff, 4. August 1869, in: Friedrich Nietzsche, *Sämtliche Briefe. Kritische Studienausgabe in 8 Bänden*, hrsg. von G. Colli und M. Montinari, München 1986, Bd. 3, S. 35 f. [im folgenden zit. als: KSB mit Band- und Seitenzahl].

3 Ebd.

4 Vgl. C. von Westernhagen, *Richard Wagner. Sein Werk, sein Wesen, seine Welt*, Zürich 1956, S. 145 ff. (Die Wirkung des von Cosima Wagner später erworbenen Genelli-Bilds auf Nietzsches Grundgedanken bezeugt sein Brief an E. Rohde vom 16. Juli 1872; KSB 4,25.)

drama, jenes »sonderbare Räthsel unsrer Gegenwart«, in seinem Verhältnis zu den griechischen Tragikern zu beleuchten.[5] Um so befremdlicher erscheint jenes geringe Echo, das die Vorträge über »die Söhne des Thales« in Bayreuth fanden. Wagners Scherz *und* sein Verstummen, die Unfähigkeit des Künstlers zum philosophischen Gespräch, mußten Nietzsche zu denken geben. Und obwohl er danach immer wieder Anläufe zu einer Neubearbeitung und Ergänzung unternahm, gelangte das Manuskript nicht zum Abschluß. Veröffentlicht wurde es schließlich in den Nachlaßbänden der ersten Gesamtausgabe, gleichzeitig mit Diels' *Fragmenten der Vorsokratiker* (1903), dem philologisch gelehrten, bis heute maßgeblichen Standardwerk zur Überlieferungsgeschichte der frühgriechischen Philosophie.

I

Daß Nietzsche das Manuskript seines »Philosophenbuchs« im Wagner-Kreis vorlas, setzte nicht nur eine Gewohnheit fort, die sich im Zuge der Vorarbeiten zur *Geburt der Tragödie* während der Aufenthalte in Tribschen herausgebildet hatte. Es hängt vielmehr auch mit jenen durch Hölderlin und den Geist der Weimarer Klassik inspirierten Hoffnungen auf ein »deutsches Delos« zusammen, die er für Bayreuth in sich trug. Danach sollten sich während der Festspiele um die Aufführung von Wagners Musikdramen Vorlesungen, Gespräche, Wettbewerbe aus allen Bereichen der Kunst und Dichtung sammeln, um dem von seiner Weimarer Höhe abgefallenen, ja, seit der Reichsgründung durch Bismarck mit gänzlichem Verlust bedrohten Geist der deutschen Nation den vermißten Einigungspunkt der »Kultur« zurückzugeben;[6] hochgespannte Erwartungen, die auch Wagner hegte,

5 Briefentwurf an W. Engelmann, 20. April 1871; KSB 3,194.
6 Nachgelassene Fragmente, Frühjahr–Herbst 1873, Frg. 27 [69], in: Friedrich Nietzsche, *Sämtliche Werke. Kritische Studienausgabe in 15 Bänden*, hrsg.

aber so gewiß nicht teilen mochte. Es waren Träume seiner Jugend, des Künstlers und Revolutionärs von 1848, an die sich der junge Nietzsche anschloß, als er im Hochgefühl der Freundschaft die erste Niederschrift des Philosophenbuches als »Festschrift für das Jahr 1874 und Bayreuth« konzipierte.[7] Die Vorträge vom Frühjahr 1873 bildeten dazu eine Art »Generalprobe«. Daß sie mißlang, ist sachlich begründet, worüber im folgenden näher zu sprechen sein wird. Wenden wir uns zunächst ihrer Entstehungsgeschichte und damit den Sachgründen zu, die Nietzsche zur Abfassung des Manuskripts über die Philosophie im tragischen Zeitalter der Griechen bewogen haben.

Als Gelehrter, der die philosophischen Quellen im Rahmen der literarischen Überlieferung des klassischen Altertums zu erforschen sucht, in dieser Einstellung hatte sich der gelernte Philologe den ältesten Denkern des Griechentums früh zugewandt, die auch ihm zunächst »die Vorsokratiker« sind.[8] Das beginnt während der Leipziger Studentenzeit mit dem Vortrag *Über die Pinakes der aristotelischen Schriften* (1865) vor dem von Rohde und Nietzsche gegründeten *›Philologischen Verein‹* sowie mit der (preisgekrönten) Arbeit zu Diogenes Laertius' *Leben und Meinungen berühmter Philosophen*, die sich dann bald auf das Ganze der schriftlich fixierten Überlie-

von G. Colli und M. Montinari, München 1980, Bd. 7, S. 608 ff. [im folgenden zit. als: KSA mit Band- und Seitenzahl]; sowie die Notizen vom Sommer bis Ende September 1875, Frg. 12 [4]; KSA 8,247. Vgl. den Brief an Richard Wagner vom 24. Mai 1875; KSB 5,55 f.

7 Vgl. den Brief an E. Rohde vom 20./21. November 1872; KSB 4,95. Unter den Titelentwürfen findet sich die Notiz: »Die Rechtfertigung der Philosophie durch die Griechen. Eine Festschrift von F. Nietzsche. Betrachtungen eines Hoffenden« (Nachgelassene Fragmente Sommer 1872 bis Anfang 1873, Frg. 19 [316–317]; KSA 7,516).

8 Vgl. Friedrich Nietzsche, *Werke und Briefe. Historisch-kritische Gesamtausgabe*, Werke Bd. 3: *Schriften der Studenten- und Militärzeit (1864–1868)*, hrsg. v. H. J. Mette und K. Schlechta, München 1935, S. 256; Werke Bd. 5: *Schriften der letzten Leipziger und ersten Baseler Zeit*, München 1940, S. 162, 189, 234 [im folgenden zit. als: HKG mit Band- und Seitenzahl].

ferung des griechischen Altertums ausweitet. Es sind quellenkundliche und historisch-vergleichende Studien, die von Untersuchungen zum umstrittenen Schriftenverzeichnis der Werke von Demokrit bis hin zur Dialogform der platonischen und früharistotelischen Philosophie reichen und sich mit der Berufung auf die Baseler Professur für Klassische Philologie in der Programmschrift des Pädagogiums (1870) und den »Analecta Laertiana« im *Rheinischen Museum für Philologie* (1870) fortsetzen.

Daraus erwächst eine Reihe geplanter Untersuchungen zum Verhältnis der alten Philosophenschulen untereinander und zu Sokrates auf der einen, zur antiken und neueren Literaturgeschichte auf der anderen Seite. Es sind Versuche an der Grenze zwischen Philologie und Philosophie, Wissenschaft und Kunst, die davon ausgehen, daß neben der »kleinen Gemeinde« mit Sinn für die klassisch-griechische Formenwelt eine »noch kleinere« lebt, für welche »die Denker des Alterthums noch nicht zu Ende gedacht sind und gedacht haben«, ohne sich auf eine der beiden Seiten festzulegen.[9] So skizziert Nietzsche unabhängig vom Freundschaftsbund mit Wagner den groß angelegten Plan von »Alterthümlichen Betrachtungen«,[10] die seine philologischen Einzelstudien durch historische Studien zur Genese der *Polis* und ihrer »schönen« Lebensformen ergänzen und eine *Gesamtanschauung des älteren Griechentums* in seiner Ferne und Nähe zur Gegenwart vor Augen führen sollten. In diesem Rahmen des zunächst so genannten »Griechenbuchs« finden die Philosophen als Künstler wie als politische Gesetzgeber und Wegbereiter des theoretischen Forschens ihren Ort. Und da sie zunächst ohne genauere Zuordnung auftreten, beabsichtigt Nietzsche ein »Colleg Griechische Philosophie« auszuarbeiten, das sich schließlich, nach einigem Schwanken über die Titelgebung

9 HKG 5,251.
10 Frg. 1 [110]; KSA 7,43–46.

(»Zur Dichter- und Philosophengeschichte Griechenlands«), im Vorlesungsplan: *Die vorplatonischen Philosophen* konkretisiert.[11]

In der Ausarbeitung dieses Kollegs – es wurde schon im Wintersemester 1869/70 angekündigt, aber erst im Sommersemester 1872 an der Universität Basel gehalten – wird Nietzsches philosophischer Trieb, der sich so ungestüm und gegen alle Konventionen der gelehrten Forschung mit den außeruniversitären Vorträgen *Über die Zukunft unserer Bildungsanstalten* (1872) und dem Buch über *Die Geburt der Tragödie aus dem Geiste der Musik* (1872) Bahn gebrochen hatte, frei von der freiwillig eingegangenen Bindung des klassischen Philologen an die »wunderbare Einheit Wagners und Schopenhauers«. Sie sind jene beiden Musageten am Eingang seines Denkwegs, der über die musikalische Neuschöpfung des tragisch zentrierten Kunstwerks und die Freilegung des Zentrums einer tragischen Weisheitslehre diesseits der Kunstsphäre alle Elemente in sich aufnimmt, die ihm zur Bändigung des gelehrten Wissenstriebs und Betriebs historischer Wissenschaft in der Gegenwart nötig erscheinen. Es ist ein Philosophieren, das der Philologie verbunden bleibt, aber sich bereits anschickt, jenen Bund ebenso aufzukündigen wie das enge Band mit Wagner, das die *Krisis* auslöst: eine Entscheidung zugunsten der Philosophie und damit für die Austragung der von Anbeginn latenten Spannung zur Philologie und ihrer Stellung zwischen Wissenschaft und Kunst.

Aus dieser sachlich höchst angespannten Situation seines Denkens ist das Manuskript *Die Philosophie im tragischen Zeitalter der Griechen* entstanden. Als Bestandteil eines umfassenden »Griechenbuchs« konzipiert, blickt es in der Vorwegnahme des Standpunkts der *Unzeitgemäßen Betrachtungen* (1872, 1874, 1876) aus der Ferne des im klassischen Grie-

11 HKG 5,209 und 239. Neben dem »vorplatonischen« ist gelegentlich auch von »voraristotelischen Philosophen« die Rede (S. 215 und 234). Vgl. KSA 7,16 und 56.

chenland anfangenden Philosophierens auf sein herannahendes Verenden im wissenschaftlich geprägten Menschentum der europäischen Moderne. Womit Nietzsche das von Hegel aufgeworfene Problem des »Endes der Philosophie« aus einer ganz anderen Richtung erblickt als die zeitgenössischen Junghegelianer von Feuerbach über Marx bis hin zu Eduard von Hartmann, die das klassisch-philosophische Element entweder klassizistisch mißverstehen oder zugunsten eines nichtphilosophischen Elements (der Sinnlichkeit, der Nationalökonomie, der Geschichte) preisgeben. Im Brief an Carl von Gersdorff (5. April 1873) hat Nietzsche bekannt, das Ganze sei von der buchmäßigen Form weit entfernt, er müsse »noch viel Zeit vergehen lassen, um eine nochmalige Darstellung (die vierte desselben Thema's) zu wagen. Auch war ich genöthigt, die sonderbarsten Studien zu jenem Zwecke zu treiben, selbst die Mathematik trat in die Nähe, ohne Furcht einzuflößen, dann Mechanik, chemische Atomenlehre usw. Ich habe mich wieder auf das herrlichste überzeugt, was die Griechen sind und waren. Der Weg von Thales bis Sokrates ist etwas Ungeheures«.[12]

So bestätigt sich der Ernst in Wagners Scherz, sein Spürsinn, der an Nietzsches Vortrag die veränderte Blickrichtung vom Schönen der Kunst auf die Erkenntnis der Wahrheit durch Wissenschaft und Philosophie wahrnahm. Denn die Spuren mathematischer und naturwissenschaftlicher Studien sind im Bayreuther Manuskript zugunsten der Zeugnisse für Schopenhauer getilgt. Wir finden sie in der *ersten* Darstellung des Themas, dem Kollegentwurf über *Die vorplatonischen Philosophen,* worin die verschiedensten Ansätze durcheinanderdrängen: philologische Gelehrsamkeit und Kritik, Mythos und Aufklärung, Wissenschaftsgeschichte und dichterische Vorformen philosophischer Weisheitslehren. »Doch fühle ich mich immer auf einer Bahn«, schreibt Nietzsche an Erwin Rohde (26. August 1872), »es giebt keine Verwir-

12 KSB 4,139.

rung, und wenn man mir nur Zeit läßt bringe ich's an's Tageslicht.«[13]

Die *zweite* Darstellung vom Herbst 1872 – sie trägt die Überschrift: »Der letzte Philosoph« – gibt sich als Rechtfertigung der Bayreuther Kulturidee aus: »Ich baue daran pyramidum altius.«[14] Der Bau fußt auf den Eckpunkten von »Wissenschaft« und »Kunst«, von »Wahrheit« und »Illusion«, die das ebene Vieleck jener Pyramide des Scheins umgrenzen, deren Seitenlinien von der Grundfläche des erscheinenden Weltwillens nach oben hin im Werk des philosophischen und künstlerischen Genius kulminieren. Als Kulturspitze der unserem Auge erreichbaren Kunstpyramide gilt dem jungen Nietzsche die altgriechische Tragödie von Aischylos bis hin zu Sophokles, die Wagners Musikdrama erneuert. Kultur gründet sich jedoch nicht auf philosophische Erkenntnis, sondern einzig auf die *Kunst*, der die Philosophie dient. Der »letzte Philosoph« beansprucht nur, dem *Leben* zur Möglichkeit seiner Selbstbejahung zu verhelfen, und dazu beweist er die Notwendigkeit der Illusion, eines alle Künste und Sinne vereinigenden Kunstwerks und seiner gemeinschaftsbildenden Kraft.[15] Er ist jener »Philosoph der tragischen Erkenntnis«, der unter dem Scheitern des Anspruchs der Metaphysik auf vollständige Welterklärung leidet und darum die künstlerische Illusion braucht, ja, dem sich das »Bild des Daseins« gerade dadurch vollendet, daß ihm das Metaphysische »zuletzt« noch einmal *ästhetisch* oder *anthropomorphisch* erscheint. Daher sein Name, der keine degenerative Endgestalt, sondern die Regenerierung philosophischer Weisheit durch die kommenden Denker umschreibt: »**Der letzte Philosoph** – es können ganze Generationen sein.«[16] Fluchtlinien in diesem Bauwerk sind die für Cosima

13 Ebd., S. 48.
14 An Erwin Rohde vom 20./21. November 1872; KSB 4,95.
15 Frg. 19 [36]; KSA 7,429.
16 Frg. 19 [35]; KSA 7,427 f.

Wagner geschriebenen *Fünf Vorreden zu fünf ungeschriebenen Büchern*, deren erste über »Das Pathos der Wahrheit« (1872) durch Verlegung des Gewichts auf die von Nietzsche später so genannte »Leidenschaft der Erkenntnis« sein Fundament – den Eckstein der Kunst-Illusion – insgeheim untergräbt, so daß der Bau des »Philosophenbuchs« in der ursprünglich geplanten Form nicht ausgeführt wird.

Die *dritte* Darstellung bescheidet sich mit dem Programm: »Der Philosoph als Arzt der Cultur«, das seine Stellung »einst« und »jetzt« zu vergleichen beabsichtigt, um mit seiner Hilfe ihre Schäden zu diagnostizieren und nach Heilungsmöglichkeiten zu suchen.[17] Er ist ein Werkzeug, nicht die Basis der Kultur. Ihr Heil, das bleibt die Grundlage, ruht auf der Kunst. Diese Erwartung inspiriert den Vergleich des Ursprungs der griechischen Tragödie mit dem Sinn und Ziel von Wagners Musikdrama in Nietzsches Erstlingsschrift, die nun im Philosophenbuch ein »Seitenstück« finden und daran den Ansatz jener »Artistenmetaphysik« verdeutlichen soll, die sich hinter der »purpurnen Finsternis der Tiefe«[18] seiner Untersuchungen über den dionysischen Grund der Kunst verbirgt; mit dem von Wagner so nicht vermuteten Ergebnis, daß es ihn widerruft, sofern diese Metaphysik die Lust des tragischen Kunstwerks »hinter den Erscheinungen« zu suchen lehrt und das Wagnersche Musikdrama als »Kunst des metaphysischen Trostes« gefeiert hatte.[19]

Wenn ich die Tragweite von Nietzsches philosophischem Widerruf vorwegnehmend so umschreiben darf, handelt es

17 Frg. 23 [15]; KSA 7,545 f. Auch dieser Entwurf war als Geburtstagsschrift für Wagner konzipiert. Vgl. den Brief an Carl von Gersdorff vom 2. März 1873; KSB 4,132.

18 Ich beziehe mich hier auf die Formel von E. Rohde in dessen (abgelehnter) Rezension für das *Litterarische Centralblatt*, abgedr. in: K. Gründer (Hrsg.), *Der Streit um Nietzsches ›Geburt der Tragödie‹*, Hildesheim 1969, S. 10. Vgl. bereits den Brief an Rohde vom 4. August 1871; KSB 3,215 f.

19 *Geburt der Tragödie aus dem Geist der Musik*, §§ 17–18; KSA 1,109 und 118 f.

sich bei dem vierfach umgeschriebenen Buchmanuskript um Variationen ein und desselben Themas, nämlich um die Klärung des vielberedeten »Geistes der Musik«, dem »alles nur Spiel, im Grunde nur Seligkeit sein kann«.[20] Worunter wir die ursprünglich griechische *Musenkunst* zu verstehen haben, die *Rhythmus der Rede, Musik* in *Gesang* und instrumentaler *Begleitung* sowie *Orchestik* als *Tanzbewegung* umfaßt – Verbindungen des gegensätzlich Gestimmten, der Hör- mit der Schauwelt im dionysischen Festspiel der griechischen Bürgergemeinde, die, ins Kosmische übertragen, auf einen Zusammenhang unter den Erscheinungen und darin auf Übereinstimmung und Einheit des Unterschiedenen weisen.[21] Es sind Übertragungen sichtbarer Bilder und gefühlter Vorgänge, von Metaphern, die »etwas als gleich behandeln, was man in einem Punkte als ähnlich erkannt hat«[22], von Vergleichen und Gleichnissen, die Nietzsche bei Heraklit unter der Metaphorik des Weltspiels wiederfindet: eines Spiels, das er im Gegenzug zu Schopenhauers Verneinung der Erscheinungswelt als Grundlage metaphysisch geforderter Willensverneinung und deren Widerklang in Wagners Musik am Beispiel des größten der vorplatonischen Philosophen auszudeuten unternimmt.

20 Frg. 34 [32]; KSA 7,802.

21 *Geschichte der griechischen Literatur* (1874/75), in: *Nietzsche's Werke und Briefe. Gesamtausgabe in Großoktav*, Werke Bd. 18: *Philologica* 2, hrsg. von O. Crusius, Leipzig 1912, S. 5 ff. [im folgenden zit. als: GOA mit Band- und Seitenzahl]. – Daß die griechische Musik als »Melodie« erscheint, mit der ein metrischer Text vorgetragen wird, und darum mit neuzeitlicher »Harmonik« nichts zu tun hat, war Nietzsche bewußt, so daß die oft wiederholte Kritik an seiner »Verwechslung« des modernen mit dem antiken Harmoniebegriff in diesem Punkt relativiert werden muß. Vgl. zuletzt B. von Reibnitz, *Ein Kommentar zu Friedrich Nietzsche, »Die Geburt der Tragödie aus dem Geiste der Musik«*, Stuttgart / Weimar 1992, S. 118 f., 165 f. und 178.

22 Frg. 19 [249]; KSA 7,498.

II

Daß der dem Wagner-Kreis vorgetragene Text der *Philosophie im tragischen Zeitalter der Griechen* nicht Nietzsches letztes Wort zur Sache sein konnte, bezeugt der Kontext unserer Edition. Der Leser sei nachdrücklich auf das Studium der hier abgedruckten Vorarbeiten vom Sommer 1872 bis zum Frühjahr 1873 hingewiesen, worin sich die »Leidenschaft der Erkenntnis« als philosophisches Grundmotiv des jungen Nietzsche immer wieder ausspricht. [23] Es trägt auch den Gesamttext des Baseler Vorlesungsmanuskripts über *Die vorplatonischen Philosophen,* das wir mit dem abschließenden, von Empedokles bis hin zu Sokrates reichenden Teil als Ergänzung zum Bayreuther Fragment zum Abdruck bringen. Wie sich der Leser überhaupt an Hand dieser bisher nur unvollständig veröffentlichten Materialien vergegenwärtigen möchte, welchen Raum in Nietzsches Lehrverpflichtungen an der Universität Basel seine Vorlesungen zur Geschichte der griechischen Philosophie einnehmen. Hat doch Nietzsche während des Baseler Jahrzehnts (1869–1879) am Pädagogium regelmäßig die Platonischen Dialoge (darunter viermal den *Phaidon*), an der Universität dreimal *Die vorplatonischen Philosophen* und dreimal (unter verschiedenen Titeln) Platons Leben und Lehre behandelt, wobei er beide philosophischen Vorlesungen offensichtlich als eine Einheit betrachtet hat und denn auch im Sommersemester 1876 *zusammen* vortrug.[24]

Vor diesem Hintergrund verliert der schon zu Beginn der Baseler Lehrtätigkeit (1871) geäußerte Wunsch, von den Pflichten der philologischen Professur entbunden zu werden und statt dessen den durch G. Teichmüllers Weggang nach

23 Das betont mit Recht M. Montinari, »Nietzsches Philosophie als ›Leidenschaft der Erkenntnis‹«, in: M. M., *Nietzsche lesen*, Berlin/New York 1980, S. 64 ff.

24 Eine Übersicht gibt J. Stroux, *Nietzsches Professur in Basel,* Jena 1925, S. 94–101. Vgl. neuerdings die Zusammenstellung bei C. P. Janz, »Friedrich Nietzsches akademische Lehrtätigkeit in Basel 1869–1879«, in: *Nietzsche-Studien* 3 (1974) S. 192–203.

Dorpat frei gewordenen Lehrstuhl für Philosophie zu übernehmen, an Befremdlichkeit. Er entspricht durchaus dem Schwerpunkt seiner bisherigen Studien, der nach dem Urteil des Leipziger Lehrers F. Ritschl in griechischer Literaturgeschichte »mit besonderer Betonung [...] der Geschichte der griech[ischen] Philosophie« lag.[25] Ja, die Frage drängt sich auf, wie wohl Nietzsches weiterer Weg verlaufen wäre, wenn sich dieser Wunsch, im Einklang mit seiner eigentlichen Neigung und der kurz vor der Berufung geäußerten Absicht, nicht in klassischer Philologie, sondern in Philosophie zu promovieren oder Chemie (!) zu studieren,[26] realisiert hätte. Eine Antwort ist müßig. Dennoch liegt die Vermutung nahe, daß es Nietzsche dann vielleicht möglich gewesen wäre, am akademischen Lehramt festzuhalten und seinen weitgespannten Erkenntnisabsichten ohne berufsbedingte Einschränkungen und innere Konflikte nachzugehen.

Ich meine damit nicht nur Nietzsches Weitsicht auf das »klassische« Altertum im Ganzen seiner literarischen Überlieferung, die sich mit geschichtlichen Seitenblicken des gelernten Philologen auf Verklärungen des »Klassischen« in der deutschen Literatur und Philosophie verknüpft. Gemeint ist die Weite der Sicht auf die kulturelle Lage der Zeit, die ihm teils im Schatten der Weimarer Klassik, teils im Licht der Jenaer und Heidelberger »Romantik« steht. Die Augen für sie hat jedoch weniger das dieser Kulturepoche zugehörige Werk von Schopenhauer als vielmehr F. A. Langes *Geschichte des Materialismus und Kritik seiner Bedeutung in der Gegenwart* (1865) geöffnet. Bereits hier (und nicht erst durch die spätere Freundschaft mit Paul Rée) erhält Nietzsche Kenntnis vom englischen und französischen Positivismus, empfängt er entscheidende Anregungen zu seinen Studien über Demokrit

25 Vgl. das Empfehlungsschreiben an W. Vischer, Präsidenten des Erziehungsrates, vom 11. Januar 1860, in: J. Stroux »Nietzsches Professur in Basel«, in: *Nietzsche-Studien* 3 (1974) S. 36.

26 Nach dem Brief an E. Rohde vom 16. Januar 1869; KSB 2,359 f.

und die Entwicklung der neuzeitlichen Atomistik sowie Anstöße zur kritischen Auseinandersetzung mit Schopenhauers Willensmetaphysik. Und hier findet er schließlich die Bestätigung für die früh gewonnene Einsicht, daß »zwischen der Unendlichkeit des Lebens und seiner konkreten Wirklichkeit einerseits und der Begrenztheit des Verstandes andererseits eine unüberbrückbare Diskrepanz besteht«, daß unsere Lebens- und Welterfahrung sich jedem Versuch entziehen, sie rein verstandesmäßig zu erfassen, sei es mit den Mitteln wissenschaftlicher Erfahrungserkenntnis oder im Medium metaphysischer »Begriffsdichtung« und ihrer von Platon bis hin zu Hegel gelehrten Einheit des Denkens mit dem Sein.[27]

Ohne den Einfluß von F. A. Lange auf die Entstehung von Nietzsches Philosophie überschätzen zu wollen, verdient es doch hervorgehoben zu werden, daß die früheste Konzeption des Philosophenbuches den Titel: »Demokrit und die Vorplatoniker« tragen sollte.[28] Und in diesem Zusammenhang erscheint es mir von besonderem Gewicht zu sein, wie schon die Leipziger Demokrit-Studien mit dem Erkenntnisinteresse an der Entstehung der neuzeitlichen Naturwissenschaft und ihrer Vorgeschichte in der Antike einhergehen; ein Interesse, das sich dann mit dem ursprünglich philosophischen Grundmotiv der »Leidenschaft der Erkenntnis« verbindet und Nietzsche nicht nur die Unregelmäßigkeiten neuzeitlicher Kulturentwicklungen, sondern auch das Brüchige an Wagners Kulturideal empfinden läßt.[29]

Voll zum Durchbruch gelangt das Motiv mit dem Wandel des Konzepts der *Philosophie im tragischen Zeitalter* am *vier-*

27 Vgl. R. Blunck, *Friedrich Nietzsche. Kindheit und Jugend*, München/Basel 1953, S. 158.

28 Frg. 2 [2]; KSA 7,45. Vgl. auch die Einordnung in die »Alterthümlichen Betrachtungen« nach der geplanten Reihenfolge von Demokrit über Heraklit, Pythagoras, Empedokles zu Sokrates (ebd., S. 43).

29 Vgl. die Notiz über »krampfhafte« Züge an Wagners Schopenhauer-Nachfolge nach Besuchen in Tribschen im Herbst 1869, Frg. 1 [51]; KSA 7,25; sowie 32 [8–66]; ebd., S. 756–777.

ten Darstellungsversuch. Er steht unter modernen Vorzeichen einer »Bedrängniss der Philosophie«,[30] womit die aus dem »Pathos der Wahrheit« hervorgegangene Abhandlung *Ueber Wahrheit und Lüge im aussermoralischen Sinne* (1873) in den Mittelpunkt von Nietzsches Denken rückt. Nietzsche hat sie vor dem engeren Freundeskreis wie vor Richard und Cosima Wagner verheimlicht, vielleicht auch deshalb, weil er ihre distanzierte Haltung zu seinen Vorträgen über »die Söhne des Thales« verspürte. Waren sie doch offensichtlich darüber enttäuscht, daß sich dieses Manuskript, weit entfernt, der Bayreuther Kulturidee zu dienen, in der Sache schon loslöste von jenem in der *Geburt der Tragödie* anerkannten »Auftrag« des Philosophen, die »tragische Bedürftigkeit« des Menschentums *vorzubereiten* und im Namen des Kunstwerks der Zukunft zu rechtfertigen. Am meisten enttäuscht war Cosima Wagner, die allerdings bereits in den an sie adressierten *Vorreden* eine »ungeschickte Schroffheit« gewahrte, »bei immer großem Tiefsinn des Empfundenen«.[31]

Dieser Zwiespalt verstärkt sich dann noch einmal im Anlauf zur *fünften* Darstellung. Es sind Aufzeichnungen zu dem Thema »Wissenschaft und Weisheit im Kampf« (1875), die uns in mehrfacher Hinsicht bedeutsam erscheinen. Zeigen sie doch das Ausmaß der Veränderungen im Bauplan der einst auf Bayreuth zugeschnittenen Kulturpyramide des Scheins an, deren Spitze nun nicht mehr senkrecht über dem Mittelpunkt des Kunstwerks liegt, sondern sich zugunsten des Wissens und der daran angeschlossenen Weisheitslehre verschiebt, so daß der ganze Bau zurückversetzt wird. Er weist in der Tat »zurück«, nämlich auf Nietzsches naturwissenschaftliche Interessen *vor* der Begegnung mit Wagner und eine Art zu philosophieren, worin statt der vom »Kunstwerk der Zukunft« und von Schopenhauers Willenslehre getrage-

30 Frg. 29 [197–205, 219–223], 30[5–15]; KSA 7,709ff. und 737ff.
31 Vgl. Cosima Wagner, *Die Tagebücher*, Bd. 1 (1869–77), hrsg. von M. Gregor-Dellin und D. Mack, München/Zürich 1976, S. 623.

nen »Artisten-Metaphysik« die »Leidenschaft der Erkenntnis« ohne Grenzen und begrenzende Verehrung jener beiden Musageten am Eingang seines Denkwegs die Hauptrolle spielt,[32] wie sie uns dann nach der Flucht aus Bayreuth (1876) entgegentritt. Und zugleich stellen die Fluchtlinien des neuen Bauplans die unter Wagners Anstoß abgebrochene Verbindung von Nietzsches Gedankenkreis mit der ursprünglich politischen Fassung des »Griechenbuchs« wieder her, d.h. seiner Auffassung des *Kunstwerks* als eines *Werks des Gemeinsinns,* der Neugründung griechischer Bürgergemeinschaft aus dem Geist tragischer Gesinnung, mit dem Ziel der Gründung eines gesamthellenischen Bürgerbunds.[33]

III

Einzig konstanter Zug inmitten dieser wechselnden Entwürfe scheint der Ansatz von Nietzsches Konzeption zu sein, Wagner, Schopenhauer und das älteste Griechentum im Blick auf eine Erneuerung der tragischen Kultur »zusammenzurechnen«, seine Behauptung, daß zwischen »unserer höchsten Kunst und Philosophie und zwischen dem wahrhaft erkannten **älteren** Alterthum« kein Widerspruch sei, ja, daß sie sich sogar gegenseitig stützen und tragen.[34] Das scheint nur so. In der Sache verschiebt er sich mit jedem Entwurf. Konstant bleibt lediglich die dadurch ausgelöste Frage, wie sich die *archaisch-dionysische Volksweisheit des griechischen Mythos* (jener abgrundtiefe Pessimismus in der Antwort des Silen auf die Frage nach dem Allerbesten für den Menschen: das Beste sei, »nicht geboren zu sein, nicht zu sein, nichts zu sein«)[35] zur olympischen Götterwelt des homerischen Epos, die *ethi-*

32 Vgl. M. Montinari, »F. Nietzsche, Eine Einführung«, in: M. M., *Nietzsche lesen,* Berlin / New York 1980, S. 47.

33 *Einleitung zu den Vorlesungen über Sophocles Oedipus rex* (1870); GOA 17: *Philologica* 1, hrsg. von E. Holzer, Leipzig 1910, S. 302 f.

34 Vgl. Frg. 5 [109–111] und 6 [14]; KSA 8,69 und 103.

35 *Die Geburt der Tragödie aus dem Geist der Musik,* §3; KSA 1,35.

schen Grunderfahrungen der griechischen Tragiker (ihre Darstellung menschlichen Lebens in der Welt unter dem Gesichtspunkt des Leidens) zur *Ethik* der sokratischen Philosophenschulen und der platonischen Akademie verhalten.[36] Es ist eben jene Fragestellung, die Nietzsche fast unmerklich, aber unvermeidbar zu Wagner und dessen philosophischen Gewährsmann Schopenhauer in Gegensatz bringt.

Von Anbeginn lautet Nietzsches Antwort, daß äußerlich gar kein Verhältnis besteht. Warum? Weil Sokrates und Platon Dichtkunst und Philosophie unterscheiden und die Ethik der Kunstpraxis des homerischen Rhapsoden als Zentrum hellenischer Erziehung zuordnen. Von hier aus bestimmt Nietzsche den geschichtlichen Stellenwert der platonischen Dialogkunst. Im Blick auf die zentrale Sokratesfigur spricht Nietzsche von Platons »philosophischem Drama«, das weder zur Tragödie noch zur Komödie gehört, weil der Chor fehle, das Musikalische und Religiöse des dramatischen Ursprungsgeschehens. Es ist die Verwurzelung der Kunst im Volksleben, in jenem kultischen Festspiel der Bürgergemeinde zu Ehren des Gottes Dionysos, die nach Nietzsches Einsicht das platonische Sokrates-Drama mit der Verselbständigung des geschriebenen Dialogs gegenüber dem lebendigen Wort und seiner Lautwerdung durch die menschliche Stimme und dem ebenso chorisch wie praktisch abgestimmten Kunstwerk der aufgeführten Tragödie abschneidet. Das Leben des Sokrates und seine Umsetzung ins Werk des als *klassisch* anerkannten Philosophen gehört zur episch-apollinischen Tradition in der Nachfolge Homers, mit dem wesentlichen Unterschied, daß jenes platonische Dialogwerk nicht zur Praxis des Lebens, sondern zum Lesen dient: Es ist das Literaturdrama, »Lesepoesie: Leseepos, Lesedrama«[37].

Diese Unterscheidung, deren Tragweite für das Verständnis der griechischen Dichtungs- und Philosophiegeschichte

36 Frg. 1[108]; KSA 7,42.
37 Vgl. Frg. 3 [50, 75]; KSA 7,74 und 80.

erst heute voll erkannt wird, hatte Nietzsche in seinen Baseler Vorlesungen breiter entwickelt und in den beiden Vorträgen: *Sokrates und die Tragödie* (1870) und *Die dionysische Weltanschauung* (1870) wenigstens angedeutet. Die tragische Kunst ist keine resignierte Weltbetrachtung, wie Schopenhauer meinte, sondern sie bringt Klarheit über das Unhintergehbare des Leidens *und* seine Verklärung zugleich.[38] Unter diesem Gesichtspunkt aufgefaßt, ist sie die Vorgestalt einer ästhetischen Rechtfertigung der Welt, wie sie Nietzsches Artisten-Metaphysik als einzig mögliche »Kosmodizee« vorschwebt. Dem Einwand gegen Schopenhauer vermochte Wagner ein Stück weit zu folgen, während er den von Nietzsche markierten Unterschied zwischen der ethischen Philosophie der Tragiker und der Absage des platonischen Sokrates-Dramas an die volkstümliche Weisheit des Silen zugunsten optimistischer Welterkenntnis und Aufhebung des Leidens ablehnt. Ja, Wagner hat, wie man sagen muß, die Konsequenzen der Unterscheidung für Nietzsches Umwertung des klassischen Griechentums gar nicht verstanden, als er nach der Lektüre des Sokrates-Vortrags von Nietzsche verlangte, ihm ein »ganzes Halbtheil« seiner Bestimmung abzunehmen und dabei vielleicht ganz der eigenen Bestimmung nachzugehen: Philolog zu bleiben, um als solcher »von der Musik sich dirigiren zu lassen«, mitzuhelfen, »die grosse ›Renaissance‹ zu Stande [zu] bringen, in welcher Platon den Homer umarmt, und Homer, von Platons Ideen erfüllt, nun erst recht der allergrösste Homer wird«.[39]

Vergleichen wir das Konvolut der Aufzeichnungen, die Nietzsche unter dem Eindruck dieser und ähnlicher Äußerungen von Wagner während der langen Inkubationszeit seines Tragödienbuchs gemacht hat, so begegnen uns zwar unter den verschiedenen Entwürfen zur Dichter- und Philosophengeschichte gelegentliche Verweise auf eine Abhandlung »Von

38 *Die dionysische Weltanschauung,* §3; KSA 1,569f.
39 Brief an Nietzsche kurz vor dem 12. Februar 1870; KSB 2,145f.

Homer bis Socrates«.[40] Aber in der Sache ist Nietzsche nirgends auf Wagners Vorschlag eingegangen. Hatte er doch die Vorstudie zur *Geburt der Tragödie* zunächst als Philosophenbuch konzipiert (»Der Kampf zwischen Kunst und Wissenschaft in Griechenland ist darzustellen. Der Stand der θεωρητικοί in seiner Entwicklung. Titel etwa Socrates und die Tragoedie«).[41] Und er hatte dann dazu angesetzt, die philosophische Lebensform vom Leben des Künstlers und Gesetzgebers der griechischen Polis her abzuheben; ein Ansatz zur vergleichenden Betrachtung der gleichzeitigen Entstehung von Tragödie und Philosophie, die in Vorarbeiten stekken blieb und nach der Begegnung mit Wagner aufgegeben wurde. Wie überhaupt das ursprüngliche Konzept des Tragödienbuchs mit der Apologie des musiktreibenden Sokrates abschließen sollte, wodurch es Raum für die Betrachtung der älteren Denker als Künstler-Philosophen und Reformatoren des Polislebens gelassen hätte, während die Ausführung auf eine Apologie von Wagners dramatisiertem Musikwerk hinausläuft, so daß die Darstellung des Standes der vorplatonischen Philosophen im Tragödienbuch gar keinen Platz findet.[42]

Hier setzt mit Nietzsches philosophiegeschichtlicher Denkarbeit das Nachdenken über Wagner ein, und es scheint mir kein Zufall zu sein, daß er sich selbst, gegen Wagners Rollenzuschreibung als philologischem Ausdeuter der Bayreuth-Idee, zu eben jener Zeit gegenüber E. Rohde offen zu seinem *Philosophentum* bekennt und anerkennt, was ihn zur eigenen Aufgabe drängt: »Wissenschaft Kunst und Philosophie wachsen jetzt so sehr in mir zusammen, dass ich jedenfalls einmal Centauren gebären werde.«[43] Auf diesem Weg konnte Nietzsche Wagners letztlich klassizistischem Griechenlandbild auf

40 Frg. 2 [31]; KSA 7,56; 7 [78], ebd., S. 156.
41 Frg. 3 [4]; KSA 7,59.
42 Vgl. B. von Reibnitz, *Ein Kommentar zu F. Nietzsche, »Die Geburt der Tragödie aus dem Geist der Musik«*, Stuttgart/Weimar 1992, S. 152.
43 Brief an E. Rohde vom 15. Februar 1870; KSB 3,95.

die Dauer nicht folgen. Daß Platon den Homer »umarme«, diese Auffassung widersprach allem, was sich Nietzsche zu erarbeiten begann, als er von Platon die *vorplatonischen* und nicht etwa die *vorsokratischen* Philosophen zu unterscheiden lernte; eine Unterscheidung, die ihn sowohl über Schopenhauers platonisierende Metaphysik als auch über die metaphysisch stilisierte Kontrastfigur des Sokrates in der *Geburt der Tragödie* hinausführt.

Durch den Auftakt der Bayreuther Vorträge irregeleitet, hatte Wagner den doppeldeutigen Standort der Wissenschaft zwischen Dichten und Denken verkannt, von dem aus Nietzsche die griechische Philosophie mit dem thaletischen Grundsatz über das Wasser als Ursprung aller Dinge beginnen läßt; ein Satz, von dem er weiß, daß Aristoteles in Wahrheit seine einzige Quelle ist.[44] Und so mußte Wagner schließlich jene besondere Bedeutung verkennen, die Nietzsche Anaximander zuspricht, der »das Knäuel des tiefsinnigsten ethischen Problems mit kühnem Griffe, als der erste Grieche, erhascht«.[45] Behandelte doch schon das Baseler Kolleg »als Hauptkerle Anaximander Heraklit Parmenides – in dieser Reihenfolge«, mit Thales als »Vorläufer« zu Anaximander, Xenophanes als Vorläufer zu Parmenides, während Pythagoras für sich steht. Eine zweite Gruppe bilden im Kollegentwurf Anaxagoras, Empedokles, Demokrit, mit denen die »jüngere Bewegung der Naturwissenschaft« einsetzt, in deutlichem Gegensatz zur älteren der Künstler-Philosophen.[46] Weit davon entfernt, nur die »Söhne des Thales« zu sein, wird durch einen jeden von ihnen die Philosophie neu geboren. Die aristotelisch übliche Genealogie von Diadochen und Lehrern ist willkürlich, ja, geradezu falsch. Es sind »total verschiedene Weltbetrachtungen: darin, worin sie sich berühren, worin der

44 *Die vorplatonischen Philosophen*; GOA 19: *Philologica* 3, hrsg. von O. Crusius und W. Nestle, Leipzig 1913, S. 149.
45 *Die Philosophie im tragischen Zeitalter*; KSA 1,820.
46 Brief an E. Rohde vom 11. Juni 1872; KSB 4,10.

eine vom andern lernt, liegt gewöhnlich das Schwächere seiner Natur«.[47] Denken wir uns Platon verloren und die Philosophie mit Aristoteles beginnen, heißt es gegen doxographische Einebnungen durch die peripatetische Schule, so könnten wir uns jenen älteren Philosophen, der zugleich Künstler ist, gar nicht mehr imaginieren, er müßte uns unbekannt bleiben.[48]

Die bekannten Philosophen, das sind zunächst auch für Nietzsche Platon und Aristoteles, die er in seiner Optik verfremdet: Platon, der die Tragödiendichter aus dem Idealstaat verbannt, und Aristoteles, dessen *Poetik* »das Lesedrama sanktionirt«[49]. In Platon erkennt Nietzsche den »ersten großartigen Mischcharakter« unter den griechischen Denkern. Seine Ideenlehre verbindet sokratische mit pythagoreischen, eleatischen, heraklitischen Elementen, weshalb sie nicht ohne weiteres eine Originalkonzeption bildet. Und desgleichen sein Leben: Als Mensch besitzt Platon die stolzen Züge von Heraklit und Parmenides, die melancholisch-geheimnisvollen und legislatorischen von Anaximander und Pythagoras, die Streitlust der Sophisten und des seelenkundigen Dialektikers Sokrates. Sie stellen die reinen und ungemischten Typen dar, in der Art zu denken wie sich zu verhalten.[50] Was sie lernen und lehren, erleiden und leben sie, und ihr Leben ist nichts als ein Mittel leidenschaftlicher Erkenntnis.

Wer will, so werden die vorplatonischen Denker in den Baseler Vorlesungen eingeführt, mag sie die »Einseitigen« nennen. Für Nietzsche sind sie die eigentlichen »Erfinder« der philosophischen Lebensform, die das Leben selbst als Versuch des Erkennenden ansehen und durch ihr Beispiel den Nachfolgern das Philosophieren unendlich erleichtern. Die typischen Philosophen, heißt es in den Bayreuther Vorträgen,

47 *Die vorplatonischen Philosophen*; GOA 19,156f.
48 Ebd., S.157.
49 Frg. 3 [66]; KSA 7,78.
50 *Die vorplatonischen Philosophen*; GOA 19,130.

»sind ganz und aus einem Stein gehauen. Zwischen ihrem Denken und ihrem Charakter herrscht strenge Nothwendigkeit. [...] Sie alle sind in großartiger Einsamkeit als die einzigen, die damals nur der Erkenntniß lebten. Sie alle besitzen die tugendhafte Energie der Alten, durch die sie alle Späteren übertreffen, ihre eigne Form zu finden und diese bis ins Feinste und Größte durch Metamorphose forzubilden«.[51] Den Späteren geht dieser originale Zug ab, denn wo etwas Einseitiges hervortritt, wie bei den Zynikern, ist es nicht Typus, sondern Karikatur. Ja, genau genommen erkennt Nietzsche nur diese drei als die reinsten Typen an: *Pythagoras*, den Weisen als religiösen Reformator, der für sich, ohne schon Philosoph zu sein, die philosophische Lebensform entdeckt; *Heraklit*, den Weisen als stolz-einsamen Wahrheitsfinder und, der letzte in jener Reihe, *Sokrates*, den Weisen als ewig und überall Suchenden. Alle anderen, fügt Nietzsche den Merkmalbeschreibungen seiner philosophischen Triarchie hinzu, »sind, als Vertreter eines βίος, nicht so rein und original. Diese drei Typen haben drei ungeheure Einheitsvorstellungen gefunden, mit ihnen sind sie verwachsen: Pythagoras den Glauben an die Identität der zahllosen Menschheitsgeschlechter, ja mehr der Identität alles Beseelten zu aller Zeit. Socrates den Glauben an die Einheit und ewig gleiche, überall für alle Zeiten gleich verbindliche Kraft des logischen Denkens. Heraklit endlich die Einheit und ewige Gesetzmässigkeit des Naturprozesses. Das völlige Aufgehen dieser Typen in diesen Einheitsvorstellungen zeichnet sie aus; es macht sie gegen alle anderen Bestrebungen und Absichten blind und ausschliessend«.[52]

Daraus erklärt sich der tiefe Einschnitt, wenn man so will: jene zweite »Umwertung aller Werte«, die Nietzsche nach der ersten des Tragödienbuchs im Hinblick auf die Anfänge der abendländischen Philosophie vornimmt. Es ist ein für seine Revision des Verhältnisses zwischen Kunst und Wissenschaft

51 *Die Philosophie im tragischen Zeitalter*; KSA 1,807.
52 *Die vorplatonischen Philosophen*; GOA 19,172.

folgenreicher Rückblick auf die Sokrates-Gestalt am Anfang des eigenen Denkwegs und ein Vorblick auf das Ideal des Weisen in der *Zarathustra*-Dichtung, das sich hier aus der Ferne abzuzeichnen beginnt. So liegt es nahe, Nietzsches Beschreibungen der philosophischen Triarchie als Selbstbeschreibungen zu verstehen und zum Leitfaden der Interpretation seines Weges von der Philologie zur Philosophie zu wählen, der sich »jenseits von Bayreuth« auftut: im Absprung von Schopenhauer und Wagner.

IV

Obwohl Nietzsches Vorstudien zum Bayreuther Manuskript den Schnitt im Denken der Griechen ganz verschieden anlegen, bald an Demokrit, bald an Parmenides und dann wieder an Sokrates, hat er doch an seiner enthusiastischen Wertschätzung der »typischen Philosophenköpfe« mit entschiedener Beharrlichkeit festgehalten. Die vorplatonischen Philosophen, das sind eben jene großen »Unbekannten« im tragischen Zeitalter der Griechen, die Nietzsche ihrer Unbekanntheit und Verdeckung durch die Späteren entreißt: zum nicht geringen Erstaunen selbst der engsten Studienfreunde, die durch die hohe Schätzung dieser ältesten Denker der Griechen gegenüber Platon und Aristoteles überrascht wurden.[53] Nietzsche nennt sie die »Ehrwürdig-Unverständlichen«, Bildsäulen am Weg der griechischen Kultur, von denen man sich wegnahm, was brauchbar erschien. Man plünderte sie aus, wobei dann von jedem nur Teile zum Vorschein kamen, »ein Arm des Parmenides, ein Schulterstück des Heraklit, ein Fuß des Empedokles bald hier, bald dort [...], in Platon's Akademie sowohl wie in der Stoa und in den Gärten Epikurs«.[54] Und nachdem sie einmal ausgeplündert und un-

53 Vgl. die briefliche Mitteilung von P. Deussen an die Herausgeber E. Holzer und A. Horneffer in: Nachbericht, § 1; GOA 10,502.
54 Frg. 23 [1]; KSA 7,537.

kenntlich geworden waren, versuchte man, als das ganze Gebäude der Poliskultur dem Ansturm barbarischer Großreiche unterlag, die erhaltenen Stücke nicht einmal mehr torsohaft zu verstehen, als Rumpf (griech. ϑύρσος, eigentlich der Dionysosstab) von Bildsäulen. Man konnte sie nur künstlich zusammensetzen und museale Statuen anfertigen, der doxographisch zugeschriebenen »Lehre« nachgebildete, ähnliche Standbilder, die in Schulgärten oder Bibliotheken aufgestellt und dann entweder isoliert oder im Zusammenhang von Schulentwicklungen betrachtet wurden: in einem Hause, »in das wir sie zur Vergleichung einmiethen«, worin sie nicht wirklich »zu Hause« sind.[55]

Nietzsche spricht von *ikonischer Geschichtsschreibung*, der als solcher ein barbarisierendes Element eignet, weil ihre Bilder nicht nach dem Leben gezeichnet sind und wie ein Luxus aussehen: Produkte von Allerweltskünstlern. Gemeint ist der Stillstand lebendiger Gedankenbewegung durch die »langgesponnenen Berichte« des »ehrsamen Zeller« und Trendelenburgs Scharfsinn, jener beiden Zeitgenossen, die selber keine Weisen, sondern Gelehrte sind, ohne zu wissen, daß ihre historischen Arbeiten von Philologen doch besser verrichtet werden; ohne ein Bewußtsein darüber zu haben, wie sie die Philosophie der Wissenschaft und dem Strom der »jetzigen« Bildung ausliefern, den sie nicht mehr beherrscht, so daß sie selbst sinnleer und bodenlos wird.[56] Politisch und polizeilich (durch Regierungen, Kirchen, Akademien, Moden, Parteien) reglementiert, beschränkt sich alles moderne »Philosophieren« auf den »gelehrten Anschein« und ist im Grund zum Bildungsstoff herabgesunken, dem das Bildende der ältesten Denker gänzlich abgeht.

Fernab von aller betriebsamen Ikonisierung des Altertums durch Philologie und Geschichtsschreibung, ist Nietzsche in

55 Frg. 26 [8]; KSA 7,573.
56 Vgl. den Brief an E. Rohde vom 11. Juni 1872; KSB 4,10; ferner Frg. 30 [15], 32 [76]; KSA 7,738 und 782.

seinem Jahrhundert der einzige gewesen, der die stummen Bildsäulen am Eingang des Weges der griechischen Philosophie wieder zum Sprechen, die stillgestellten Abbilder des Gedankens in Bewegung zu bringen vermochte. Wodurch? Daß er die Zeugnisse der Denker nicht nur »gelesen«, sondern ihren »Melodien« nachgelauscht hat: »Ich weiß, hinter allen den kalten Worten bewegt sich eine begehrende Seele, ich höre sie singen, denn meine eigene Seele singt, wenn sie bewegt ist.«[57] In dieser Vergleichung von Denkzeugnis und menschlich anrührender Tonart und Stimme, darin besteht das Geheimnis seiner hermeneutischen Methode. Es ist ein *Gleichnis*, das uns bei Nietzsche immer wieder begegnet und zum Nachdenken herausfordert. Ermöglicht es doch die Bilddeutung, und in jener Be-deutung trägt es dann den geschichtlichen Rückgang auf die Philosophen im tragischen Zeitalter der Griechen wie die Auseinandersetzung mit Wagners Musik, ja, seinen ganzen Gang ins Weite und Freie der eigenen Philosophie.

So tritt uns das Gleichnis in der *Vorrede* zum Manuskript der Bayreuther Vorträge und im *Vorspiel* zu den Kapiteln über Anaximander und Heraklit entgegen, und es scheint mir besonders aufschlußreich zu sein, daß es seine Wirksamkeit gerade an den aphoristisch kurzen Rätselsätzen jenes Denkers entfaltet, der Nietzsche nach späterem Geständnis am nächsten steht. Den Hintergrund bildet beide Male die metaphysische Auffassung des Tragödienbuchs, wonach die empirische Welt der Erscheinungen vom Standpunkt des Ureinen aus ein dionysisches Kunstwerk, von »unserem« Standpunkt aus die Musik darstellt, die ihrerseits den mythischen Urstoff und aus sich das Drama schafft, den erhabenen Gedanken tragischer Weisheit, welcher der Schönheit widerspricht.[58]

Die *Vorrede* umschreibt Nietzsches Absicht und sein Verfahren, den Versuch, im Rekurs auf die ganz persönliche Stim-

57 Frg. 7 [18]; KSA 9,320.
58 Frg. 3 [42]; KSA 7,72.

mung und Farbe, das *Pathos* denkerischer Erfahrung, die »Welt« zu umschreiben, die das Bild des Philosophen umgibt, so wie man »vom Gewächs an einem Orte auf den Boden schliessen kann«.[59] Nietzsche gewahrt daran das Erfinderische der Pflanze, die sich windet und emporklettert, um sich Licht zu verschaffen und doch am Erdreich haften muß. Der Vergleich umspielt das Zwiespältige des philosophischen Antriebs, den Erkenntnistrieb, der »den Boden, auf dem der Mensch lebt«, immer wieder verläßt und sich ins Ungewisse wagt, und dann den Trieb, der »das Leben will« und darum »immer wieder sich zu einer ungefähr sicheren Stelle hintasten« muß, auf der sich stehen läßt.[60] Dieser Vergleich wird zum Gleichnis, das in geschichtlicher Ausdeutung dazu auffordert, das Bild jener Denker »durch Vergleichung wieder zu gewinnen und nachzuschaffen und die Polyphonie der griechischen Natur endlich einmal wieder erklingen zu lassen«.[61]

Im *Vorspiel* zum Anaximander-Kapitel benutzt Nietzsche pythagoreische Reminiszenzen der *Symphonie* und *Sphärenharmonie*, um in die Bildnerwerkstätte jener Natur zu schauen und dort den Idealtypus des Weisen zu erblicken, bevor sie dann den Sokrates-Typus erfand. Mit seinem Versuch, den »Gesammtklang der Welt in sich nachtönen zu lassen und ihn aus sich herauszustellen in Begriffen«, vereinigt der ideale Philosoph die gegensätzlichsten Sphären des Lebens und der Erkenntnis, des Mythos und der Kunst; beschaulich wie der bildende Künstler, mitleidend wie der religiöse Reformator, nach Zwecken und Kausalitäten forschend wie der wissenschaftliche Mensch, fühlt er sich zum Makrokosmos aufschwellen und behält dabei doch das besonnene Betrachten des Lebens und der Welt bei; jene Besonnenheit, von der Nietzsche sagt, daß sie der dramatische Künstler besitzen müsse, »wenn er sich in andre Leiber verwandelt, aus ihnen

59 *Die Philosophie im tragischen Zeitalter der Griechen*; KSA 1,801.
60 Frg. 6 [48]; KSA 8,115 f.
61 *Die Philosophie im tragischen Zeitalter der Griechen*; KSA 1,802.

redet und doch diese Verwandlung nach außen hin, in geschriebenen Versen zu projiciren weiß«.[62] Die dialogische Rede des tragischen Dichters ist und bleibt an das *Drama* des Lebens gebunden, welches dem Boden des Dionysiosmythos entwächst, während ihn der daraus hervorgehende Dialog zugunsten des *Logos* preisgibt und damit das Band mit der Kunst zu zerreißen strebt. Der philosophische Dialog ist kein Drama und will nicht dramatisch betrachtet werden, sondern als Wiedererinnerung an einen dialektischen Hergang.[63] Und dies lange vor Platon und den sokratischen Schulen, wie Nietzsche nachweist, ja, eigentlich von Anbeginn: mit dem Gebrauch der Schrift zum Zwecke der Mitteilung von Beweisvorgängen und mathematisch-naturwissenschaftlichen Erkenntnissen.

Von hier aus verstehen wir, warum sich Nietzsche nach mannigfacher Variation der ursprünglichen Fragestellung in den Bayreuther Vorträgen am Ende doch für jenen Titel entschied, der seinen Absichten am deutlichsten zu entsprechen schien. Und obwohl wir nicht behaupten können, daß ihm die Durchfigurierung des Themas in der vorliegenden Form befriedigend gelungen sei, läßt sich das Kühne des Entwurfs kaum verkennen. Bestimmt sich doch von hier aus auch Nietzsches Hauptthese, wonach die Geburt der Tragödie und Philosophie gleichzeitige, ja, mehr noch: gleichartige Ereignisse sind. Um es nicht bei oberflächlicher Vergleichung zu belassen, greifen wir abschließend aus der Fülle mehr oder weniger ausgezogener Vergleichslinien jenen Linienzug heraus, der uns einen Wink zum Verständnis der Tiefendimension von Nietzsches Text und des darin verborgenen Gedankengangs geben kann.

Ich beziehe mich auf den bislang viel zu wenig beachteten Grundsatz der Artistenmetaphysik, wonach alle Kunst ein

62 Ebd., §3; KSA 1,817. Vgl. *Die vorplatonischen Philosophen*; GOA 19,217–219; sowie Frg. 3 [46]; KSA 7,73.

63 *Einleitung in das Studium der platonischen Dialoge*; GOA 19,242.

»Außer-sich-sein« verlangt, eine *Ekstase.* Sie bereitet den »Schritt zum Drama, in dem wir nicht in uns zurückkehren, sondern in fremdes Sein einkehren, in unserer ἔκστασις; indem wir uns als Verzauberte geberden«.[64] Daher kommt das tiefe *Erstaunen* beim Anschauen des Dramas: weil »der Boden wankt, der Glaube an die Unlöslichkeit des Individuums«.[65] Und daher rührt am Grunde jenes tiefste Staunen, das *Pathos* des anschauenden Intellekts und seiner leidenschaftlich betriebenen Umdeutung des tragischen Mythos. Es ist, um Nietzsches Ausdruck zu gebrauchen, der dionysische Untergrund des ganzen hellenischen Kunstlebens,[66] auf dem sich die großen Mythen von unvergänglichem Gehalt erheben. Sie umfassen den Vorgang der Teilung und Zerreißung des Ganzen, des Kampfes der zerrissenen Teile und ihre Einigung, der Verwandlung und Wiedergeburt, kurzum: der ewigen Wiederkehr des Gleichen im Ganzen.

»Die Philosophen des tragischen Zeitalters enthüllen, wie die Tragödie, die Welt.«[67] Sie tun es mit deren Mitteln, den mythischen und dichterischen, und sie benutzen alle ihre Requisiten, so zerstreut sie bei ihnen sind: der Chor als Zuschauer und Deuter des Spiels, das Spiel als Wettkampf von Protagonisten, das *Pathos* des agonalen Individuums im Kampf des *Logos* mit dem *Mythos.* Er wird nicht ausgeschlossen, sondern wie in der Tragödie immer tiefsinniger und großartiger ausgedeutet, weil die erkannte Gesetzmäßigkeit immer großartiger wird.[68] Darum verschwindet der Mythos nicht, wie die herkömmliche Auffassung von der Geburt des *Logos* aus dem Geist der Wissenschaft meint. Sondern in einer Art von Metastase der lyrischen und epischen Elemente spricht er sich, ins Logische verwandelt, im Sprach-

64 Frg. 2 [25]; KSA 7,54 f.
65 Ebd.
66 Frg. 7 [123]; KSA 7,177.
67 Frg. 21 [16]; KSA 7,527 f.
68 *Einleitung zu den Vorlesungen über Sophocles Oedipus rex* (1870); GOA 17,319.

gewand von Lehrsätzen der Philosophen aus: über ihre Grundbegriffe, die alle, angefangen vom Wasser des Thales bis hin zum Feuer des Heraklit, *die Natur ansprechen* und dabei doch auf phantastische Weise in die Unendlichkeit möglicher Anwendungsfälle »hinausstarren«, eine Anwendung, die der Bändigung des Erkenntnistriebs durch bilderzeugende Kunst und auswählende Urteilskraft bedarf.

Daraus entspringt die Philosophie, die nichts Gemeinsames hat, bald Wissenschaft, bald Kunst ist, aber von Anbeginn das Auswählen von Wissens- und Lebensmöglichkeiten und eine Gesetzgebung der Größe anstrebt. Als Bändigerin des Erkenntnistriebs mit der Kunst verwandt, liegt der Bereich ihrer Gesetzgebung nicht in der Erkenntnissphäre, sondern in der Sphäre des Lebens und seiner Steigerung ins Große durch die Meisterwerke der tragischen Kunst und des Gedankens. Beide beziehen sich auf verschiedene Sphären und sind doch in derselben Welt zu Hause.[69] Ja, der Philosoph selbst ist »das Seltenste unter dem Großen«. Warum? Weil das Erkennen »nur nebenbei, nicht als Originalbegabung zum Menschen kam«. Infolge dieser gesteigerten Notwendigkeit eines ganz zufällig bei den Griechen entstandenen Mythos, der den Menschen sonst nur vor seine Vergangenheit stellt und sich, wie andere Völker zeigen, auch nicht zur Tragödie und Philosophie hätte zu verwandeln brauchen, ist der Philosoph sogar der »höchste Typus des Großen«.[70]

Nietzsche hat seinen Versuch, die Bewegung des anfänglichen Denkens auf dem Hintergrund der ethischen Erfahrung des tragischen Zeitalters darzustellen, gelegentlich mit der Reliefarbeit verglichen, jenem künstlerischen Gebilde, das ihm zugleich die dichterische Einheit der Tragödie darstellt: eine Mehrfigurenkomposition, die an jedem Teil den Grundgedanken illustriert, ohne daß zwischen den Illustrationen »eine logische Nothwendigkeit« besteht. Man denke an das

69 Frg. 19 [3, 45]; KSA 7,417 und 434.
70 Frg. 19 [195]; KSA 7,479.

halbplastisch ausgearbeitete Giebelwerk des griechischen Tempels oder an Rotunden spätantiker Bildsäulen: Niemals bekommt man das Ganze zu sehen, sondern sieht im Gehen, wie »immer ein Theil dem Auge entschwindet, ein anderer kommt«.[71] So hatte Nietzsche das »Seitenstück« zur *Geburt der Tragödie* angelegt: als hervorspringendes Bild der Flächenkunst in Stein, wobei die Figuren immer anders gruppiert und mit dem ganzen Hintergrund der griechischen Daseinserfahrung verbunden sind.

71 *Einleitung zu den Vorlesungen über Sophocles Oedipus rex* (1870); GOA Werke 17,319.

Philosophie des 19. Jahrhunderts

IN RECLAMS UNIVERSAL-BIBLIOTHEK

Wilhelm Dilthey: Das Wesen der Philosophie. (Manfred Riedel) 219 S. UB 8227

Ludwig Feuerbach: Das Wesen des Christentums. (Karl Löwith) 536 S. UB 4571

Johann Gottlieb Fichte: Die Bestimmung des Menschen. (Theodor Ballauf / Ignaz Klein) 237 S. UB 1201 – Über den Begriff der Wissenschaftslehre. (Edmund Braun) 117 S. UB 9348

Gottlob Frege: Die Grundlagen der Arithmetik. (Joachim Schulte) 160 S. UB 8425

Georg Wilhelm Friedrich Hegel: Differenz des Fichteschen und Schellingschen Systems der Philosophie. (Werner Marx) 147 S. UB 7805 – Grundlinien der Philosophie des Rechts oder Naturrecht und Staatswissenschaft im Grundrisse. (Bernhard Lakebrink) 504 S. UB 8388 – Phänomenologie des Geistes. (Lorenz Bruno Puntel) 597 S. UB 8460 – Einleitung zur »Phänomenologie des Geistes«. (Andreas Graeser) 184 S. UB 8461 – Vorlesungen über die Ästhetik. Erster und zweiter Teil. (Rüdiger Bubner) 693 S. UB 7976 – Vorlesungen über die Ästhetik. Dritter Teil. (Die Poesie). (Rüdiger Bubner) 363 S. UB 7985 – Vorlesungen über die Philosophie der Geschichte. (Theodor Litt) 612 S. UB 4881

Wilhelm von Humboldt: Ideen zu einem Versuch, die Grenzen der Wirksamkeit des Staats zu bestimmen. (Robert Haerdter) 223 S. UB 1991 – Schriften zur Sprache. (Michael Böhler) 256 S. UB 6922

Søren Kierkegaard: Der Begriff Angst. (Gisela Perlet / Uta Eichler) 237 S. UB 8792

John Stuart Mill: Drei Essays über Religion. Natur, Die Nützlichkeit der Religion, Theismus. (Elmar Lehmann / Dieter Birnbacher. 247 S. UB 8237 – Über die Freiheit. (Bruno Lemke / Manfred Schlenke) 184 S. UB 3491 – Der Utilitarismus. (Dieter Birnbacher) 127 S. UB 9821

Friedrich Nietzsche: Also sprach Zarathustra. Ein Buch für Alle und Keinen. (Josef Simon) 371 S. UB 7111. Auch geb. – Die Geburt der Tragödie aus dem Geiste der Musik. (Günter Wohlfart) 159 S. UB 7131 – Jenseits von Gut und Böse. Vorspiel einer Philosophie der Zukunft. (Volker Gerhardt) 239 S. UB 7114 – Vom Nutzen und Nachteil der Historie für das Leben. 117 S. UB 7134 – Zur Genealogie der Moral. Eine Streitschrift. (Volker Gerhardt) 188 S. UB 7123 – Nietzsche-Brevier. (Kurt Flasch) 416 S. Geb.

Friedrich Wilhelm Joseph Schelling: Einleitung zu seinem Entwurf eines Systems der Naturphilosophie. (Wilhelm G. Jacobs) 80 S. UB 8472 – Texte zur Philosophie der Kunst. (Werner Beierwaltes) 283 S. UB 5777 – Über das Wesen der menschlichen Freiheit. (Horst Fuhrmans) 181 S. UB 8913

Friedrich Schleiermacher: Über die Religion. Reden an die Gebildeten unter ihren Verächtern. (Carl Heinz Ratschow) 239 S. UB 8313

Arthur Schopenhauer: Aphorismen zur Lebensweisheit. (Arthur Hübscher) 247 S. UB 5002 – Die Welt als Wille und Vorstellung. Gesamtausgabe in 2 Bänden. (Heinz Gerd Ingenkamp) 736 S. UB 2761. 871 S. UB 2762 - Welt und Mensch. Eine Auswahl. (Arthur Hübscher) 229 S. UB 8451

Max Stirner: Der Einzige und sein Eigentum. (Ahlrich Meyer) 463 S. UB 3057

Philipp Reclam jun. Stuttgart

Deutsche Philosophie der Gegenwart

IN RECLAMS UNIVERSAL-BIBLIOTHEK

Hans Albert, Kritische Vernunft und menschliche Praxis. 214 S. UB 9874

Werner Becker, Elemente der Demokratie. 142 S. UB 8009

Dieter Birnbacher, Verantwortung für zukünftige Generationen. 297 S. UB 8447

Hans Blumenberg, Wirklichkeiten, in denen wir leben. 176 S. UB 7715

Rüdiger Bubner, Zur Sache der Dialektik. 4 Aufsätze. 165 S. UB 9974

Iring Fetscher, Arbeit und Spiel. Essays zur Kulturkritik und Sozialphilosophie. 171 S. UB 7979

Kurt Flasch, Augustin. Einführung in sein Denken. 487 S. UB 9962 – Das philosophische Denken im Mittelalter. Von Augustin zu Macchiavelli. 720 S. UB 8342 – auch geb.

Manfred Frank, Selbstbewußtsein und Selbsterkenntnis. Essays zur analytischen Philosophie der Subjektivität. 485 S. UB 8689 – Stil in der Philosophie. 115 S. UB 8791

Hans-Georg Gadamer, Die Aktualität des Schönen. Kunst als Spiel, Symbol und Fest. 77 S. UB 9844

Volker Gerhardt, Pathos und Distanz. Studien zur Philosophie Friedrich Nietzsches. 221 S. UB 8504

Jürgen Habermas, Politik, Kunst, Religion. 151 S. UB 9902

Rudolf Haller, Facta und Ficta. Studien zu ästhetischen Grundlagenfragen. 152 S. UB 8299

Dieter Henrich, Selbstverhältnisse. Gedanken und Auslegungen zu den Grundlagen der klassischen Philosophie. 212 S. UB 7852

Otfried Höffe, Den Staat braucht selbst ein Volk von Teufeln. Philosophische Versuche zur Rechts- und Staatsethik. 174 S. UB 8507

Bernulf Kanitscheider, Kosmologie. Geschichte und Systematik in philosophischer Perspektive. 512 S. UB 8025

Reinhard Knodt, Ästhetische Korrespondenzen. Denken im technischen Raum. 166 S. UB 8986

Hans Lenk, Macht und Machbarkeit der Technik. 152 S. UB 8989

Wolf Lepenies, Gefährliche Wahlverwandtschaften. Essays zur Wissenschaftsgeschichte. 165 S. UB 8550

Odo Marquard, Abschied vom Prinzipiellen. 152 S. UB 7724 – Apologie des Zufälligen. 144 S. UB 8351 – Skepsis und Zustimmung. Philosophische Studien. 137 S. UB 9334

Günther Patzig, Tatsachen, Normen, Sätze. 183 S. UB 9986

Alfred Schmidt, Kritische Theorie, Humanismus, Aufklärung. Philosophische Arbeiten 1969–1979. 183 S. UB 9977

Joachim Schulte, Wittgenstein. Eine Einführung. 248 S. UB 8564

Walter Schulz, Vernunft und Freiheit. Aufsätze und Vorträge. 175 S. UB 7704

Robert Spaemann, Philosophische Essays. Erweiterte Ausgabe 1994. 264 S. UB 7961

Holm Tetens, Geist, Gehirn, Maschine. Philosophische Versuche über ihren Zusammenhang. 175 S. UB 8999

Ernst Tugendhat, Probleme der Ethik. 181 S. UB 8250

Ernst Tugendhat / Ursula Wolf, Logisch-semantische Propädeutik. 268 S. UB 8206

Joachim Wehler, Grundriß eines rationalen Weltbildes. 285 S. UB 8680

Carl Friedrich von Weizsäcker, Ein Blick auf Platon. Ideenlehre, Logik und Physik. 144 S. UB 7731

Wolfgang Welsch, Ästhetisches Denken. 224 S. 19 Abb. UB 8681

Philipp Reclam jun. Stuttgart